# 数字普惠金融
# 与经济高质量发展

朱兴婷 著

中国财经出版传媒集团
中国财政经济出版社

**图书在版编目（CIP）数据**

数字普惠金融与经济高质量发展 / 朱兴婷著. -- 北京：中国财政经济出版社，2023.8
ISBN 978 -7 -5223 -2407 -4

Ⅰ.①数… Ⅱ.①朱… Ⅲ.①数字技术－应用－金融业－影响－中国经济－经济发展－研究 Ⅳ.①F124

中国国家版本馆 CIP 数据核字（2023）第 152194 号

责任编辑：闫 娟　　责任印制：刘春年
封面设计：陈宇琰　　责任校对：胡永立

数字普惠金融与经济高质量发展
SHUZI PUHUI JINRONG YU JINGJI GAOZHILIANG FAZHAN

中国财政经济出版社 出版

**URL**：http：//www. cfeph. cn
E－mail：cfeph@ cfeph. cn

社址：北京市海淀区阜成路甲 28 号　邮政编码：100142
营销中心电话：010－88191522
天猫网店：中国财政经济出版社旗舰店
网址：https：//zgczjjcbs. tmall. com
北京财经印刷厂印刷　各地新华书店经销
成品尺寸：170mm×240mm　16 开　13. 5 印张　210 000 字
2023 年 8 月第 1 版　2023 年 8 月北京第 1 次印刷
定价：68. 00 元
ISBN 978－7－5223－2407－4
（图书出现印装问题，本社负责调换，电话：010－88190548）
本社质量投诉电话：010－88190744
**打击盗版举报热线：010－88191661　QQ：2242791300**

# 前　言

改革开放以来，中国经济在低成本劳动力和资源密集型产业的推动下取得了快速发展。然而，近年来我们也面临着一些新的挑战。一方面，人口老龄化问题日益加剧，劳动力供给逐渐减少，人口红利不再像过去那样显著。另一方面，随着经济的迅猛增长，我们也面临着资源环境压力、能源消耗和污染问题的加剧。与此同时，随着人均收入的增长和城镇化进程的推进，人们对品质生活、优质产品和服务的需求不断增加。因此，我们需要转变经济发展方式，追求更高质量的发展。在这一背景下，为了实现可持续发展，提高经济质量和效益已成为必然选择。为此，2017 年党的十九大报告指出，我国经济已经从高速增长阶段转向高质量发展阶段。紧接着，2018 年国务院发布了《关于积极有效利用外资推进经济高质量发展若干措施的通知》，通过调整准入条件、引导外资投向、打造高层次开放水平等措施推动经济高质量发展。2022 年，党的二十大报告再次强调了推动经济高质量发展的重要性。这些重要文件和报告的出台，明确了经济高质量发展的方向，为我国实现可持续、高效益的发展提供了指导和支持。

经济高质量发展旨在满足人民群众对美好生活的需求，基于可持续发展的原则，促进经济成果的社会共享。与传统经济发展主要关注经济增长速度和规模、追求国内生产总值（GDP）的快速增长不同，经济高质量发展以人民的幸福感和社会福利为核心，更加注重经济增长的质量和效益。它致力于优化经济结构、提升创新能力、保持环境可持续性以及提高人民生活水平。因此，经济高质量发展不仅关乎人民的生活水平和福祉，也关乎社会的可持续发展和国家的国际竞争力。通过追求经济增长的质量和效益，优化经济结构，保护环境和资源，以及提高人民的生活质量，经济高质量发展能够实现可持续、稳定和全面的社会进步，为推动我国经济稳定可持续发展奠定坚实基础。

在推动经济高质量发展方面，金融扮演着核心动力的重要角色。金融在资金供给、投资引导、风险管理、金融创新和政策制度等方面对于推动经济高质量发展发挥着至关重要的作用。它为企业的发展提供支持和保障，引导资源的优化配置，促进创新和产业升级，推动经济朝着更加可持续、高效和具有竞争力的方向发展。然而，传统金融系统在这一过程中存在一些问题。一直以来，我国的传统金融机构奉行着“二八法则”，即更偏向为能够带来更高回报的客户提供金融服务，将利益最大化作为首要目标。这导致资源倾向于流向已经富裕的群体，而忽视了贫困地区和弱势群体的金融需求。这种现象加剧了贫富差距和经济不平等的问题。此外，传统金融系统在金融创新和科技应用方面相对滞后，过于依赖传统的担保模式和抵押品评估。这使得评估创新项目和新兴产业的风险变得困难，从而对创新型企业、初创企业和新兴产业的融资造成限制。这种情况限制了经济高质量发展的活力，无法满足经济高质量发展的全面需求。在这样的背景下，数字普惠金融的兴起为解决这些问题提供了行之有效的解决方案。数字普惠金融的出现使得金融服务更加普及和包容，通过数字技术的应用，可以更好地满足贫困地区和弱势群体的金融需求。此外，数字普惠金融还可以提供更准确的风险评估和创新项目的融资支持，促进创新型企业、初创企业和新兴产业的发展。这有助于激发经济的活力，推动经济朝着高质量发展的方向迈进。

数字普惠金融是通过数字技术和金融创新手段，为广大普通民众和中小微企业提供包容性、可负担、高效便捷的金融服务。它旨在解决传统金融系统存在的金融排斥问题，使更多人能够享受到全面的金融服务，包括支付、储蓄、贷款、理财、保险等。相比传统金融系统，数字普惠金融通过数字技术和金融创新提供了更加包容、便捷和高效的金融服务，有助于解决金融排斥问题，促进经济的可持续发展和社会的包容性增长，为推动经济的高质量发展注入了新的动力。随着数字技术的快速发展，我国传统金融机构加大了普惠金融实践力度，数字普惠金融应运而生。在 2016 年由我国主办的 G20 峰会上，我国提出了数字普惠金融的概念，并制定了《G20 数字普惠金融高级原则》。该文件意在引导 G20 成员国采取行动，运用数字技术推动普惠金融的发展。通过数字普惠金融的推动，各国可以更好地利用科技和数字平台，为民众提供更加便捷、安全和经济实惠的金融服务，特别是那些传统金融服务难以覆盖的人群，如农村居民、小微企业主和低收入群体。近年来，我国数字普惠金融业务在数字化支付、互联网保险、互联网理财和网络借贷等领域取得了优异成果。数字化支付方式的广泛应用，如移动支付和电子支付，提供了更加便捷和安全的支付方式，促进了消费活动的活跃和经济的流动性。互联网保险的发展为个人和企业提供了灵活、定制化的保险产品，增加了风险保障的选择，并促进了保险市场的竞争和创新。互联网理财平台的兴起使个人投资理财更加便捷和透明，为广大投资者提供了更多的投资渠道和工具，提高了金融资产的配置效率。网络借贷的发展则为小微企业和个人提供了获得融资的新途径，缓解了融资难题，推动了实体经济的发展。这些优异成果不仅缩小了金融服务的城乡和地区差距，为农民、小微企业主和低收入群体提供了更加平等和便捷的金融机会，也为我国普惠金融的服务范围和深度扩大提供了有力支持，推动了经济高质量发展的进程。

综上所述，数字普惠金融利用数字技术和创新金融模式，使金融服务更加普及和可及。它能够解决传统金融体系中的金融排斥问题，为更多人和中小微企业提供金融服务的机会，有助于更好地发挥金融对实体经济的支持作用，满足经济高质量发展对金融的内在要求。因此，在新时代经济高质量发展的背景下，研究数字普惠金融及其对经济高质量发展的影响具有重要的学术和应用价值。有鉴于此，本书针对数字普惠金融对我国经济高质量发展的影响展开深入研究。我们着重探讨数字普惠金融对经济高质量发展的作用机理，并通过实证检验来验证其影响效果。同时，我们将根据实证分析的结论提出进一步强化数字普惠金融在我国经济高质量发展中的助推作用的相关对策和建议。经由研究发现：

(1) 我国数字普惠金融发展较为迅速，取得显著发展成效，但是存在较强的区域异质性。东部地区数字普惠金融发展水平高于中部与西部，中部次之，西部发展水平最低。在增长率方面，西部的增长率最大，中部次之，东部的增长率最小。同时，我国数字普惠金融发展仍然存在“数字鸿沟”、数字基础设施建设不均衡、专业人才缺乏以及金融监管体系不够完善等问题。

(2) 我国经济高质量发展处于上升态势，但是整体处于发展的初级阶段，且存在显著的区域差异。东部地区相对于中西部地区具有更高的经济高质量发展水平。尤其是，北京、上海等经济中心，拥有较完善的基础设施、优质的人才资源和良好的发展基础，经济高质量发展迅速。与之相比，中西部地区经济高质量相对滞后，特别是，宁夏和新疆等地基础设施建设相对落后、经济金融发展基础较弱、产业结构相对单一，其发展面临更多挑战。

（3）数字普惠金融对经济高质量发展的基准检验结果显示，数字普惠金融对我国经济高质量发展存在显著正向影响。异质性分析结果显示，分区域来看，数字普惠金融对经济高质量发展均呈正向促进作用，且东部地区促进效果最强，西部地区次之，中部地区促进效果较弱。分维度来看，数字普惠金融的使用深度、覆盖广度以及数字化程度对于推动经济高质量发展均存在正向积极作用。

（4）门槛效应检验结果显示，数字普惠金融对经济高质量发展的影响具有双门槛效应。具体而言，在数字普惠金融水平小于等于 278.11 时，数字普惠金融对经济高质量发展呈现正向促进作用；当数字普惠金融水平处于 278.11—329.94 时，数字普惠金融对经济高质量发展的促进作用会有所增加；当数字普惠金融水平大于 329.94 时，数字普惠金融对经济高质量发展的促进作用进一步增强。

（5）空间溢出效应检验结果显示：整体检验结果显示，数字普惠金融对我国经济高质量发展整体存在负向空间溢出效应；分区域检验结果显示，数字普惠金融对我国经济高质量发展的空间溢出效应存在区域异质性，其中，东部与西部地区的数字普惠金融对经济高质量发展的空间溢出效应表现为负，然而，中部地区数字普惠金融对经济高质量发展的空间溢出效应并不显著。

结合实证分析结论，我们认为，尽管目前数字普惠金融对于推动我国经济高质量发展存在正向促进作用，但是，由于受到各地区资源禀赋存在差异、经济金融发展基础不同等因素的制约，我国数字普惠金融发展的区域协调性不够，在推动经济高质量发展方面存在显著的区域异质性，且对邻近地区的空间溢出效应为负。进一步推动数字普惠金融区域协调发展，增强其对经济高质量发展的正向促进作用，需要优化顶层设计，增进数字普惠金融的普及性；强化技术创新，推动数字普惠金融纵深发展；制定差别化战略，实现数字普惠金融区域协同发展；强化风险防范，建立健全数字普惠金融监管体系。

# 目　录

# 第一章

# 绪论

## 第一节 研究背景与研究意义

### 一、研究背景

改革开放以来，我国经济经历了高速增长阶段，使我国的 GDP 排名跃居世界第二。然而，在高速增长过程中，我们也逐渐面临资源约束和环境压力等问题，经济增长对资源的依赖和对环境的破坏逐渐凸显。与此同时，由于高速增长阶段过于注重规模扩张，导致资源浪费和结构性矛盾日益突出，产能过剩、产业结构不合理等问题成为制约经济发展的重要因素。高速增长阶段因忽视了广大人民群众的实际需求和福利改善，导致收入分配不均和社会不平衡等问题。此外，在全球经济竞争日益激烈的背景下，传统的低成本劳动力和资源优势已经不再足够。我们需要加大科技创新的投入，培育新的经济增长动力，提高产品质量、技术水平和竞争力。在此背景下，推动经济高质量发展具有重要意义。高质量发展可以解决传统增长模式所面临的问题和挑战，实现经济结构的优化和升级，推动科技创新和产业升级，满足人民群众多样化的需求，保护生态环境，提高国际竞争力，提升人民群众的生活质量和福祉。

经济高质量发展是指在经济增长的基础上，追求更高的质量和效益，注重提高资源利用效率、创新能力、产业竞争力和人民群众的生活水平，实现经济、社会和环境的协调可持续发展。在新发展理念的指导下，经济高质量发展不再简单追求经济的规模和速度，而是更加注重质量和效益的提升。它强调资源的优化配置，提高生产要素的利用效率，推动产业结构的升级和创新驱动的发展，注重生态环境保护和可持续发展，关注人民群众的福祉和生活质量。经济高质量发展的概念比经济增长更广泛，涉及城乡协调、生态环境、人民生活、制度环境、社会福利、公平效率等众多方面。我国经济目前处于逐渐转向高质量发展的新常态阶段。在这一新常态下，经济发展更加注重质量、效益和可持续性，不再单纯追求经济增长速度和规模，而更注重质的提升和创新驱动。优化产业结构、加强科技创新、提升劳动生产率、促进消费升级、推动绿色发展等成为发展的重要方向。同时，也加强了对经济增长质量的监测和评估，注重宏观调控和风险防范，以确保经济发展的稳定和可持续性。尽管我国经济高质量发展起步较好，但目前仍处于发展的初级阶段。在未来一段时间内，我们需要持续努力，才能实现高质量发展目标。这包括进一步推动创新驱动发展，培育新的经济增长动力；加强绿色发展，促进资源节约和环境保护；深化供给侧结构性改革，推动产业结构优化升级；加大改革开放力度，提高市场竞争力；加强人才培养和教育体系建设，提高劳动力素质和创新能力；加强制度建设，构建公平竞争的市场环境等。只有持续不断地进行改革创新和深化综合改革，才能不断推进经济高质量发展。

金融作为经济发展的重要推动力量，对于实现经济的高质量发展具有不可忽视的重要性。然而，在当前经济发展的新潮流中，要实现高质量发展，我们必须解决经济结构和金融供给结构之间明显的不协调问题，这一问题严重制约着我国经济的高质量发展。目前，我国的经济结构呈现“金字塔”形状，以制造业和基础设施建设为支撑的大型产业位于经济结构的顶端，而中小微企业、服务业和创新型企业等相对较弱的部门位于底层。与此同时，金融供给结构呈现出一种“倒金字塔”的特征，大型银行和国有金融机构占据主导地位，而小微企业和个体经济主体的金融支持相对较弱。这种不协调现象存在多方面原因：一方面，信贷市场信息不对称使得传统金融机构总是“嫌贫爱富”，其更倾向于向规模大、信用良好的企业提供融资支持，导致小微企业和创新型企业的金融服务可得性较差，面临严重的融资限制；另一方面，严格的风险评估和审批程序使得小微企业获得贷款的成本和利率较高，形成了融资困难的问题；此外，与大企业和大客户相比，在金融市场上，中小微企业和个人很难与其竞争，进而形成了金融服务的“断层”。因此，要实现经济的高质量发展，必须加快完善金融市场机制和金融供给体系，推进金融市场的深化和创新。我们需要打破传统金融系统“嫌贫爱富”的松紧失度，增强金融服务的包容性和普惠性，不断提升金融支持实体经济和高质量发展的能力。需要进一步加强对小微企业和创新型企业的金融支持，建立更加平等公正的金融服务环境，降低融资成本和利率，推动金融机构通过技术创新和风控手段提供更加灵活、便捷的金融服务。此外，还需要加强金融监管，完善金融市场的监管，确保金融市场的稳定和健康发展，防范金融风险。

为改变传统金融系统中存在的“嫌贫爱富”现象，增强金融服务的可及性与普惠性，近年来我国政府大力推进普惠金融建设，加大对不同群体的金融支持。2013 年，国务院发布了《中共中央关于全面深化改革若干重大问题的决定》，明确提出了发展普惠金融的总体要求和发展目标。各级政府和金融机构加大了对普惠金融的支持力度，推出了一系列政策和措施，例如设立普惠金融专项资金、建立普惠金融服务机构等。2015 年年底，国务院发布了《推进普惠金融发展规划（2016—2020 年）》，对普惠金融事业进行了更具体的部署。规划强调，普惠金融要在机会平等、商业可持续的原则下，给各个有金融服务需求的群体提供适当、有效的金融服务，同时促进金融服务的均等化和普及化，推动普惠金融的可持续发展。通过这些措施，中国正在逐步打破金融服务的“断层”，提高金融服务的覆盖面和公平性，促进金融支持实体经济和高质量发展，为构建更加公平、可持续的金融生态作出努力。近年来，随着数字技术的迅速发展，互联网、大数据、云计算、物联网、人工智能等数字技术与普惠金融的深度融合，催生了“数字普惠金融”这一新型金融形态，为推动经济高质量发展带来了新的动力和机遇。数字普惠金融利用先进的技术手段，突破了传统金融的时空限制，拓宽了金融服务的边界，让更多的人群可以通过移动支付、网络借贷、智能理财等方式享受到便捷、安全、高效的金融服务。一方面，数字普惠金融借助数字技术，通过在线平台和移动应用，用户可以便捷地进行开户、存款、支付、借贷等操作，大幅降低了金融服务的运营成本，提高了金融服务的效率。另一方面，数字普惠金融通过数据分析和风险评估技术，能够更准确地评估和服务于中小微企业和创新型企业，促进它们获得更加公平、负担得起的金融支持，推动其发展。此外，数字普惠金融还可以借助大数据和人工智能等技术，对用户进行精准的风险评估和定价，为其量身定制合适的金融产品。相较于传统金融，数字普惠金融通过数字技术的应用和创新，将金融服务扩展到原本被忽视或难以接触到的人群，包括农民、低收入人群、小微企业等。它为这些群体提供了更加平等和包容的金融机会，推动社会的可持续发展，满足经济高质量发展的要求。

近年来，我国数字普惠金融在数字技术的加持下取得了快速发展。随着我国数字技术的迅猛发展，我国在全球处于领先地位。截至 2021 年，我国互联网用户数量已超过 9 亿，互联网普及率达到 64.5%，成为全球最大的互联网市场之一。此外，我国已经建成了全球规模最大、速度最快的 5G 网络，为数字化经济和智能社会提供了强大的基础。我国的科技企业和研究机构在人工智能算法、人脸识别、语音识别等领域取得了重要突破，并将人工智能技术应用于多个领域。诸如，运用人工智能算法，通过大数据分析和机器学习技术，对用户的信用状况进行准确评估；利用人脸识别技术，实现客户的无感知身份验证，提高了金融交易的安全性和便捷性；通过深度学习算法实现语音交互的智能化，用户可以通过语音命令完成金融交易，提高了金融服务的便捷性和用户体验。随着数字技术的快速发展和广泛应用，我国的数字普惠金融也取得了显著成效。根据毕马威（KPMG）发布的《2019 年全球金融科技 100 强》报告，中国有 10 家金融科技公司入选 50 强榜单，其中蚂蚁金服位列榜首，京东数科和度小满金融分别排在第 3 名和第 6 名。同时，北京大学数字金融研究中心的数据显示，2011—2020 年，我国各省数字普惠金融指数年均增长率达到了 36.4%。在当前我国经济转型发展的新形势下，数字普惠金融对我国经济高质量发展起到了积极支撑作用。数字普惠金融赋能经济高质量发展的传导机制、真实效应和地区差异是值得深入研究和解答的问题。对这些问题进行深入研究，不仅有助于厘清数字普惠金融对经济高质量发展的影响，还可以为优化数字普惠金融的发展路径、全面提升经济高质量发展水平提供理论支持和现实依据。鉴于此，本书旨在深入探究数字普惠金融与经济高质量发展的关系，并提出相关对策建议。通过对数字普惠金融的研究，我们可以进一步理解其在推动经济高质量发展方面的特征和作用，为实现经济高质量发展目标提供指导和支持。本书的研究重点是探讨数字普惠金融对经济高质量发展的影响。具体而言，本书将从以下几个方面展开研究。

（1）理论分析：通过充分阅读文献资料，我们明确“数字普惠金融”和“经济高质量发展”的内涵、特征与主要内容。同时，以内生经济增长理论、新经济地理学理论等为支撑，厘清数字普惠金融对我国经济高质量发展的影响机理，并提出研究假设。假设的提出为我们构建实证模型和研究框架奠定了基础，从而实现对数字普惠金融在经济高质量发展中的作用方式、条件以及效应程度等关键问题的全面解答。

（2）现状分析：首先，依据北京大学数字金融研究中心发布的数字普惠金融指数，对我国30个省（自治区、直辖市）（不包括数据缺失较为严重的西藏地区，以及数据统计口径不一致的台湾、香港、澳门地区）的数字普惠金融发展现状和问题进行了综合归纳和概括，为进一步的研究和实践提供了参考。其次，除了对我国的数字普惠金融发展现状进行研究外，我们还对美国、英国、肯尼亚和印度等国的数字普惠金融发展的经验进行归纳与分析，并提出对于我国数字普惠金融发展的路径选择、政策制定和创新应用等方面的启示。

（3）指标体系构建：基于对经济高质量发展的内涵与理念的理解，本书将从创新、协调、绿色、开放、共享发展五个维度出发，构建我国经济高质量发展综合指标体系，以衡量我国经济高质量发展水平。在此基础上，综合运用主成分分析和熵值法等方法，对2011—2020年我国30个省（自治区、直辖市）的经济高质量发展水平进行了测度和比较分析。通过综合评估和分析，可以更好地理解我国经济高质量发展的现状和趋势，为优化发展策略、加强政策落地和提升经济高质量发展水平提供重要的参考依据。

（4）实证分析：为明确数字普惠金融对我国经济高质量发展的具体影响程度，我们以2011—2020年我国30个省（自治区、直辖市）作为样本，综合运用GMM动态面板模型、门槛效应回归、空间计量模型等方法，分别针对数字普惠金融在我国经济高质量发展中的整体作用、异质性、门槛效应以及空间溢出效应进行实证分析。这些方法的运用使我们能够量化数字普惠金融对经济高质量发展的具体影响，并深入揭示其中的关联和机制，为相关政策制定提供科学依据。

(5) 对策建议：基于实证分析结论，本书将进一步提出相关政策建议，以加强数字普惠金融在我国经济高质量发展中的助推作用。这些政策建议的实施将有助于加强数字普惠金融在我国经济高质量发展中的作用，推动经济创新、可持续发展和资源优化配置。同时，这些建议还将为决策者提供指导，帮助他们制定科学合理的政策措施，推动数字普惠金融的发展，并实现经济高质量发展的目标。

## 二、研究意义

金融作为推动经济高质量发展的关键要素，其资金融通功能对于助推经济高质量发展具有至关重要的作用。然而，传统金融系统存在服务门槛高、覆盖范围较为狭窄等问题，这导致了“金融排斥”等现象的出现，进而制约了经济高质量发展目标的实现。随着数字技术的迅猛发展和金融行业的转型升级，数字普惠金融已成为推动经济发展和改善民生的重要手段之一。深入探究数字普惠金融对我国经济高质量发展的作用机制和影响程度，对于全面了解其在促进金融包容性、提高经济效率、推动创新驱动等方面的作用具有重要的理论和现实意义。

一是有助于充实与完善经济发展相关理论。纵观经济发展理论演进轨迹，经济学家研究的重点主要聚焦于经济增长这一主题，更多关注的是如何实现经济规模扩张以及经济增长速度提升，对于经济发展质量的重视程度相对不足。然而，近年来，随着我国经济快速发展，环境污染加剧、供需错配等问题日益突出，国内外学者开始着眼于研究经济增长质量问题，并取得了丰硕的研究成果。经济高质量发展作为发展经济学的延伸，不仅包括 GDP 增长，更强调速度和质量的共同提升。因此，本书在对经济高质量发展内涵进行梳理的基础上，从创新发展、协调发展、绿色发展、开放发展、共享发展这五个维度出发，构建了经济高质量发展综合评价体系，并试图探索出一条能够促进经济高质量发展的有效路径，这在一定程度上对经济发展理论进行了扩展，使得相关研究成果更加丰富。因此，深入研究数字普惠金融对经济高质量发展的作用机制和影响程度，有助于进一步完善和拓展经济发展相关理论。通过深入理解数字普惠金融对经济高质量发展的贡献，我们可以更好地把握经济增长与经济质量的关系，为经济发展的全面进步提供更加全面、准确的理论指导。

二是有助于加深对数字普惠金融包容性的理解。数字普惠金融通过数字化手段实现了金融服务的快速、便捷和高效，降低了金融交易的成本和时间，提高了金融服务的效率。相比传统金融体系，数字普惠金融的优势在于克服了一系列限制和不足，使得基层群体也能够获得金融服务。传统金融体系常常存在服务门槛高、覆盖范围小等问题，导致基层群体无法获得金融服务，形成金融服务的不平衡局面。而数字普惠金融通过数字技术的应用，降低了金融服务的门槛，扩大了金融服务的覆盖面，实现了普惠金融的目标。深入研究数字普惠金融在解决金融服务“最后一公里”问题上的效果，分析不同区域、不同群体在数字普惠金融发展中的受益情况，能够为提高金融包容性水平提供理论依据。这种研究可以帮助我们了解数字普惠金融在不同区域、不同群体中的影响程度，评估其在扩大金融服务范围、促进金融包容性方面的效果，并提供政策制定者有针对性地改进和加强数字普惠金融发展的建议。通过提高金融包容性水平，可以确保更多人享受到金融服务，促进经济的包容性增长和可持续发展。

三是有助于厘清数字普惠金融推动经济高质量发展的内在逻辑。自数字普惠金融政策开始实施以来，国内外学者在数字普惠金融对区域创新、产业结构升级、收入差距缩小等方面进行了大量研究。然而，许多研究往往局限于经济高质量发展的某个方面，很难准确解释数字普惠金融对经济高质量发展的综合影响。本书从金融的本质出发，揭示了数字普惠金融与经济高质量发展之间的内在逻辑。这有助于客观地认识数字普惠金融与我国经济高质量发展之间的关系。同时，这也为相关部门提供了决策依据，为金融机构开展数字普惠金融业务提供了决策参考。此外，研究数字普惠金融如何影响经济高质量发展的作用效果以及相应的内在机制和联系，对于拓展数字普惠金融领域和经济高质量发展领域的相关研究具有一定的理论意义。有助于增进对数字普惠金融的全面理解，明晰数字普惠金融对经济高质量发展的潜在影响途径，进而为政策制定者和利益相关者提供决策支持和指导，促进数字普惠金融的进一步发展，推动经济高质量发展的实现。

四是有助于为政府相关部门及其利益相关者提供决策参考依据。当前，我国正处于经济转型升级的关键阶段，而数字普惠金融作为一种创新性的金融模式，在推动经济高质量发展方面具有重要作用。在中国经济发展的新常态下，政府部门所推行的金融深化与改革措施对于实现整体经济的持续稳定和高质量增长至关重要。本书通过实证分析研究了数字普惠金融对我国经济高质量发展的影响机制、发展路径和政策效果。这为政府部门和社会大众提供了参考，使他们能够了解我国数字普惠金融与经济高质量发展的新情况、新形势和新思路。这将为政府部门制定相关政策和推动数字普惠金融的发展提供决策依据。同时，本书提出的数字普惠金融驱动经济高质量发展的对策建议，也为金融机构和科技企业提供了参考。这将指导他们在数字普惠金融领域进行创新实践和业务拓展，促进其创新能力的提升，推动数字普惠金融在经济高质量发展中发挥更大的作用。

## 第二节　研究目标与研究内容

### 一、研究目标

数字普惠金融是新型金融和互联网的结合，是一种数字化的金融创新，为传统金融行业带来了革新和创新的动力，并成为未来全球金融业的主要发展方向。由于数字化金融服务可以有效地降低金融资源获取成本，扩大金融服务范围，加速资本的流动，并提高虚拟金融服务对实体经济的支持能力，对地区经济的发展产生了积极影响。数字金融已成为推动金融服务和地方经济发展的重要力量。本书旨在厘清数字普惠金融对我国经济高质量发展的作用机理，并从整体效应、异质性、门槛效应以及空间溢出效应等角度，对其效果进行定量评估。在此基础上，为提升数字普惠金融在促进我国经济高质量发展中的功能，提出相应的政策建议。

为实现研究目标，本书首先，全面回顾和梳理国内外已有研究成果，归纳已有研究的成就和不足，说明研究现状。其次，明确数字普惠金融和经济高质量发展的概念，并以内生增长理论、数据要素边际报酬递增规律、新经济地理理论等为依据，对数字普惠金融促进我国经济高质量发展的理论逻辑进行深度解析，并提出研究假设。再次，在经济高质量发展的五大理念指引下，构建经济高质量发展指标体系，并运用主成分分析法、熵值法对我国经济高质量发展的整体水平进行测度。又次，构建 GMM 动态面板模型、门槛面板模型以及空间面板模型，对数字普惠金融对我国经济高质量发展的促进作用进行实证研究，对研究假设予以验证。最后，依据实证研究结论，深度剖析数字普惠金融对我国经济高质量发展影响的现实状况，进而提出增强数字普惠金融对我国经济高质量发展促进作用的对策与建议。

为此，本书沿循“理论分析→现状分析→实证检验→对策建议”的研究思路展开研究。

首先，在充分阅读文献资料的基础上，明确数字普惠金融和经济高质量发展的概念，并以内生增长理论、数据要素边际报酬递增规律、新经济地理理论等为支撑，厘清数字普惠金融对我国经济高质量发展的作用机制，并提出研究假设。

其次，以北京大学数字金融研究中心公布的数字普惠金融指标为依据，定量分析我国 30 个省（自治区、直辖市）数字普惠金融发展的现状与问题。同时，在经济高质量发展理念的指导下，构建经济高质量发展的指标体系，并运用主成分分析法、熵值法等方法来对我国 30 个省（自治区、直辖市）的经济高质量发展水平进行测算与对比。

再次，以 2011—2020 年我国 30 个省（自治区、直辖市）作为研究样本，通过构建 GMM 动态面板模型、门槛效应模型以及空间计量模型，实证分析数字普惠金融对我国经济高质量发展的影响程度，以验证研究假设。其中，GMM 动态面板模型可以确定数字普惠金融在经济高质量发展方面的直接效应，门槛面板模型的应用可以揭示数字普惠金融阶段性影响，空间面板模型的运用可以揭示数字普惠金融对周边地区的溢出效应。

最后，基于实证研究的结论，本书深入分析数字普惠金融对我国经济高质量发展的影响现状与存在的问题与短板，并提出一系列增强数字普惠金融在我国经济高质量发展中促进作用的对策和建议，以供政府部门、学界以及业界参考。

## 二、研究内容

### （一）主要问题

为明晰数字普惠金融对我国经济高质量发展水平的影响，本书主要解答以下四个问题：

问题一：何为数字普惠金融？何为经济高质量发展？数字普惠金融和经济高质量发展作为新兴概念，目前学者对其内涵和特征的界定尚未完全统一。因此，在分析数字普惠金融对我国经济高质量发展的作用机制之前，有必要明确数字普惠金融和经济高质量发展的内涵和特征。这样可以更好地理解数字普惠金融在经济高质量发展中的作用，并为相关研究和政策制定提供基础和指导。

问题二：数字普惠金融与经济高质量发展的现状如何？为了深入了解数字普惠金融对我国经济高质量发展的具体影响，需要明确数字普惠金融和经济高质量发展的现状。为此，本书采用了北京大学数字普惠金融指数，对2011—2020年数字普惠金融发展的整体趋势、区域间差异以及聚集状况进行了分析。同时，构建了经济高质量发展指标体系，并采用熵值法等方法进行测算，以判断我国经济高质量发展的具体状况。

问题三：数字普惠金融对经济高质量发展的作用机制为何？为明确数字普惠金融对我国经济高质量发展的作用机制，本书在充分阅读文献资料的基础上，以内生经济增长理论、区域经济协调发展理论等为支撑，以经济高质量发展的内涵与发展理念为出发点，全面论述数字普惠金融发展对经济高质量发展的影响机制，并提出相关研究假设。

问题四：数字普惠金融对我国经济高质量发展的影响程度如何？为了明确数字普惠金融对我国经济高质量发展的具体影响程度，本书采用了多种实证分析方法。首先，通过构建GMM（广义矩估计）动态面板模型，对数字普惠金融对我国经济高质量发展的直接影响与影响的异质性进行实证分析。其次，本书建立面板门槛模型，实证检验数字普惠金融对经济高质量发展影响的门槛效应。最后，利用空间面板模型，本书验证了数字普惠金融对邻近地区经济高质量发展的空间溢出效应。基于实证研究，本书提出进一步增强数字普惠金融对我国经济高质量发展助推作用的对策建议。

### （二）主要内容

围绕数字普惠金融对经济高质量发展的影响开展研究，本书共包括以下七部分内容：

第一章 绪论。本章首先从目前我国大力推动经济高质量发展的必要性以及数字普惠金融发展的重要性两个层面，阐释了本书的研究背景与研究意义；其次，本章简要阐述了研究思路与研究内容；最后，明确本书的研究创新与研究方法。

第二章 文献综述与研究述评。围绕与数字普惠金融、经济高质量发展以及数字普惠金融对经济高质量发展的影响相关的研究进行总结归纳，进而作出评述。在此基础上，引申出本书研究的主要目标以及主要内容。

第三章 概念界定与理论基础。首先，结合已有研究，对数字普惠金融、经济高质量发展的内涵进行界定；其次，对本书研究的基础理论（金融排斥理论、内生经济增长理论、新经济地理理论等）进行总结归纳；最后，以基础理论为支撑阐明数字普惠金融影响经济高质量发展的作用机制。

第四章 我国数字普惠金融发展与测度。首先，针对我国数字普惠金融发展的历程进行了回顾；其次，从数字普惠金融发展综合水平、覆盖广度、使用深度以及数字化程度，对我国数字普惠金融的整体情况以及省域异质性进行分析；再次，结合前述分析结论，进一步揭示我国数字普惠金融发展存在的主要问题；最后，结合国外发达国家以及发展中国家数字普惠金融发展的经验，归纳总结对于我国进一步推动数字普惠金融发展的相关启示。

第五章 我国经济高质量发展与测度。首先，以经济高质量发展的内涵为指引，从创新发展、协调发展、绿色发展、开放发展、共享发展五个维度构建经济高质量发展指标体系；其次，分别采用主成分分析法与熵值法测算得出 2011—2020 年我国 30 个省（自治区、直辖市）经济高质量发展水平与五个子维度发展水平；最后，结合测算结果，分析我国经济高质量发展状况与存在的主要问题。

第六章 数字普惠金融对经济高质量发展影响的实证分析。首先，对指标选取依据以及所选取的指标进行一一说明，并对指标数据进行描述性统计分析；其次，通过建立 GMM 动态面板模型，针对数字普惠金融对我国经济高质量发展的整体影响程度进行实证分析；再次，构建面板门槛模型，检验数字普惠金融对经济高质量发展影响的门槛效应；最后，采用空间面板模型，实证检验数字普惠金融对经济高质量发展的空间溢出效应。

第七章　研究结论与对策建议。首先，归纳总结前述研究的主要结论；其次，结合实证分析的结论，厘清目前我国数字普惠金融发展在推动经济高质量发展方面所存在的问题；最后，提出进一步强化我国数字普惠金融对经济高质量发展助推作用的相关对策与建议。

## 第三节　研究方法与研究创新

### 一、研究方法

为实现研究目标，本书主要采取了文献归纳法、比较分析法、定性分析与定量分析相结合、规范分析与实证分析相结合等方法。

#### （一）文献归纳法

文献归纳法是一种重要的研究方法，通过搜集、整理和研究领域相关文献，从中归纳总结信息并形成新的认识。在本研究中，通过对相关文献进行归纳总结，我们厘清数字普惠金融与经济高质量发展的内涵、特征与主要内容，及其数字普惠金融对经济高质量发展的影响机理。通过运用文献归纳法，我们能够系统地整合已有研究的成果，深入剖析数字普惠金融与经济高质量发展之间的关系。这不仅让我们对数字普惠金融对经济高质量发展的影响有更全面和深入的认识，同时也为实证研究和政策制定提供了有益的参考和指导。

#### （二）比较分析法

比较分析法通过对两个或更多相互联系的事物进行比较，以深入认识事物的本质、规律，并作出准确的评价。为了深化对数字普惠金融对我国经济高质量发展影响的全面认知，本书将运用比较分析法，重点对我国30个省（自治区、直辖市）的数字普惠金融发展水平、经济高质量发展水平以及数字普惠金融对经济高质量发展的影响程度进行对比分析。通过比较分析，我们可以评估数字普惠金融对经济高质量发展的实际效果，并揭示数字普惠金融在不同地区对经济高质量发展的影响差异。这有助于我们深入了解数字普惠金融在实现经济高质量发展方面的作用和潜力。

### （三）定性分析与定量分析相结合的方法

定性分析是基于非数值数据的研究方法，旨在通过文字描述、图像分析和观察等方式来揭示研究对象的特征、特点和意义。在定性分析阶段，本书通过充分阅读相关文献等方法，对数字普惠金融与经济高质量发展的内涵、特征、主要内容，以及数字普惠金融对经济高质量发展作用机制进行了归纳总结。此外，本书还运用定量分析方法对我国数字普惠金融发展状况、经济高质量发展状况以及数字普惠金融对经济高质量发展具体作用程度进行测度与刻画。通过构建合适的指标体系，采集相关数据，并运用统计分析方法进行数据处理和模型建立，量化地揭示数字普惠金融与经济高质量发展之间的关联。

### （四）规范分析与实证分析相结合的方法

规范分析是一种基于价值观和规范的研究方法，关注应该如何行为和如何评判事物的问题。实证分析是一种基于实际观察和数据分析的研究方法，通过收集和分析实证数据，描述和解释经济社会现象。在规范分析的基础上，本书借助金融排斥理论、包容性增长理论、内生经济增长理论等理论支撑，对数字普惠金融与经济高质量发展的内涵进行明确，进一步揭示数字普惠金融对经济高质量发展的作用机制，并提出研究假设。为验证研究假设的真实性，本书采用一系列实证分析方法，如主成分分析法、熵值法、系统广义矩估计（SYS－GMM）、面板门槛模型以及空间计量模型等，对数字普惠金融对经济高质量发展的影响进行量化分析和检验。这种方法的应用可以加强研究的可信度和可行性，从而推动数字普惠金融与经济高质量发展之间的良性互动，促进我国经济高质量发展。

## 二、研究创新

研究创新之一：通过文献阅读与梳理发现，已有研究主要围绕数字普惠金融在缩短城乡收入差距、实现经济困难缓解等方面的经济效果开展，有关数字普惠金融对经济高质量发展影响的研究较为匮乏。现有的为数不多的几项关乎数字普惠金融对经济高质量发展影响的研究，以逻辑演绎推理为主，缺乏必要的理论支撑。针对这一现状，本书将以多种理论为支撑，包括金融排斥理论、包容性经济增长理论、内生经济增长理论、新经济地理理论以及区域经济协调发展理论，以期对数字普惠金融对经济高质量发展的作用机制进行深入阐释。

金融排斥理论可以帮助我们理解数字普惠金融使得被边缘化的地区和人群可以获得更多金融服务，从而促进经济发展的包容性和可持续性。包容性经济增长理论可以帮助我们理解，数字普惠金融可以使更多的人能够参与经济活动，这有助于缩小贫富差距，促进社会公平和可持续发展。内生经济增长理论可以帮助我们理解，数字普惠金融可以激发创新活力，推动经济的高质量发展。新经济地理理论和区域经济协调发展理论强调地区和区域的经济发展是相互关联的。数字普惠金融的推广可以促进区域经济的协同发展。

研究创新之二：目前有关数字普惠金融对经济高质量发展的研究，大多以全国范围内的整体性研究为主，研究的针对性不强且研究结论较为笼统。为了弥补这一不足，本书选取了我国30个省（自治区、直辖市）作为样本，并采用近10年的面板数据进行分析，以研究数字普惠金融对我国经济高质量发展的具体影响程度。同时，本研究还从非线性特征、区域异质性、空间溢出效应等角度展开实证研究，力求填补数字普惠金融领域相关研究的空白。

通过选取30个省（自治区、直辖市）作为样本，本书可以更好地捕捉到不同地区的经济特点和差异，从而更准确地评估数字普惠金融对经济高质量发展的影响。同时，采用面板数据的分析方法，可以更好地控制时间序列和横截面上的变异，提高研究的可靠性和稳定性。此外，本研究还综合考虑数字普惠金融对经济发展的影响是否存在非线性特征（门槛效应）、区域异质性以及空间溢出效应，为政策制定提供更加精准的参考，为制定更具针对性、更加精准的政策措施提供参考。

研究创新之三：目前有关经济高质量发展指标体系的测算，多数学者采用主成分分析法等主观赋权法，或者熵值法等客观赋权法。然而，这两种方法各有优劣。其中，熵值法只考虑指标的熵值，无法反映指标之间的相关性，主成分分析法在运用过程中比较考验研究者的自身学识和判断水平，存在较大的主观因素。鉴于此，本书综合考虑两种方法各自的优势与劣势，在采用主成分分析法确定经济高质量发展综合指标体系的基础上，采用熵值法明确各指标的权重，并最终测算得出经济高质量发展指标的综合得分。

因此，为了综合利用主成分分析法和熵值法的优势，并克服它们各自的劣势，首先，使用主成分分析法对经济高质量发展的多个指标进行降维处理，将原始指标转化为少数几个综合指标，以减少信息冗余。其次，采用熵值法进一步确定各指标的权重。熵值法通过计算指标的熵值来反映指标的相对重要性，可以更准确地反映各个指标在综合指标体系中的重要程度。最后，根据各指标的权重和综合指标的取值，计算出经济高质量发展指标的综合得分。综合使用这两种方法可以充分利用两种方法的优点，提高测算结果的可靠性和可解释性，为经济高质量发展的评估和比较提供更科学、全面的依据。

# 第二章

# 文献综述与研究述评

## 第一节　数字普惠金融相关研究

### 一、数字普惠金融的内涵

#### （一）数字金融

在国外，数字金融的概念提出较晚，最早提出的是“电子金融”与“金融科技”的概念。李成勋与李东和（Lee Seong - Hoon and Lee Dong - Wo，2015）认为数字金融是金融与科技结合的产物，属于科技金融范畴。艾斯曼·隆德等（Manyika Lund et al.，2016）认为，数字金融是通过手机、互联网等数字支付系统来提供金融服务的一种金融业态。彼得·冈贝等（Peter Gomber et al.，2017）认为数字金融是指金融业的全面数字化，是对“电子金融”和“金融科技”的有益补充。“金融科技”主要强调技术创新与发展，而“电子金融”则指的是将信息与通信技术应用于金融业的初级阶段。厄齐尔（Ozili，2018）认为数字金融发展的重点在于利用数字技术提供金融服务，并能为低收入群体提供更具针对性的金融服务。苏普拉普蒂和卢普图（Suprapti and Luh Putu，2019）认为，数字金融是指采用数字技术，通过第三方合作平台提供的金融服务。尽管国外不同学者对数字金融的定义有所差异，但他们普遍认为，在数字技术的帮助下，数字金融增加了金融服务的可获得性，有效拓宽了中小企业和个人的投融资渠道，促进了普惠金融的发展（Ketterer and Juan Antonio，2015；Zavolokina L et al.，2016；Boskov T and Drakulevski L，2017）。无论是新兴经济体还是发达经济体，数字金融对其金融系统都具有很强的包容性（Ozili P K.，2018）。

在国内，在发展的不同阶段，数字金融呈现出不同的形态和侧重点，并且其内涵也在不断演变。因此，学者们对数字金融的内涵尚未形成统一的解释。目前，学术界对于数字金融的共识是，它是一种新型的金融发展模式。黄益平和黄卓等（2018）提出，数字金融是指金融机构和互联网平台通过数字技术实现支付、结算、融资和投资等新型金融业务模式。封思贤和徐卓等（2019）认为，数字金融是一种将大数据、云计算、区块链、人工智能等各类数字技术与传统金融服务深度融合的新型金融服务模式。郭峰等（2020）、王修华和赵亚雄等（2020）提出，数字金融是指传统金融机构和互联网企业利用互联网技术和信息通信技术提供资金融通等金融中介服务的新型业务模式。数字金融通过应用数字技术，拓宽金融体系的包容性，对经济发展更有利（钱海章等，2020）。作为传统金融通过科技赋能而形成的新产品，数字金融对于微观企业的技术创新乃至宏观经济发展质量都具有重大影响（唐松等，2020）。

综上所述，尽管目前尚未形成标准的定义，但学者们普遍认同数字金融是一种新型金融模式，通过利用数字技术和互联网等信息通信技术，以及金融机构、科技公司和互联网平台等多方合作，提供金融产品和服务。它以数字化为基础，通过创新的技术手段和商业模式，改变传统金融行业的经营方式和服务方式。

### （二）普惠金融

2005年，联合国首次提出“普惠金融”概念，它将普惠金融定义为一种可持续、高效率、全覆盖的金融发展体系，旨在将金融业的服务范围扩及社会各类群体。依据世界银行的定义，普惠金融是指能够为社会所有阶层和群体提供合理、便捷、安全的金融服务的一种金融体系。围绕普惠金融的内涵，国内外学者开展了一系列研究。

国外学者曼迪拉·萨尔玛与杰西姆·派斯（Sarma M and Pais J，2011）认为普惠金融是金融体系的重要组成部分，旨在为弱势群体提供便捷有效的金融产品和服务。他们将普惠金融视为一种社会责任，旨在减少贫困和不平等。萨尔玛（Sarma M.，2008）从金融渗透性、可用性和效用性三个维度构建了普惠金融指数。金融渗透性涉及金融机构和产品的覆盖范围，可用性关注金融服务的便利性和可获得性，而效用性则关注金融产品对个体和社会的实际效益。阿罗拉（Arora，2010）构建了综合评价体系的普惠金融指标，从金融服务领域、交易的便利性和交易成本等多个维度来评估普惠金融的实施情况。他强调了金融服务的广泛性和低成本性对普惠金融的重要性。古普特等（Gupte et al.，2012）从金融渗透性、可用性、交易便利程度和交易成本四个维度构建了普惠金融的综合指标体系。他们认为，普惠金融的目标是提供全面、可访问且经济合理的金融服务，以满足弱势群体的需求。谢密德和安娜（Schmied and Ana M，2016）认为，普惠金融主要服务于弱势群体，因此在经济周期波动时受到的影响较小，发展普惠金融有助于增强金融体系稳定性。艾伦等（Allen et al.，2016）提出，普惠金融是指能够使社会各个阶层和群体广泛、无障碍地享受金融服务的一种金融体系。

国内学者对普惠金融的概念和内涵提出了不同的观点。焦瑾璞（2010）等认为，普惠金融的主要服务对象是被传统金融体系排斥在外的弱势群体，如中小微企业、边远贫困地区和低收入人群。他们强调普惠金融应该运用金融手段，使这些弱势群体能够平等获得金融服务。这些金融服务具备较强的针对性，包括价格合理、支付便利、安全高效等特点（王婧和胡国晖，2013；星焱，2016；蓝虹和穆争社，2017）。另一些学者认为，普惠金融是为社会所有阶层和群体提供便捷、有效的金融服务，以深入贯彻落实科学发展观和构建和谐社会。他们认为普惠金融的目标是全方位地满足人们的金融需求，而不仅仅局限于特定的弱势群体（李明贤和叶慧敏，2012；李建军和王德，2015）。马彧菲和杜朝运（2017）提出，普惠金融是指能够为社会所有阶层和群体，尤其是贫困、低收入人口提供服务的金融体系。普惠金融是金融发展的一部分，应该能够有效和全方位地为社会各个阶层提供服务（冯大威等，2020）。

2013 年，党的十八届三中全会在《中共中央关于全面深化改革若干重大问题的决定》中首次正式提出“发展普惠金融”，并赋予了其新的时代内涵。根据该决定，普惠金融被定义为一种能够有效、全方位地为社会所有阶层和群体提供服务的金融体系[①]。为了进一步推动普惠金融事业的发展，2015年年底，国务院发布了《推进普惠金融发展规划（2016—2020年）》。该规划对普惠金融进行了更具体的部署，并给出了普惠金融的定义：普惠金融是指立足于机会平等要求和商业可持续原则，通过加大政策引导扶持、加强金融体系建设、健全金融基础设施，以可负担的成本为有金融服务需求的社会各阶层和群体提供适当的、有效的金融服务。这一定义强调了普惠金融的几个关键要素：一是立足于机会平等要求和商业可持续原则，旨在实现金融服务的公平和可持续发展；二是通过加大政策引导扶持、加强金融体系建设和健全金融基础设施，以提高普惠金融的可行性和可靠性；三是以可负担的成本为基础，确保金融服务对社会各阶层和群体都具有适应性和有效性。这一定义为普惠金融的发展提供了明确的指导和目标，旨在通过推动普惠金融的发展，提高金融服务的普及性和可及性，促进社会的可持续发展和全面小康社会的建设[②]。

综上所述，我们认为普惠金融旨在解决传统金融体系所存在的“金融排斥”问题，即弱势群体无法获得传统金融服务的困境。传统金融机构往往偏向为高收入、有稳定资产或较高信用评级的个人和企业提供服务，而弱势群体的金融需求往往被忽视或无法得到满足。普惠金融通过金融产品与服务的创新，针对不同群体的特定需求，提供更加精准、个性化的金融解决方案。因此，普惠金融是一种旨在解决传统金融体系中存在的“金融排斥”问题，为社会各个阶层尤其是弱势群体提供与其需求相匹配的金融产品和服务的金融模式。它的核心目标是促进金融包容性和社会公平，确保每个人都能平等地享受到金融服务的机会。

### （三）数字普惠金融

数字普惠金融备受实务界和学术界关注，已经成为实践和研究的热点。然而，目前仍缺乏对数字普惠金融的统一定义，学术界对其内涵存在三种界定。

① 中华人民共和国国务院新闻办公室．中共中央关于全面深化改革若干重大问题的决定［EB/OL］．http：//www. scio. gov. cn/zxbd/nd/2013/Document/1374228/1374228_2. htm.

② 中华人民共和国中央人民政府．国务院关于印发推进普惠金融发展规划（2016—2020年）的通知［EB/OL］．https：//www. gov. cn/zhengce/content/2016 -01/15/content_10602. htm.

数字普惠金融是一种全新的金融模式。沙赫罗基（Shahrokhi，2008）等国外学者认为，数字普惠金融作为一种创新的金融模式，既不同于传统金融中介如商业银行，也不同于资本市场。它利用数字技术和互联网平台，通过创新的金融产品和服务，为广大人群提供普惠金融服务。谢平和邹传伟（2012）指出，数字普惠金融的典型代表互联网金融作为第三种“金融模式”，与传统的资本市场直接融资和非资本市场直接融资有所不同。互联网金融模式通过改变信息处理方式、支付方式和资源配置方式等方面，充分调动社会效益，实现更高效、便捷和包容的金融服务。吴晓求（2015）在确认数字普惠金融的普惠性的同时，还建立了一个较为完备的数字普惠金融运行逻辑。数字普惠金融模式通过数字技术的应用，实现金融服务的普及和覆盖面的扩大，为个人和企业提供更加灵活、便利、安全和高效的金融产品和服务。数字普惠金融模式的创新性体现在它能够利用技术手段改善金融服务的可及性和可负担性，同时推动金融行业的转型升级和金融体系的发展。综上所述，数字普惠金融作为一种新兴的金融模式，以其创新性和普惠性受到广泛关注。它为更多的人群提供了平等和便捷的金融服务，并为金融行业带来了全新的发展机遇。

数字普惠金融是数字化的普惠金融服务。彼得森·K. 奥齐利（Ozili P K，2018）认为，数字普惠金融是通过采用数字化金融创新手段，在发展中国家推动金融系统包容性增长的一种普惠金融实践。他强调了数字化创新对金融服务的普及和包容性增长的重要性。郭峰等（2020）、白志红（2020）等则认为，数字普惠金融是以数字技术为基础，通过创新金融产品和服务，扩大金融服务的渗透度和覆盖面的一种新型数字化普惠金融。他们强调了数字技术在数字普惠金融中的作用，以及数字化金融创新对金融服务范围和效率的提升。数字普惠金融的核心特征在于数字技术与金融业务的相互融合，大大提升了金融发展体系的包容性（吕家进，2016；宋晓玲，2017；梁双陆等，2018）。数字普惠金融利用大数据、云计算、人工智能等新一代数字技术与金融业务相结合，提高了金融发展体系包容性和普及性（董玉峰和赵晓明，2018；何龙森，2021）。相对传统金融而言，数字普惠金融的发展具有明确的指向性，数字技术被视为发展手段，普惠金融则是发展目的。这一观点得到了张贺和白钦先（2018）以及林玲（2021）的支持。他们认为，数字普惠金融通过数字技术应用，拓宽了金融服务范畴，提升了金融服务的普惠性和精准性。综上所述，学者们对数字普惠金融的定义和理解存在一定差异，但他们一致认同数字技术的应用对金融服务的创新和普及具有重要作用，数字普惠金融模式为金融业带来了新的发展机遇，促进了金融服务的包容性和效率的提升。

具备普惠性特征的数字金融亦即数字普惠金融。2016 年中国推动并制定的《G20 数字普惠金融高级原则》提出了将数字金融与普惠金融结合的重要性，旨在通过数字化手段提升金融服务的效率和范围，使每个人都能受益于金融服务。黄益平等（2018）对数字金融与互联网金融、金融科技进行对比分析，认为数字金融呈现出普惠金融的特点，与数字普惠金融的内涵趋同。数字金融具备提供普惠且精准的金融服务的核心属性（滕磊和马德功，2020）。数字金融借助数字技术突破了时空限制，降低了服务成本，使得低收入群体和弱势群体等获益显著（黄倩等，2021）。它在缩减城乡收入差距等方面发挥着重要推动作用（Kapoor，2014；宋晓玲，2017；何宗樾等，2020），为普惠金融的发展创造了有利条件（焦瑾璞，2014；李继尊，2015）。张子豪和谭燕芝（2021）也提出，数字普惠金融通过使用数字金融服务来促进普惠金融的经济行为。此外，谢绚丽等（2018）、易行健和周丽（2018）以及张勋等（2019）利用北京大学编制的《中国数字普惠金融指数》来分析中国数字金融发展状况及其经济效应。

综上所述，从字面意思上来看，数字金融和数字普惠金融确实有一定的差异。数字金融强调利用数字技术推动金融创新，着重在提高金融服务的效率和便捷性上，而数字普惠金融则更注重服务的普惠性，即通过数字技术和创新金融产品，让金融服务惠及更广泛的人群，特别是低收入群体和弱势群体。但数字技术的广泛应用使得数字金融的服务范围不断扩展，呈现出普惠性特征，为更多人提供了金融服务的机会和便利。因此，数字金融和数字普惠金融存在内涵上的重叠，只是强调和侧重的方面不同，而名称上的差异也源于此。

## 二、数字普惠金融的测度

数字普惠金融是个多维概念，对其进行测度需要构建多维度指标体系。

为科学测度数字普惠金融发展水平，国内外学者及研究机构从不同视角构建了用以反映数字普惠金融发展水平的综合指标体系。

在衡量数字普惠金融发展水平方面，研究者采用了不同的维度和指标。例如，马尼卡等（Manyika et al.，2016）通过考量互联网覆盖率、智能手机持有率和身份证注册人数等指标来评估新兴国家的数字普惠金融发展水平。G20在《普惠金融指标体系（2016）》的基础上增加了与数字金融服务相关的指标，共计形成了35个指标来测算数字普惠金融水平。葛和平和朱卉雯（2018）参照全球普惠金融合作伙伴（GPFI）制定的普惠金融指标体系，从账户覆盖率、业务深度和服务的便利性与服务成本等维度，共计选择了16个指标，构建了数字普惠金融指数。另外一些学者如冯兴元等（2021）、张鑫和兰小红（2022）则从服务广度、服务深度以及服务质量三大维度出发，建构了数字普惠金融发展指数评价体系。这些指标和评价体系综合考虑了金融服务的普及程度、深度和质量等关键因素，为数字普惠金融的发展提供了评估工具和参考依据。

目前，北京大学数字金融研究中心和蚂蚁金服集团共同编制的数字普惠金融指数被认为是一项比较系统和全面的测度指标。该指数的编制得到了蚂蚁金服所提供的海量数据支持，并从覆盖广度、使用深度和数字化程度三个维度对数字普惠金融进行评估。该指数为广大学者提供了重要的数据支持，被学者们广泛用于研究数字金融和数字普惠金融的发展特征、影响因素及其经济社会效应。

## 三、数字普惠金融的功能

一是数字普惠金融有助于缓解相对贫困。数字普惠金融通过降低金融服务成本，缩减贫富差距。数字普惠金融是金融供给侧结构性改革的重要创新，通过降低空间距离以及信息收集成本对于获得金融服务的制约，提高了金融服务范围，有助于减贫目标实现（董玉峰等，2020）。数字普惠金融还可以补齐传统金融短板，提升普惠性，为打破贫困提供了新的途径（黄倩等，2019）。从扶贫成效的角度来看，数字普惠金融对于缓解贫困具有显著的作用，其作用在中西部地区尤其明显（张长全等，2020）。

二是数字普惠金融有助于促进经济发展。数字普惠金融作为金融行业的新业态，除了有助于缓解贫困问题，还有助于促进经济的发展。星焱（2015）认为，数字普惠金融的金融创新所带来的便利可以有效地增加消费、收入和投资，为金融长尾群体的经济行为带来显著影响。陈婵姹和岳玉珠（2018）发现，数字普惠金融通过拉动消费，极大地推动了经济增长。郝云平和雷汉云（2018）的研究则表明，数字普惠金融对于经济发展产生的影响并非简单的线性关系，而具有三次曲线的促进作用。数字普惠金融还能够促进“双创”活动，进一步促进经济的发展（钱海章等，2020）。推动数字普惠金融发展有助于充分科学地利用金融数据，缓解信息不对称问题，多样化产品与服务，进而提升金融资源优化配置效率，推动经济增长（Jia Ruiping and Wang Shuo，2020；李炳和赵阳，2014；李继尊，2015），促进区域经济创新发展（杨刚和张亨溢，2022）。

三是数字普惠金融有助于改善企业融资约束。梁榜和张建华（2018）等研究发现数字普惠金融的发展有利于改善企业融资受到约束的程度。数字普惠金融降低了企业融资成本，对于激励企业创新与创业存在“结构性”驱动作用（谢绚丽等，2018；唐松等，2020）。万佳彧等（2020）研究发现数字普惠金融可以激励企业创新，这种激励作用在民营企业和中小企业中更显著。江红莉和蒋鹏程（2021）发现数字普惠金融不仅可以降低企业融资的门槛，还能激发创新潜力，促进企业全要素生产率的提升。

四是数字普惠金融有助于推动产业转型升级。数字普惠金融通过优化资源配置，助推产业结构转型升级（梁榜，2019）。唐文进等（2019）的研究发现，数字普惠金融对产业转型升级的促进作用并非简单的线性关系，存在着单门槛效应。当数字普惠金融发展到一定程度，促进作用将会消失。此外，数字普惠金融覆盖广度、使用深度以及数字化程度对于产业转型升级的作用也存在一定的异质性。覆盖广度存在长期正向促进作用，使用深度与数字化程度对于产业转型的作用表现为非线性特征。

五是数字普惠金融有助于提升居民消费水平。易行健和周利（2018）等的研究发现，数字普惠金融有助于提高居民消费水平，优化居民消费结构（江红莉和蒋鹏程，2020；邹新月和王旺，2020）。数字普惠金融对于居民消费水平的促进作用存在显著的异质性特征（郭华等，2020；南永清等，

2020；蓝乐琴和杨卓然，2021）。此外，数字普惠金融对城乡文化消费的影响程度，呈现先增强后减弱趋势（王文姬等，2021）。

六是数字普惠金融有助于缩减城乡收入差距。数字普惠金融借助数字技术大大提升了金融服务的普惠性，让偏远地区的人们也得以享受到金融服务（姜振水，2017），进而有助于加速欠发达地区经济发展，显著缩减城乡收入差距（宋晓玲，2017；陈啸和陈鑫，2018；殷贺等，2020）。梁双陆和刘培培（2019）等利用泰尔指数分析，发现数字普惠金融指数和泰尔指数间呈现出此消彼长的关系。周雨晴等（2020）、李牧辰等（2020）的实证研究表明，数字普惠金融覆盖广度与使用深度能有效缩小城乡地区间的收入差距。

七是数字普惠金融影响传统金融系统。近年来，随着数字技术迅猛发展，我国数字普惠金融得以迅速发展（黄益平和黄卓，2018）。数字普惠金融与传统金融之间并非简单的相互替代关系，二者存在较大的融合空间，因此，数字普惠金融对于传统金融系统的冲击作用较为有限（刘澜飚等，2013；王国刚和张扬，2015）。数字普惠金融有助于"倒逼"银行业利用数字技术，创新金融产品与服务，进而提高服务品质，对于银行业的冲击有限（褚蓬瑜和郭田勇，2014；牛华勇和闵德寅，2015）。数字普惠金融服务的发展促进了普惠金融落地，成为推动普惠金融触及"最后一公里"的重要途径（李海峰等，2019）。数字普惠金融显著降低了传统金融服务成本，拓展了金融服务广度与深度，有效解决了金融排斥问题，已经成为普惠金融发展的新趋势（郭峰等，2020；向洁等，2021）。

## 第二节　经济高质量发展相关研究

### 一、经济高质量发展内涵

#### （一）高质量发展

近年来，高质量发展理论逐渐成熟，学者们对高质量发展的认识也更加深刻。然而，不同的学者对高质量发展的内涵有不同的认知，尚未形成统一定论。

金碚（2018）与林毅夫等（2019）提出，高质量发展要坚持以人为本的主要原则，以满足人民日益增长的美好生活需要为导向，克服发展的不平衡不充分等问题。实现高质量发展需要从系统平衡、经济发展、民生指向等视角出发（赵剑波等，2019），从经济发展、改革开放、城乡建设、生态环境、人民生活（任保平和李禹墨，2018）多方面进行努力，以创新发展、协调发展、绿色发展、开放发展、共享发展为目标的发展模式（王永昌和尹江燕，2019；高培勇，2019）。实现中国经济高质量发展，需要全面深化供给侧结构性改革，完善市场经济体系，推动全面开放，实现信息化与工业化有效融合（师博和张冰瑶，2018）。

### （二）经济发展质量

经济发展质量概念最早由国外学者库兹涅茨·西蒙（Kuznets S.，1971）提出，他认为经济发展质量应涵盖人口素质、环境质量、财政状况等多维度内容，应注重经济发展数量与发展质量的相互协调发展。

在此基础上，马卡耶夫（B. A. KaMae，1983）认为经济发展质量应该涵盖产出的增加、质量的提升以及消费提升等内容。其中，经济发展速度体现在产出增加方面，质量提升主要体现在要素产出率的提升方面。维诺德·托马斯等（Vinod Thomas et al.，2001）将人力资本、城市化水平、外资利用水平等指标纳入经济发展质量之中，认为经济发展质量是推动经济增长的重要手段。萨巴蒂尼·比奥（Sabatini F.，2008）认为经济发展质量应包含人类发展和社会福利指数、公共服务、性别平等内容。泽拉·约瑟夫（Zeira J.，2009）认为经济质量体现在城乡居民收入差异、法律制度、环境质量等方面。帕斯夸莱·特里迪科（Pasquale Tridico，2010）指出衡量经济增长质量的主要标准是居民收入的普遍提高。马丁·弗里茨和马克斯·卡赫（Martin Fritz and Max Koch，2016）认为经济发展的质量应体现在生态可持续性、社会包容发展和生活质量提升等方面。罗蒙·E. 洛佩斯和沃尔特·D. 冈萨雷斯（Ramon E. Lopez and Gonzalez W D，2017）等认为，经济发展质量体现在贫困差距缩减、环境保护与经济持续增长等方面。

### （三）经济高质量发展

经济高质量发展是我国新时代社会主义经济发展理论的重大创新（林毅夫等，2019）。在传统经济发展时期，我国的实体经济采取的是粗放型、数量型发展方式，在发展中出现了消费结构、需求结构以及收入分配等与经济发展需求不匹配的问题（赵大全，2018），人民群众对产品和服务的需求发生了变化，开始关注产品的质量而不仅仅是功能，因此，实体经济需要转向品质化发展，以满足人民对高质量产品和服务的需求（王珺，2017）。与此同时，我国经济发展也从原本关注经济“增速”转变为关注经济发展“质量”（杨伟民，2018），以满足人民日益增长的对美好生活的需要（张立群，2018）。

经济高质量发展与传统经济发展的本质性区别在于，经济高质量发展是以满足人民对美好生活需要为根本（冯俏彬，2018；刘志彪，2018）。人民日益增长的美好生活需要，既包含物质需要也包括全面发展需要（张涛，2020），经济高质量发展不仅包括产业发展的高质量，更重要的是经济各方面的协调性和整体性（赵大全，2018）。经济高质量发展应致力于克服经济发展中不平衡与不充分问题（林毅夫等，2019），以包容、高效、普惠的经济发展为目标（安淑新，2018），遵循创新、协调、绿色、开放、共享的新发展理念（李金昌等，2019），实现高效率、公平和绿色可持续发展（张军扩等，2019）。

综上所述，经济高质量发展是从以 GDP 增长为主要指标转变为以满足人民对美好生活的需要为中心的新的发展理念与发展模式。

## 二、经济高质量发展测度

### （一）国外相关研究

1970 年联合国首次构建了经济发展质量指标体系，但由于忽视了资源浪费、环境污染等现实问题，并未得到全面推广。联合国开发计划署（UNDP）将 GDP、国家进步指数、国民幸福总值、财政收入等纳入指标体系，从宏观角度对经济社会发展进行了评价。1996 年，联合国可持续发展委员会构建了包含经济、环境、社会、机构等内容的经济发展质量指标体系。

国外学者托马斯等（Thomas et al.，2001）认为，应从福利水平、教育水平、生态环境、资本市场风险抵抗能力等方面衡量经济发展质量。萨巴蒂尼·比奥（Sabatini F.，2005）选择城市生态系统、公共服务、性别平等和劳动力市场健康状况等指标，测算经济发展质量。在此基础上，巴罗·J. 罗伯特和西尔万娜·特雷罗（Barro Robert J. and Tenreyro Silvana，2006）构建了包括生育率、人均寿命、人均收入、社会福利、宗教信仰、政治体制等方面在内的经济发展质量指标体系。楚瓦什奥娃等（Chuvashova M. N. et al.，2015）从技术水平、资源分布情况、基础设施建设等维度，构建经济发展质量指标体系。马丁·弗里茨和马克斯·科赫（Martin Fritz and Max Koch，2016）则从社会包容性、生态可持续性、生活水平三个维度综合分析了经济发展质量。除此之外，加里·杰弗森（Gary Jefferso，2003）和胡梅拉·萨利姆（Hummera Saleem，2019）等则把全要素生产率作为经济发展质量的衡量指标。

## （二）国内相关研究

在界定经济高质量发展内涵的基础上，学者们积极尝试构建合理的评价体系，以期推动相关研究由定性分析走向定量研究。由于经济高质量发展提出的时间较短，目前还没有形成统一权威的指标体系。

部分学者以全要素生产率（徐现祥等，2018；余泳泽等，2019；韩英和马立平，2019；李华和董艳玲，2021）、劳动生产率（陈诗一和陈登科，2018）以及增长率（陈丽姗和傅元海，2019）等单一指标刻画经济发展质量。尽管采用单一指标刻画经济发展质量具有一定的合理性，但是上述指标仅从生产效率等单一视角衡量经济发展质量，并未反映出产业结构优化、生态环境可持续等的变化，无法全面反映经济发展质量的变化。

鉴于单一指标不能全面反映经济高质量发展的变化，刘志彪（2018）等构建起多维度指标体系，用以反映经济高质量发展状况。刘志彪（2018）从均衡发展战略实施、现代化经济体系建设、市场经济体制完善、发展成果共享、空间布局优化、生态补偿机制健全以及高水平开放等方面，构建经济高质量发展指标体系。魏敏和李书昊（2018）从经济结构优化、资源配置高效、市场机制完善、经济增长稳定、生态文明建设和经济成果惠民等维度，构建经济高质量发展指标体系。田晓平（2018）则从经济发展、社会文化、政府服务等方面，建立经济高质量指标体系。李旭辉和朱启贵（2018）从产业升级、结构优化、民生发展等多维度指标建立了经济高质量发展指标体系。

张军扩等（2019）所构建的经济发展质量评价体系，涵盖公平、高效、可持续三个方面。马茹等（2019）基于供给质量、需求质量、发展效率、经济运行、对外开放五个方面对经济高质量发展的评价体系进行构建。张平等（2019）通过经济增长、经济韧性、可持续发展等指标建立经济高质量发展指数。史丹和李鹏（2019）以新发展理念为框架构建经济高质量发展评价指标体系，刘亚雪等（2020）在新发展理念的基础上加入稳定系统，用以测度经济高质量发展水平。吴志军和梁晴（2020）在新发展理念的基础上加入综合质效维度，来测度经济高质量发展水平。余东华（2020）与曲立等（2021）则将制造业高质量发展界定为体现新发展理念的发展模式。

## 第三节　数字普惠金融对经济高质量发展影响相关研究

经由文献梳理发现，由于“经济高质量发展”是我国特有概念，有关数字普惠金融对经济高质量发展影响的研究主要源自国内学者。学者们除了探究数字普惠金融对经济高质量发展的整体性影响之外，还针对数字普惠金融对经济高质量发展子维度（如农业发展、减少贫困、推动创新等）的影响进行了研究。

### 一、整体影响

傅利福（2021）与刘伟（2021）等认为，数字普惠金融对经济高质量发展存在正向激励作用且存在异质性。数字普惠金融通过推动技术创新（刘伟等，2021）、国际贸易（王刚贞、陈梦洁，2022）、财政支出（张珍花、杨朝晖，2022）、农村人力资本（马黄龙、屈小娥，2021）、居民消费（薛秋童、封思贤，2022）等中介因素，促进经济高质量发展。

## 二、分维度影响

在对农业影响方面，唐建军等（2022）认为，数字普惠金融有助于生产要素的优化配置，进而提高农业全要素生产率，在资源禀赋丰富、发展基础良好的地区，数字普惠金融促进作用更为显著。依托数字技术所提供的便利，数字普惠金融很好地解决了农企、农户等在融资过程中所面对的信息不对称与无抵押品等难题（黄卓、王萍萍；2022），大大提升了农信机构涉农贷款的投放规模与增长速度（崔恒瑜，2021），有效缓解了流动性约束（张林、温涛，2022），让更多涉农主体享受到利率更低、更为便捷的信贷服务，显著提升了农村金融服务的普惠性。

在对企业影响方面，郭沛瑶和尹志超（2022）等认为，数字普惠金融通过提高政府推动力、促进信息共享、缓解信贷约束等方式，有效校正了传统金融的金融错配程度（唐松等，2020），进而促进企业创新。数字普惠金融推动企业创新效应，在国有企业以及中西部地区企业中更为显著（赵晓鸽等，2021）。此外，数字普惠金融通过减弱银企间信息不对称，缓解了企业融资约束，增加了中小企业贷款金额并降低了贷款利率（赵绍阳等，2022）。既有助于改善小微企业资本使用效率，促进企业出口（张铭心等，2022），也有助于推动企业进口贸易规模扩大与质量提升，显著提高了企业进口可能性（金祥义、张文菲，2022；许家云，2022）。

在对减贫影响方面，周利（2020）等认为，数字普惠金融通过增加金融可得性、降低门槛效应等缩小城乡收入差距。数字普惠金融减贫效应随着经济发展水平与财政支出比重的提高而减小，随着城镇化水平的提高而增大（陈慧卿等，2021）。周立与陈彦羽（2022）等持有不同观点，他们认为数字普惠金融还未充分发挥出缩小城乡居民收支差距的正向作用。原因在于，数字普惠金融给能够接触到互联网的居民带来便利与机会，与此同时，也挤占了未能接触到互联网的居民所能获得的资源（何宗樾等，2020），这种“数字鸿沟”使非贫困户有效利用数字普惠金融发展的“马太效应”明显，而贫困户借助数字普惠金融减贫的效果并不显著（王修华、赵亚雄，2020）。

在对消费影响方面，郭华（2020）等认为，数字普惠金融能够显著促进农村居民消费。数字普惠金融借助数字化支付、信贷、保险等途径便利（黎翠梅、周莹，2021），降低了家庭面临的不确定性（何宗樾、宋旭光，2020），促进农业就业结构转型，优化收入结构（张勋等，2020；刘涛、伍骏骞，2023），增加了农村消费性正规信贷需求（傅秋子、黄益平，2018），进而促进居民消费。然而，也有学者持不同观点，张勋（2020）认为，数字普惠金融发展尽管提升了农村居民收入，却没有显著提升农村居民消费。

在对创新影响方面，赵晓鸽（2021）等认为，数字普惠金融能显著缓解金融资源错配程度，促进城市创新，并具有一定的创新主体异质性和区域异质性。在国有企业以及中西部地区企业，数字普惠金融通过缓解金融错配推动企业创新的效果更为显著。在数字普惠金融发展较为成熟、制度质量较好、人力资本水平较高的情况下（聂秀华等，2021；郭沛瑶和尹志超，2022），数字普惠金融创新“激励效应”更为突出。此外，数字普惠金融还具有填平地区间“创新鸿沟”的普惠作用，不仅可以直接激励本土创新，而且存在空间溢出效应，能够间接激励其他地区创新（郑万腾等，2021）。

综上所述，学者们围绕数字普惠金融对经济高质量发展的影响已进行较为深入研究，并得出数字普惠金融有助于推动经济高质量发展的一致性结论，为本书研究奠定了坚实理论基础。然而，有关数字普惠金融对经济高质量发展空间影响的研究较为缺乏。为此，本书除了实证分析数字普惠金融对我国经济高质量发展的直接影响之外，还在阐明数字普惠金融对经济高质量发展的空间溢出影响机理的基础上，采用空间面板模型实证检验空间溢出效应，并进一步提出增强我国数字普惠金融发展区域协调程度，助力我国经济高质量发展的对策建议。

## 第四节　文献述评

综合以上研究，数字普惠金融相较于传统金融和普惠金融，扩大了金融服务范围，也深化了数字技术的应用，为经济的高质量发展提供了新的机遇和动力。因此，从经济高质量发展的角度来看，数字普惠金融的发展与经济高质量发展之间的关系应当超越传统的观点。

近年来，学者们对数字普惠金融和经济高质量发展进行了广泛研究，但研究重点往往集中在数字普惠金融对某一方面，如减贫、消费、企业约束等的影响，而缺乏对综合经济指标的深入研究和系统性评价。这导致我们难以全面了解数字普惠金融和经济高质量发展之间的发展规律。尽管一些研究成果对数字普惠金融对经济高质量发展的影响进行了总体性研究，但机理分析往往依赖于逻辑推演，缺乏充分的理论支撑。此外，由于研究中使用的指标选择存在差异，导致研究结论也存在差异。为了更好地理解数字普惠金融与经济高质量发展之间的关系，需要加强对综合经济指标的深入研究。这意味着需要综合考虑多个方面的指标，如创新发展、就业、贫困减少、社会包容性等，并探索它们与数字普惠金融之间的关联。此外，为了更好地解释数字普惠金融对经济高质量发展的影响，还需要进一步发展和应用相关理论框架，以提供更加可靠的机理分析。同时，研究中还需要加强指标的一致性和可比性，以便更好地比较不同研究之间的结论。

综上所述，虽然学者们在数字普惠金融和经济高质量发展方面进行了丰富的研究，但仍存在一些局限性。为了弥补现有研究的不足，本书将经济高质量发展作为出发点，并运用内生经济增长理论、数据要素边际报酬递增以及经济地理学理论等多个理论框架，深入探讨数字普惠金融对经济高质量发展的影响机制。为了验证具体影响效果，本书采用了系统 GMM 方法、门槛效应模型、空间面板模型等多种实证研究方法。通过实证分析，本书将得出相关的研究结论，并提出相应的对策建议。通过本书的研究，我们期望能够为明确数字普惠金融对我国经济高质量发展的影响提供理论支撑和实证依据，所得结论和建议能够为学者、业界及政府相关部门提供参考。

# 第三章

# 概念界定与理论基础

## 第一节 概念界定

### 一、数字普惠金融

#### （一）概念界定

数字普惠金融作为传统普惠金融发展的新业态，是随着互联网的兴起从传统普惠金融发展和演变而来的。随着数字技术、云计算与大数据等新发展技术的崛起，普惠金融的发展空间得到了进一步挖掘，传统金融体系顺应时代发展潮流，逐步向数字化方向转型。普惠金融全球合作伙伴（GPFI）在2016年著作的白皮书中指出，数字普惠金融采用数字技术提供普惠金融服务的行动，具有创新性强、共享和成本低等特点。

2016年，中国担任二十国集团（G20）主席国，在此期间提出了《G20数字普惠金融高级原则》，并得到其他国家的认可。数字普惠金融是指利用数字化技术，为那些受到金融排斥的弱势群体提供正规恰当的金融服务，并且保持服务的可持续性。《G20数字普惠金融高级原则》总共涵盖了八项原则，包括倡导利用数字技术促进普惠金融发展，平衡好创新与风险，构建适当的数字普惠金融法律和监管框架，扩展数字普惠金融服务基础设施生态系统，采取负责任的数字普惠金融措施保护消费者，重视消费者数字技术和金融知识的普及，促进数字普惠金融服务的客户身份识别，以及监测数字普惠金融的发展进程①。中国信通院发布的《中国数字普惠金融发展分析报告》中将数字普惠金融定义为，在成本可控、模式可持续的前提下，以各类数字化技术为实现条件，为社会各阶层尤其是现有金融体系覆盖不足的城镇低收入人群、农村人口、偏远地区人口等特殊群体以及小微企业提供平等、有效、全面、方便的金融产品和服务。

这些定义和原则的提出反映了数字普惠金融的本质特征，即通过数字化技术的运用，打破传统金融的地域和时间限制，让更多人能够获得合适的金融服务。数字普惠金融的目标在于提高金融服务的效率与便捷性，确保金融社会服务的包容性，以促进经济社会的可持续发展。这一发展趋势对于弱势群体的脱贫致富、小微企业的发展以及整个经济体系的稳定和繁荣都具有重要意义。基于此，我们认为，数字普惠金融是在普惠金融的基础上，依托数字化技术，如大数据、区块链、人工智能和5G等，打破金融服务供给的时空限制，降低信息不对称和营运成本，进而汇集众多长尾群体，为他们提供一系列正规的金融服务，进而增强普惠金融发展的覆盖面与可及性的一种金融活动。

### （二）主要特征

虽然数字普惠金融暂时仍没有形成全球统一的定义，但各国都形成了一个基本共识，数字普惠金融的核心是利用新兴技术和创新金融模式，为社会各阶层提供平等、普惠、可持续的金融服务。它强调技术的创新和应用，通过云计算、大数据分析、人工智能等技术手段，提供更精准、个性化的金融产品和服务，满足不同用户的需求。相比传统普惠金融，数字普惠金融具有以下特征。

#### 1. 数字化金融创新

数字普惠金融的金融创新特征，主要体现在引入新技术和商业模式创新方面。这些创新推动了金融业的转型和发展，为更多人群提供了可获得的、可持续的金融服务。以下是数字普惠金融的几个典型金融创新特征：

第一，数字普惠金融利用移动设备和互联网技术，提供便捷的移动支付

---

① 易纲．人民币不存在持续贬值基础［EB/OL］．http：//blog.sina.com.

和电子钱包等服务。用户可以通过手机进行转账、支付账单、购买商品和服务等。这种数字化的支付方式减少了现金交易的需求，提高了交易的便利性和安全性。

第二，数字普惠金融通过线上借贷平台，为小微企业和个人提供贷款和融资服务。这些平台利用大数据和机器学习等技术，对借款人进行风险评估，提高了融资的效率和准确性。同时，借款人可以通过线上平台简化贷款申请流程，获得更快速的贷款审批和放款。

第三，通过运用大数据和人工智能，数字普惠金融可以更好地了解用户的需求和风险特征，为用户提供个性化的金融产品和服务，小微企业和个人能够更便捷地获取融资和贷款支持，推动经济发展和创业创新。

第四，数字普惠金融的金融创新特征还体现在应用区块链技术。区块链技术通过去中心化的分布式账本和智能合约，提供了更安全、透明和高效的支付和结算方式。它能够减少中间环节和交易成本，提高交易的可信度和速度。

**2. 覆盖范围广泛**

数字普惠金融作为一种创新的金融模式，具有广泛的覆盖范围。它旨在通过数字化技术和创新商业模式，为广大人群提供普惠金融服务，特别是那些传统金融体系难以覆盖的群体。以下是数字普惠金融广泛的覆盖范围的三个方面。

第一，农村和偏远地区：传统金融机构在农村和偏远地区的金融服务存在巨大的局限性，导致这些地区的居民难以获得适当的金融服务。数字普惠金融通过移动支付、电子钱包和线上借贷等方式，打破了地理限制，为农村和偏远地区的居民提供便捷的金融服务，促进了农村经济的发展和居民的生活改善。

第二，小微企业和个体工商户：传统金融机构对小微企业和个体工商户的融资需求常常存在较高的门槛和风险偏好。数字普惠金融通过线上借贷平台和数据驱动的风险评估，为这些企业和个体工商户提供更便捷、灵活的融资渠道，帮助他们解决资金短缺问题，推动创业创新和经济增长。

第三，低收入人群和社会弱势群体：传统金融体系中的金融排斥现象使得低收入人群和社会弱势群体难以获得适当的金融服务。数字普惠金融通过移动支付、数字信贷和微型保险等方式，为这些群体提供了更加平等、便捷的金融产品和服务，提高了他们的金融包容性，帮助他们更好地应对风险和应急情况。

**3. 交易成本更低**

数字普惠金融通过数字化基础设施、网络效应、数据驱动决策和降低物理空间成本等方式，实现了金融服务的低成本特征。

第一，数字普惠金融利用现代的数字技术和互联网基础设施，通过在线平台、移动应用和电子支付系统等，为用户提供便捷的金融服务。相比传统金融机构的实体网点和纸质文件处理，数字化的基础设施可以大幅度降低运营成本。

第二，数字普惠金融平台通常具有网络效应，即随着用户规模的增大，服务成本会逐渐降低。当越来越多的用户加入平台中时，运营成本可以分摊到更多的用户中，降低了每个用户的服务成本。

第三，数字普惠金融依赖于大数据和数据分析技术，可以从用户的行为和交易数据中获取有价值的信息，进而进行风险评估、产品定价和个性化推荐等决策。这种基于数据的决策方式，相比传统的依赖人工经验和猜测的方式，更加准确和高效，可以降低运营成本和风险。

第四，数字普惠金融不需要大量的实体网点和物理空间，用户可以通过网络或移动设备获得金融服务。这样可以避免租赁、装修和维护实体网点的成本，从而降低了金融服务的总体成本。

**4. 风险管控更有效**

数字普惠金融通过数据驱动的风险评估、创新的风险管理模型、弹性化的风险保障机制、实时监控和反欺诈技术等措施，使风险管控更加有效。

第一，数字普惠金融依靠大数据和先进的数据分析技术，对用户的风险进行评估和预测。通过收集和分析用户的消费行为、交易记录、社交网络等数据，可以更准确地评估用户的信用风险和还款能力。相比传统金融机构凭借有限的信息进行风险判断，数字普惠金融可以更全面、客观地了解用户，减少信息不对称带来的风险。

第二，数字普惠金融采用创新的风险管理模型，结合大数据、机器学习和人工智能等技术，实现更加精细化和个性化的风险管理。通过构建智能风控模型和实时监测系统，可以对用户的行为和交易进行实时监控和预警，及时发现风险信号并采取相应措施。这种创新的风险管理模型能够快速响应市场变化和风险事件，提高风险管理的敏捷性和准确性。

第三，数字普惠金融利用实时监控和反欺诈技术，可以及时识别和应对欺诈行为。通过建立实时监测系统和反欺诈算法，可以识别异常交易和可疑行为，采取相应的防范措施，减少欺诈风险。这种实时监控和反欺诈技术能够及时发现和应对风险，提高风险管控效率。这些措施提高了风险管理的准确性、及时性和灵活性，帮助降低风险并确保金融服务的安全性和可持续性。

### （三）主要内容

#### 1. 数字普惠金融的参与主体

（1）传统金融机构。

传统金融机构在数字普惠金融中扮演着关键角色，通过引入数字化技术和创新金融模式，为用户提供更广泛的金融服务。这些机构包括银行、保险公司、证券公司等，它们在金融领域具有丰富的经验和专业知识，拥有广泛的客户基础和稳定的金融基础设施。

首先，传统金融机构通过引入数字化技术，如互联网和移动应用，改变了金融服务的支付方式。他们建设了线上平台、推出移动应用和电子钱包等工具，使用户可以随时随地访问金融服务。用户可以通过网上银行或移动银行应用进行转账、支付账单、查询账户余额等操作，方便快捷地满足日常金融需求。这种数字化转型使得金融服务更加高效、便利，用户不再受限于传统的实体网点，大大提升了金融服务的可及性。

其次，传统金融机构通过创新金融模式，为用户提供更广泛的金融产品和服务。他们通过引入普惠金融产品，如小额贷款、微型保险和投资理财工具，满足了低收入群体和小微企业的金融需求。这些金融产品和服务具有灵活的还款方式、低门槛的申请条件和个性化的定制选项，帮助用户实现更好的金融包容性和可持续发展。例如，一些银行推出了针对农村居民和农业领域的特色金融产品，为他们提供贷款、保险和储蓄等服务，促进农村经济的发展和农民收入的增加。

此外，传统金融机构通过与科技公司、移动网络运营商和电商平台等合作，共同开发创新的金融解决方案，进一步拓宽了数字普惠金融的范围。这种合作可以提供更全面的金融服务，通过整合各方资源和专长，实现用户数据共享、风险分担和市场拓展。例如，一些银行与电商平台合作，为用户提供在线支付和分期付款服务，将线上购物和金融支付紧密结合，提供更便捷的消费金融体验。此外，金融机构还与科技公司合作，共同推动数字普惠金融的发展。他们合作开发基于人工智能、区块链和大数据等技术的创新金融产品，以提升用户体验、降低运营成本，并探索新的商业模式和市场机会。

在数字普惠金融的发展中，传统金融机构充分发挥其专业性、信誉和稳定性的优势，同时积极进行技术创新和业务转型。他们不仅满足传统金融需求，还通过引入新的金融产品和服务，满足新兴市场和发展中国家中较为贫困和弱势群体的金融需求。通过数字化技术和创新金融模式的引入，传统金融机构不断扩大其数字普惠金融的覆盖范围，为更多人提供全面、便捷和可负担的金融服务，推动经济包容性和可持续发展的实现。

（2）金融科技公司。

金融科技公司在数字普惠金融中扮演着重要的角色，他们通过创新的技术和商业模式，为数字普惠金融提供了全面的技术支持和解决方案。

首先，金融科技公司通过引入先进的技术，如人工智能、大数据分析、区块链和云计算等，改变了传统金融服务的方式和模式。他们开发了基于手机应用的金融服务平台，提供移动支付、电子钱包、在线贷款和投资等创新的金融产品和服务。这些技术的应用使得金融服务更加便捷、高效和普惠，降低了金融交易的成本和门槛，为更多人群提供了可获得的金融服务。

其次，金融科技公司的创新商业模式推动了数字普惠金融的发展。他们致力于与传统金融机构、商业企业和政府机构建立合作伙伴关系，共同推动金融服务的普及和普惠化。金融科技公司通过与电商平台、物流公司、农村合作社等合作，为农村地区和小微企业提供金融服务，促进农村经济的发展和社会的包容性增长。他们还与政府合作，开展数字支付和社会保障等项目，提高金融服务的覆盖范围和质量，满足民众日益增长的金融需求。

最后，金融科技公司在用户体验和风险管理方面的创新也推动了数字普惠金融的发展。他们注重用户体验，通过简化用户注册、身份验证和操作流程，提供便捷、安全的金融服务体验。金融科技公司还开发了基于大数据和人工智能的风险评估模型，实现了更精准的风险评估和反欺诈能力，降低了金融交易的风险，增强了用户的信任度和满意度。

综上所述，金融科技公司在数字普惠金融中扮演着重要的角色。他们的技术创新和商业模式的创新为数字普惠金融提供了全面的技术支持和解决方案，推动了金融服务的普及和普惠化。

（3）政府和监管机构。

政府和监管机构在数字普惠金融中发挥着监管、保护和推动的重要角色。他们通过制定政策法规和监管框架，确保数字普惠金融的健康发展，并保护用户的权益和数据安全。

首先，政府和监管机构在数字普惠金融中扮演着监管者的角色。他们负责制定和实施监管政策，确保数字普惠金融服务的合规性和稳定性。政府机构会对金融科技公司和金融机构进行许可和监管，并监督其运营活动。他们制定的规章制度和准入标准有助于规范市场行为，防范金融风险，维护市场秩序。

其次，政府和监管机构还通过推动数字普惠金融的发展，促进金融包容和社会经济的可持续发展。他们鼓励金融创新和技术应用，推动数字化金融服务的普及和普惠，尤其是在较为贫困和弱势的地区。政府机构通过提供财政支持、设立专项基金和创业孵化器等方式，推动数字普惠金融的发展，并支持金融科技公司和金融机构在数字普惠金融领域的创新实践。

最后，政府和监管机构也负责保护用户的权益和数据安全。他们制定相关法规和标准，要求金融科技公司和金融机构保护用户的个人隐私和敏感信息，并建立数据安全和风险管理体系。政府机构还加强对金融科技公司和金融机构的监督，确保其合规运营，并对违规行为进行惩处，维护市场的公平和透明。

总而言之，政府和监管机构在数字普惠金融中发挥着重要的角色。他们通过监管、保护和推动，确保数字普惠金融的安全、稳定和可持续发展，为广大用户提供可信赖和便捷的金融服务，推动经济和社会的包容性发展。

（4）社会组织和非营利机构。

社会组织和非营利机构在数字普惠金融发展中扮演着推动者、倡导者和监督者的角色。这些组织可以是基金会、非政府组织、社会企业等，他们通过资金支持、培训和咨询等方式，为数字普惠金融的发展提供支持和推动。

首先，社会组织和非营利机构通过资金支持，为数字普惠金融项目提供必要的经费。他们通过设立专项基金或提供资助，帮助金融科技初创企业或社会企业实施数字普惠金融项目。这些资金可以用于技术研发、市场推广、人才培训等方面，促进数字普惠金融产品和服务的创新和扩展。

其次，社会组织和非营利机构通过培训和咨询活动，提升数字普惠金融从业人员的能力和专业知识。他们组织举办培训班、研讨会和咨询活动，为数字普惠金融从业人员提供技术、管理和运营方面的培训和指导。这有助于提高从业人员的专业素养，推动数字普惠金融行业的发展和提升服务质量。

再次，社会组织和非营利机构在数字普惠金融发展中充当倡导者和推动者的角色。他们通过研究报告、政策建议和倡导活动，提升社会对数字普惠金融的认知和关注度。他们呼吁政府、金融机构和利益相关者加大对数字普惠金融的支持力度，推动政策环境的改善和创新金融模式的落地。他们还通过社会宣传和教育活动，提高公众对数字普惠金融的认识，鼓励更多人参与其中。

最后，社会组织和非营利机构在数字普惠金融发展中充当监督者的角色。他们监督金融机构和金融科技公司的行为，确保数字普惠金融服务符合法律法规和社会伦理要求。他们关注用户权益保护、数据隐私安全和风险管理等方面的问题，并提出建议和监督机制，促进数字普惠金融的健康发展。

**2. 数字普惠金融发展体系**

数字普惠金融的发展体系主要由上层的政策支持、底层的基础条件以及中层的运行机制三部分构成。

（1）政策支持。

政策支持主要包括中央政府一级的法律法规、国家战略和统一规划、地方政府一级的发展政策以及各监管机构所制定的领域政策。

数字普惠金融作为数字化技术与普惠金融的产物，尤其需要各部门跨领域的合作与协同监管。2016 年，我国在 G20 峰会上提出的《G20 数字普惠金融高级原则》涵盖了数字普惠金融创新与风险、法律和监管、数字金融服务基础设施、金融消费者保护以及数字技术和金融知识普及等内容。这是国际社会在数字普惠金融领域的高级别指引性文件。2020 年，人民银行发布《中国人民银行金融消费者权益保护实施办法》，对信息收集、披露和告知、使用、管理、存储和保密等方面都进行了规定，旨在对金融消费者的权益保护进行规范和优化。2022 年人民银行印发的《金融科技发展规划（2022—2025 年)》提出了支持金融科技创新发展的政策框架和措施。2022 年中央网络安全和信息化委员会印发的《“十四五”国家信息化规划》提出通过完善数字金融基础设施，提升金融服务水平，加强金融对实体经济的支持，并建立健全金融科技创新监管体系，可以推动数字普惠金融在我国的全面发展。2023 年 2 月国务院发布的《关于全面推进乡村振兴加快农业现代化的意见》中明确了发展农村数字普惠金融的目标和任务。

（2）基础条件。

数字普惠金融发展的基础条件是指一系列要素和环境，为数字普惠金融的发展提供支持和保障。这些基础条件对于建立可持续的数字金融生态系统至关重要，促进普惠金融服务的普惠和可及性。以下是一些重要基础条件：

一是信息和通信技术基础设施。充足的信息和通信技术基础设施是数字普惠金融发展的基石。高速稳定的互联网接入、广泛的移动网络覆盖以及可靠的通信基础设施能够支持数字金融服务的交互和传输，使得用户能够方便地获取金融信息和进行金融交易。

二是金融和法律框架。健全的金融和法律框架是数字普惠金融发展的保障。包括金融监管政策、支付体系的规范、合同法律保护等。清晰的法规和政策环境可以促进金融创新，保护用户权益，降低风险，增强数字金融市场信心和稳定性。

三是金融知识和教育。提升用户的金融知识和教育水平是数字普惠金融发展的前提。通过金融知识普及和培训，用户可以更好地理解和利用数字金融服务，增强金融决策能力，提高金融素养，防范金融风险。

四是信用评估和数据隐私保护。有效的信用评估机制和数据隐私保护措施是数字普惠金融发展的关键。可靠的信用评估体系可以为用户提供个性化的金融产品和服务，并降低信用风险。同时，严格的数据隐私保护措施可以增加用户对数字金融服务的信任，确保个人信息的安全和隐私。

五是金融合作与合作伙伴关系。金融合作与建立合作伙伴关系是数字普惠金融发展的重要条件。金融机构、科技公司、政府机构、非营利组织和社会企业之间的合作可以整合资源、共享经验和技术，推动数字普惠金融服务的创新和拓展。

（3）运行机制。

数字普惠金融的运行机制是指将数字技术和金融创新应用于金融服务的方式和实施方法，旨在扩大金融包容性，使更多人能够获得安全、便捷、可负担的金融服务。

移动支付和电子钱包：数字普惠金融通过移动支付和电子钱包等技术手段，提供了一种便捷的支付方式。用户可以通过智能手机等设备进行转账、支付账单和购买商品，无须使用传统的现金或信用卡。

互联网银行和电子银行：数字普惠金融通过互联网银行和电子银行平台，使用户能够在任何时间和地点进行银行业务操作，包括查询账户余额、转账、支付账单、申请贷款等。这种方式消除了地理和时间限制，提供了更广泛的金融服务覆盖。

大数据和人工智能：数字普惠金融利用大数据和人工智能技术，对用户的金融行为和信用记录进行分析，从而更准确地评估风险和信用等级。这有助于拓宽融资渠道，使那些传统金融体系中被忽视或难以评估信用的人群能够获得贷款和其他金融服务。

区块链技术：区块链技术为数字普惠金融提供了一种安全、透明和去中心化的交易和结算方式。通过区块链，金融交易可以实现实时结算，降低交易成本，提高交易的透明度和可追溯性。

社交金融和众筹平台：数字普惠金融利用社交媒体和众筹平台，将个人和企业与潜在投资者连接起来，为小微企业和初创企业提供融资渠道。这种方式通过网络社交网络的力量，提高了小企业融资的机会，促进了创业和经济增长。

数字普惠金融的运行机制不仅扩大了金融服务的覆盖范围，还提高了金融服务的效率和安全性。通过数字技术和金融创新的应用，数字普惠金融正在为全球范围内的个人和企业提供更加包容和可持续的金融解决方式。

**3. 数字普惠金融发展模式**

数字普惠金融的发展模式主要有三种，分别是传统金融机构转型模式、互联网金融模式和金融科技创新模式。下面对这三种发展模式进行详细论述。

（1）传统金融机构转型模式。

传统金融机构转型模式是指传统银行、保险公司等传统金融机构通过引入数字技术和创新业务模式，转型为数字普惠金融机构的模式。这种模式下，传统金融机构利用数字技术改造传统的业务流程和服务模式，提供更加便捷、高效、个性化的金融产品和服务。传统金融机构通过数字化技术改造业务流程，实现业务办理的线上化和自动化。例如，推出网上银行、移动银行等线上渠道，让客户可以通过互联网和移动设备进行账户查询、转账、支付、申请贷款等操作，不再需要亲自到银行网点办理业务，提高了金融服务的便捷性和效率。传统金融机构通过数据分析和人工智能等技术手段，实现对客户需求的精准识别和个性化定制。通过大数据分析客户的消费习惯、信用记录等信息，金融机构能够为客户提供更贴近其实际需求的金融产品和服务。例如，银行可以根据客户的消费特点推荐适合的信用卡和贷款产品，保险公司可以根据客户的个人情况提供定制化的保险方案。传统金融机构通过创新金融产品和业务模式，满足新兴市场的需求。例如，推出小额贷款、微粒贷款等针对小微企业和个体工商户的金融产品，提供灵活的还款方式和更宽松的信贷审批流程，帮助这些群体解决融资难题。另外，一些传统银行也与互联网金融平台合作，利用其技术和渠道优势，开展在线贷款、在线理财等业务，拓宽金融服务的边界。

（2）互联网金融模式。

互联网金融模式是指基于互联网平台的金融服务模式。互联网金融模式通过互联网技术和在线平台，将金融机构、科技公司和用户连接在一起，提供各类金融服务。在这种模式下，金融机构可以利用互联网平台与用户进行直接的交互和服务，实现金融服务的数字化和普惠化。互联网金融模式通过在线渠道提供金融服务，用户可以通过网页、移动应用或其他在线平台直接与金融机构进行交互。用户无须到实体网点，便捷地进行开户、存款、转账、贷款等操作，节省了时间和精力。互联网金融模式通过数据分析和个性化推荐算法，为用户提供个性化的金融产品和服务。通过收集和分析用户的行为数据、偏好和需求，金融机构可以更好地理解用户的需求并推荐适合的金融产品。这样可以提高用户体验，满足用户的个性化需求。互联网金融模式鼓励金融创新，通过引入新的技术和业务模式来提供更加灵活、创新的金融产品和服务。互联网技术的发展促使新的金融模式和业务模式得以兴起，例如 P2P 借贷、众筹、第三方支付等。这些创新模式提供了新的融资渠道和支付方式，满足了市场上的新需求。互联网金融模式打破了传统金融的地域限制和行业壁垒，促进了跨地域和跨界的合作。通过互联网平台，金融机构可以与其他机构、企业和个人进行合作，拓展业务范围和服务领域。例如，银行可以与电商平台合作，提供在线支付和分期付款服务，拓展消费金融业务。

（3）金融科技创新模式。

数字普惠金融发展的金融科技创新模式是指借助于新兴科技和创新业务模式，推动金融服务的普及和改进，满足广大人民群众的金融需求。

首先，借助大数据技术，金融科技公司可以收集、存储和分析大规模的数据，包括个人消费数据、社交网络数据、移动设备数据等。通过对这些数据的分析，可以建立更准确的用户信用评估模型，帮助传统金融机构更好地评估风险，为无信用记录或传统金融服务不完善的人群提供贷款、保险等服务。

其次，云计算技术可以将计算和存储资源通过网络进行共享，降低金融机构的运营成本。金融科技公司可以通过云计算提供在线金融服务，如在线支付、账户管理等。共享经济模式也可以推动数字普惠金融的发展，通过共享经济平台为用户提供金融服务，如 P2P 借贷平台、众筹平台等。

再次，区块链技术是一种去中心化的分布式账本技术，可以实现交易的安全性、透明性和可追溯性。金融科技公司可以利用区块链技术开展跨境支付、供应链金融、数字资产交易等业务。智能合约则利用区块链技术实现自动化的合约执行和资产转移，提高交易的效率和安全性。

又次，人工智能技术可以模拟和改进人类的智能行为，用于金融风险管理、客户服务和反欺诈等方面。机器学习算法可以通过对大量数据的学习和训练来识别模式、预测趋势和作出决策。

最后，金融科技公司通过与其他行业的企业进行跨界合作，将金融服务融入其他应用场景中。例如，与电商平台合作提供支付和分期付款服务，与出行平台合作提供分期购车服务等。开放平台模式也可以吸引第三方开发者和合作伙伴参与，共同创新金融产品和服务，提高用户体验和服务范围。

## 二、经济高质量发展

### （一）内涵界定

经济高质量发展是中国独有的概念，随着中国经济的快速增长，人们对美好生活的追求已不仅局限于经济增长，而是更加关注环境保护、医疗卫生、产品质量等多个方面，追求全面实现高质量发展的社会环境。这一理念在2013年党的十八届三中全会上提出，正式确立了供给侧结构性改革的思想。这标志着中国开始注重经济发展的质量和效益，并提出通过结构性改革来提升供给体系的质量和效率。2014年，习近平总书记提出了“经济发展进入新常态”的概念。这一概念强调了经济发展方式的转变，即从过去的高速增长模式转向更加注重质量、效益和可持续性的发展。中国开始关注经济增长的内在质量，注重提升创新能力、优化产业结构、加强资源节约和环境保护等方面。2015年党的十八届五中全会提出创新、协调、绿色、开放、共享的新发展理念。这一理念强调了经济发展的多维度目标，要求在经济发展过程中坚持创新发展、协调发展、绿色发展、开放发展、共享发展的原则。这些理念和概念的提出反映了中国对经济发展的新期待和新要求，强调以高质量、可持续的方式推动经济发展，注重人民群众的美好生活需求，促进经济和社会的全面进步。

2017年，习近平总书记在党的十九大报告中提出的经济高质量发展的重要目标，明确了中国经济发展的方向和路径，这为我们在经济建设和改革发展中指明了前进的方向。在报告中，习近平总书记强调了经济高质量发展的内涵和要求。他指出，经济高质量发展要坚持以供给侧结构性改革为主线，以提高全要素生产率为核心，以创新驱动发展为主引擎，以改善供给质量和市场需求结构为重点，以优化资源配置和提高经济运行效率为着力点。这些要求意味着中国经济发展要注重质量而非数量，注重结构调整和升级而非简单追求速度，注重创新和科技进步而非依赖传统发展方式。2018 年，习近平总书记在中央经济工作会议上进一步强调了高质量发展的重要性，并明确将发展作为党执政兴国的第一要务。这一观点突出了高质量发展在经济稳定和国家安全方面的重要作用。习近平总书记指出，高质量发展是经济发展的根本要求，是实现中国特色社会主义现代化的内在要求。他强调，要坚持稳中求进工作总基调，坚持以供给侧结构性改革为主线，以推动高质量发展为核心，推动经济持续健康发展，不断增强我国经济的竞争力和可持续发展能力。2022 年，党的二十大报告再次强调要加快构建新发展格局，着力推动高质量发展，进一步巩固了推动高质量发展的战略部署。报告强调了高质量发展的重要性和意义。高质量发展不仅是实现经济持续健康发展的内在要求，也是推动中国经济实现新的跨越的必然选择。高质量发展要求质的提升和效益的提高，并注重经济结构的优化和转型升级，以推动产业的创新发展、提高全要素生产率、优化资源配置、促进创新创业、保障生态环境等方面取得显著进展。

回顾经济高质量发展概念的提出历程，我们可以发现经济高质量发展旨在实现经济增长的质的飞跃。它不仅关注经济规模的扩大，而且注重经济的质量、效益和可持续性。为了实现这一目标，我们需要在创新驱动、结构优化、资源有效利用、绿色可持续和全面开放等方面取得进展，以推动经济朝着更高水平、更高质量的方向发展。基于此，我们认为，经济高质量发展是指能够更好地满足人们不断增长的真实需要的经济发展方式、结构和动力状态。从具体要求来看，经济高质量发展是建立在创新、协调、绿色、开放、共享新发展理念的基础之上的。其中，创新是推动经济高质量发展的核心动力，协调是经济高质量发展的整体布局要求，绿色是经济高质量发展的重要保障，开放是经济高质量发展的必备条件，共享则是经济高质量发展的终极目标，让发展成果更多更公平地惠及全体人民。

## （二）主要特征

一是以人为本。经济高质量发展强调“以人为本”，将人的需求、福祉和权益放在经济发展的核心位置，旨在实现人民的全面发展和幸福感。传统的经济发展模式注重经济增长和产出的数量，而经济高质量发展更加关注经济增长的质量、人民的生活品质和社会的可持续发展。

在经济高质量发展中，人民的需求成为决策和政策制定的重要依据。它强调提高人民的生活水平，满足人们对于教育、医疗、住房、就业等基本需求的合理期望。经济高质量发展追求的不仅是物质财富的增长，更重要的是让人民在经济发展中获得更多的福祉、幸福感和安全感。

经济高质量发展还关注人民的权益和公平。它追求社会公正和包容性，减少贫富差距，推动社会各阶层共同分享发展成果。在经济高质量发展中，重视弱势群体的权益保护，提供平等的机会，实现社会的和谐稳定。

此外，经济高质量发展也注重人与环境的和谐共生。它强调可持续发展，推动绿色经济、低碳发展和资源的有效利用。在经济发展过程中，要注重生态环境的保护，减少污染和生态破坏，以确保人民的健康和生活质量。

二是自主创新性。经济高质量发展的自主创新性是其独有的特征之一。自主创新是指依靠自身科技实力和创新能力，推动科技进步和技术创新的过程。在经济高质量发展中，自主创新发挥着重要的推动作用，主要体现在以下几方面。

首先，经济高质量发展的自主创新是以国家为主体的创新。国家在创新过程中扮演着重要角色，通过制定创新政策、提供支持和引导投入，促进科技研发和创新活动。国家在培育创新生态环境、激励创新主体、保护知识产权等方面发挥着引领和协调作用，推动经济高质量发展。

其次，经济高质量发展的自主创新注重原始创新和关键核心技术的突破。原始创新是指在科学研究和技术开发中开创新领域、发展新理论、探索新方向，从根本上改变传统模式和方式的创新。关键核心技术则是指在某一领域具有决定性影响和竞争优势的关键技术。经济高质量发展鼓励自主创新，推动在关键领域取得突破性进展，提升国家的科技竞争力。

再次，经济高质量发展的自主创新注重产学研用结合。通过加强产学研用结合，促进科研机构、高等院校、企业等创新主体之间的密切合作，将科研成果转化为实际生产力，推动科技创新与经济发展相互促进。这种产学研用结合的模式有助于加快创新成果的应用和推广，提高经济高质量发展的效率和质量。

最后，经济高质量发展的自主创新是开放合作的创新。尽管强调自主创新，但也重视国际开放合作。通过与其他国家和地区的交流与合作，吸收先进技术和经验，拓宽创新视野，加快创新步伐。开放合作为自主创新提供了更广阔的舞台，推动了科技创新的国际化进程。

三是提质增效性。经济高质量发展的提质增效特征，主要体现在提高经济增长的质量和效率方面。

首先，经济高质量发展注重提高经济增长的质量。传统经济发展追求规模扩张和速度，而经济高质量发展更加注重增长的质量。这包括提高产品和服务的质量，提升技术含量和附加值，加强创新能力和核心竞争力，实现从低附加值产业向高附加值产业的转型升级。通过提高经济增长的质量，能够更好地满足人民对优质生活的需求，提高整体社会福祉。

其次，经济高质量发展强调提高经济的效率。效率是指在有限的资源下，能够最大限度地实现经济目标的能力。经济高质量发展通过推进结构调整和优化，提高资源配置的效率。这包括提高生产要素的配置效率，优化产业结构和布局，减少资源浪费和低效用途，提高生产和管理效率，实现经济发展与资源利用协调。

再次，经济高质量发展强调全要素生产率的提升。全要素生产率是衡量经济综合效益的重要指标，它综合考虑了劳动、资本、技术等要素的贡献。经济高质量发展鼓励创新驱动和技术进步，提高全要素生产率。这包括加大科技创新投入，提升技术水平，改善劳动力素质，推动技术与产业的深度融合，提高生产效率和经济增长速度。

最后，经济高质量发展注重可持续发展。可持续发展是经济、社会和环境的协调发展，追求经济增长与环境保护的平衡。经济高质量发展通过推动绿色发展、资源节约和环境友好型产业发展，实现经济增长与生态环境的协调。这不仅有利于长期经济发展的可持续性，也有助于提高人民的生活质量和福祉。

四是协调公平性。经济高质量发展的协调公平性是其重要特征之一，主要体现在促进经济发展的协调性和社会公平性方面。

首先，经济高质量发展注重促进经济发展的协调性。协调性指的是各个经济领域、区域和要素之间的协调与平衡。在经济高质量发展中，注重促进城乡区域的协同发展，推动不同行业之间的协调发展，加强资源的合理配置和利用，避免过度集中和过度分散的问题。通过协调发展，可以实现经济各个方面的协同推进，提高整体经济效益和可持续发展能力。

其次，经济高质量发展强调社会公平性。社会公平性是指在经济发展过程中，确保各个社会群体在经济资源分配、机会获取和发展成果分享方面享有公平的权利。经济高质量发展追求在经济增长的同时实现社会公平，通过改善收入分配机制，减少贫富差距，提供公平的就业机会，提供普惠性的社会保障和公共服务，确保人民群众平等享有发展成果。

再次，经济高质量发展注重资源的合理利用和环境的可持续性。资源的合理利用是经济协调性和公平性的基础。经济高质量发展通过推动绿色发展、资源节约和环境友好型产业发展，实现经济增长与资源利用的协调。这有助于减少资源浪费和环境污染，保护生态环境，使当前和未来世代都能够平等地享受资源福利。

最后，经济高质量发展注重区域和城乡的协同发展。经济高质量发展要求注重区域间的协调发展，缩小地区发展差距，实现全面发展。同时，注重城乡协同发展，促进农村经济的发展和农民收入的增长，实现城乡居民的共同富裕。通过协调城乡发展，可以实现资源优化配置和经济社会协调发展。

五是稳定持续性。经济高质量发展的稳定持续性是其重要特征之一，主要体现在经济增长的稳定性和可持续性方面。

首先，经济高质量发展注重经济增长的稳定性。稳定的经济增长是经济高质量发展的基础。通过稳定的经济增长，可以提供可靠的就业机会，增加居民收入，促进社会稳定和社会福祉的提升。经济高质量发展强调通过合理的宏观经济政策调控，稳定经济运行，防范和化解经济风险，实现经济增长的平稳过渡。

其次，经济高质量发展注重经济的可持续性。可持续性是指经济发展能够满足当前需求而不损害后代的能力。经济高质量发展通过推动绿色发展、资源节约和环境友好型产业发展，实现经济增长与环境保护的平衡。这包括减少环境污染和资源浪费，推动循环经济和可再生能源的应用，保护生态系统，确保经济的可持续性发展。

再次，经济高质量发展注重结构的稳定性。结构稳定性是指经济结构的合理性和稳定性，包括产业结构、区域结构和就业结构等。经济高质量发展通过调整和优化经济结构，推动产业升级和转型，促进区域协调发展，提高就业结构的稳定性。这有助于减少经济结构调整带来的不稳定因素，提升经济的稳定性和可持续发展能力。

最后，经济高质量发展注重金融和市场的稳定性。金融和市场的稳定是经济高质量发展的重要保障。通过健全的金融监管和风险管理机制，防范金融风险，保持金融市场的稳定运行。同时，加强市场监管和竞争政策，维护市场秩序，防止市场垄断和不正当竞争行为，促进市场的稳定和公平竞争。

### （三）主要内容

经济高质量发展是指在追求经济增长的同时，注重创新驱动、质量提升、经济结构优化、资源有效利用、可持续发展和公平正义等方面的综合目标。下面将详细阐述经济高质量发展的主要内容。

一是确保经济稳定增长。经济高质量发展是指经济在实现稳定增长的同时，注重提升经济结构优化、创新驱动和可持续发展能力，以确保经济持续健康发展。经济高质量发展的首要目标是实现经济的稳定增长。为确保经济稳定增长，应做到以下几点：

强化创新驱动，调整和优化产业结构。加强创新能力和创新生态系统建设，推动科技创新和研发投入，提高科技创新的质量和效率。鼓励企业加大研发投入，培育创新型企业和高科技产业集群，加强知识产权保护，促进科技成果转化和产业化。鼓励技术创新、提升产业链和价值链水平，促进传统产业的转型升级，培育新兴产业和战略性新兴产业。通过推动供给侧结构性改革，优化经济结构，提高生产效率和质量。

强化改革开放，提升可持续发展能力。持续推进市场化改革，完善市场体系和法治环境，减少政府对经济的干预，为市场主体提供公平竞争的环境。加强对外开放，扩大国际合作和贸易，吸引外资和技术引进，促进经济的国际竞争力和质量提升。与此同时，高度重视生态环境保护和资源节约利用，推动绿色发展和低碳经济转型。加强环境治理，推进清洁能源开发和利用，推广循环经济模式，推动可持续消费和生产方式。

推动区域协调发展，加强社会保障体系建设。注重解决区域发展不平衡问题，加强区域协调发展战略，促进资源要素优化配置，推动区域间的协同发展，缩小地区间的差距，实现全面发展。此外，建立全面的社会保障体系，保障人民基本生活需求，提高居民消费能力，促进内需增长。加强社会保险、医疗保障和养老保险制度建设，提高社会保障的覆盖范围和水平，逐渐消弭社会保障体系的城乡二元化问题。

二是强调创新驱动以及质量提升。经济高质量发展是一个综合性的概念，强调了创新驱动和质量提升在经济发展中的重要性。传统经济发展主要关注经济增长的速度和规模，但是随着社会经济的不断发展和人们对生活质量的要求提高，单纯追求增长的模式已经不能满足人们的需求。

创新驱动是经济高质量发展的核心要素之一。创新包括技术创新、商业模式创新和制度创新等方面，它能够推动经济结构的优化升级，提高生产效率，培育新的经济增长点。通过引入新技术、新产品和新服务，创新可以推动产业的转型升级，提高经济发展的质量和效益。

质量提升是经济高质量发展的另一个重要方面。质量提升涉及产品和服务的质量改善，以及生产过程中的质量控制和管理。通过提高产品和服务的质量，企业可以获得竞争优势，提高市场份额，增强消费者对其产品的认可度和忠诚度。同时，质量提升还可以促进资源的合理利用，减少资源浪费，实现可持续发展。

在经济高质量发展的过程中，创新驱动和质量提升相互促进、相互支持。创新驱动可以为质量提升提供技术和理念上的支持，为产品和服务的质量改善提供新的手段和方法。而质量提升则为创新提供了一个良好的环境和基础，通过提高产品和服务的质量，增强了企业进行创新的能力和信心。

三是实现产业结构升级与城乡协调发展。经济高质量发展的核心目标之一是实现产业结构的升级与优化，同时促进城乡协调发展。

实现产业结构升级是经济高质量发展的重要任务。这需要通过推动技术创新、加强知识产权保护、培育战略性新兴产业等手段，促进传统产业的升级和新兴产业的发展。这样可以提高经济的竞争力和附加值，推动经济增长的质量和可持续性。同时，还应加强产业链、供应链和价值链的整合，提升产业链条的附加值，促进产业间的协同发展。

城乡协调发展是实现经济高质量发展的重要保障。这需要注重农业现代化和农村经济的发展，推动农业产业化、农村一二三产业融合发展。同时，要加强农村基础设施建设，改善农村居民的生活条件，提高农民收入水平。此外，还应推动城市化进程，提高城市基础设施和公共服务水平，促进城市居民的就业和生活质量。通过城乡间的合作和互动，实现资源的优化配置和互补优势，促进经济社会的均衡发展。

为实现产业结构升级与城乡协调发展，还需要加强政府的引导和调控作用。政府应制定产业政策，提供支持和激励措施，鼓励企业加大技术创新投入，培育壮大战略性新兴产业。同时，政府应加强城乡规划和土地利用管理，确保城乡发展的协调性和可持续性。此外，还需要加强政策协同，促进不同地区、不同产业间的协作与合作，形成协同效应，推动产业结构升级和城乡协调发展的良性循环。

四是注重资源有效利用以实现可持续发展。经济高质量发展注重资源的有效利用与实现可持续发展，是一种可持续经济模式的追求。经济高质量发展强调资源的有效管理和利用。这包括降低资源消耗、减少浪费、提高资源的再利用和循环利用率等方面。通过推动资源的有效利用，可以减少资源短缺、提高生产效率，实现经济的可持续增长。

能源是经济发展的基础，而传统能源资源的消耗和环境影响已经成为全球关注的问题。经济高质量发展注重推动可再生能源的开发和利用，包括太阳能、风能、水能等清洁能源。这样可以减少对有限化石燃料的依赖，降低碳排放，推动能源供应的可持续性。

经济高质量发展强调环境保护和生态平衡的重要性。通过采取环境友好型的生产方式，减少污染物的排放和资源的过度开采，可以保护自然生态系统的完整性和稳定性。同时，还可以推动生态修复和生物多样性保护，促进人与自然的和谐共处。

经济高质量发展鼓励创新和绿色技术的应用。通过研发和推广环保技术、清洁生产技术和低碳技术，可以实现资源的有效利用和环境的保护。创新和技术进步是推动经济结构转型和提高生产效率的关键，也是实现可持续发展目标的重要手段。

经济高质量发展强调社会公平与可持续发展的相互促进。经济发展应当关注贫困减少、社会福利提升和社会公正的实现。通过推动包容性增长、改善教育和健康条件、提供良好的就业机会，可以实现经济与社会的良性循环，推动可持续发展的实现。

综上所述，经济高质量发展注重资源的有效利用与实现可持续发展。通过推动资源的有效管理、环境保护、绿色技术的创新和社会公平的实现，经济高质量发展可以实现资源的可持续利用和生态环境的保护，为社会提供长期稳定的经济发展基础。

五是强化公平正义以及对外开放。经济高质量发展强化公平正义以及对外开放，通过强化公平正义和注重对外开放，促进人民福祉的提升，增强国家的国际竞争力，实现可持续发展的目标。

公平正义在经济高质量发展中发挥着重要作用，通过资源均衡分配、人力资本培养、激励创新和创业精神以及增强社会凝聚力，为经济的高质量发展创造良好的环境和条件。在公平正义的社会中，资源分配更加均衡，这有助于减少贫困和不平等现象，促进社会的包容性和可持续发展。当每个人都有平等的机会参与经济活动，并享有基本权益时，人力资本得以充分发展。公平正义为人力资本的培养提供了良好的环境，确保每个人都有平等的受教育机会，提高整体人力资源的素质和能力。这有助于培养具有创新能力和竞争力的劳动力，推动经济的高质量发展。同时，公平正义还可以激励创新和创业精神。在一个公平正义的社会中，每个人都有平等的机会追求自己的梦想和目标。这种激励鼓励人们敢于创新、创造，并为经济的高质量发展注入新的动力。此外，公平正义有助于增强社会的凝聚力和团结意识。当人们感受到公平待遇和正义的实现时，他们更愿意团结合作，共同推动社会的发展和进步。这促进了社会的稳定性和可持续发展。

对外开放是推动经济高质量发展的重要驱动力，可以扩大市场、优化资源配置、提升创新能力、加速产业升级和促进人才流动，为经济的高质量发展创造有利条件。对外开放能够打破国内市场的局限性，通过与其他国家和地区开展贸易往来，扩大市场规模，为经济提供更广阔的发展空间。这不仅能够增加对商品和服务的需求，激发经济增长的动力，还能够促进本国企业的竞争力提升。同时，对外开放还可以引进外国投资和技术，为经济注入更多的资源和创新要素。外资的引入填补了国内资源的短缺，改善了生产要素的配置，提高了生产效率和竞争力。这种技术和资本的引进还能够促进创新能力的提升，通过与国际先进企业和科研机构的合作，学习借鉴其创新模式和管理经验，推动本国企业的创新发展。此外，对外开放还能够促进产业的升级和结构的优化调整。面对国际市场的竞争压力，本国企业需要不断提升产品质量、技术水平和服务能力，推动产业向高附加值和高技术含量的方向发展。这种产业升级和结构调整可以使经济更加具有竞争力，实现经济的高质量增长。

总体而言，经济高质量发展要求在经济稳定增长的同时注重结构优化、资源有效利用、创新驱动、质量提升、可持续发展、公平正义、城乡协调发展以及国际合作与开放，以共同构建一个可持续发展的经济体系。

## 第二节 基础理论

### 一、金融排斥理论

金融排斥理论是新金融地理领域的研究方向之一，该理论探究了弱势群体在获得现代金融服务方面存在的不平等现象。它最早由经济学家莱申和斯里弗特（Leyshon and Thrift）于1995年提出，主要关注农村和中小企业等弱势群体在享受金融服务方面所面临的困难。金融排斥现象主要指农村和中小企业等相关群体因缺乏接触金融服务的机会或金融机构的服务产品不能满足其需求，而导致其难以获得合理金融服务。该现象最早在20世纪90年代美国经济萧条期间出现，因金融机构关闭营利不高、风险较大的分支机构，导致经济欠发达地区金融服务短缺。随着研究不断深入，金融排斥的内涵不断丰富。现在公认的金融排斥含义认为，金融排斥是指中小企业、农村落后及欠发达地区居民等弱势群体难以获得或无法获得合理金融服务的状态。

金融排斥总的来说包括六种形式：价格、营销、条件、地理、自我和评估排斥。价格排斥指金融机构定价过高，超出部分群体的支付能力，导致其无法获得所需的金融服务。营销排斥是指金融机构在制定营销策略时，忽略某些服务对象。条件排斥是指金融机构提供的服务或产品伴随着不合理的苛刻条件。地理排斥是指某些群体因地理限制，无法到更远的金融机构去获得金融服务，导致其在使用产品或服务上受阻。自我排斥与自身经验和心理因素有关，排除主体是排除除金融体系意愿服务对象外的其他可服务对象。评估排斥指金融机构在提供金融服务前，采用一些评估方法，将某些服务对象排除在外。

金融排斥是由于供需不对称造成的。需求者的收入水平、家庭资产和生产情况不同，对金融服务的需求不同。银行等金融机构在提供金融服务时，会以个体特征如收入、征信、资产和教育背景等为依据。如果其中只有一项或几项不合格，就可能导致金融机构对部分有合理金融需求的群体进行金融排斥，如收入较低的群体、缺乏信用记录的企业或低学历人群等。从供给者的角度看，银行很难向农民和低收入群体提供金融服务，这是因为流动性风险和道德风险的存在使得银行提供服务的动力不足。此外，这些群体的金融需求相对较小且分散，这增加了银行的成本，从而使得金融排斥现象更加严重。被排斥群体在生产生活中会受到不利影响，如企业难以获取信贷支持，不利于实现利润最大化。

金融排斥的原因在于供需不对称。金融机构在提供金融服务时通常以个体特征如收入、征信、资产和教育背景等为依据。然而，弱势群体由于收入较低、缺乏信用记录或低学历等因素可能无法满足这些要求，从而导致金融机构对其进行排斥。另外，金融机构也面临流动性风险和道德风险，难以向农民和低收入群体提供金融服务，因为这些群体的金融需求相对较小且分散，增加了银行的成本。这些金融排斥现象对被排斥群体的生产和生活产生不利影响，例如企业难以获取信贷支持，不利于实现利润最大化。

为解决金融排斥问题，需要采取综合措施。政府可以通过推动金融体制改革和创新，制定合理的金融政策，提供金融扶持和支持弱势群体的金融机构。金融机构可以加强金融产品和服务的创新，降低服务成本，减少对个体特征的过度依赖。同时，加强金融教育和普及，提高弱势群体的金融素养，增强他们对金融服务的需求和能力，进而逐步缩小弱势群体在金融服务获得上的不平等现象，实现金融包容和可持续发展的目标。

## 二、包容性经济增长理论

随着世界经济的发展，一些问题如收入差距、资源短缺以及价值观念混乱等不断浮现，这使得传统经济增长模式难以为继，因而学者们开始对此进行反思。为此，学术界提出了“包容性增长”这一概念。该理论最早由经济学家阿马蒂亚·森（Amartya Sen）于20世纪末提出，主张经济发展和社会和谐共存，人类和环境共同繁荣，也被称为共享性增长。

包容性增长强调将发展机会和成果广泛地扩展到所有社会成员，包括贫困人口、弱势群体、农村居民和少数民族等。它追求的目标是在经济增长的过程中减少贫困和不平等现象，确保每个人都能够分享经济发展的红利，共享发展成果。经济增长的包容性主要包括以下方面：让更多人分享全球化带来的经济成果、提升弱势地区的社会保障、提升经济弱势群体的自我发展能力和水平、确保经济协调发展和维护社会稳定等。

包容性经济增长理论旨在实现不同社会阶层共享经济发展成果的目标，其中包括有形和无形标准。有形标准主要指衡量收入分配不平等的基尼系数，以及提供和配置教育、医疗等基础公共产品。无形标准指让所有人都能积极参与社会和经济建设，并保持有希望和抱负的思想和情感。因此，经济增长已经不仅仅是追求经济利益的增长，同时改革成果能够普及更广泛的受益群体，并改善了普通民众的生活水平。

在中国，当前正经历着从经济快速发展向经济高质量发展和产业结构升级的重要转型期。推动包容性增长是中国经济发展的重要方向。通过加强社会保障、提升教育水平、促进区域协调发展、加强社会公平和法治建设以及注重可持续发展，中国可以实现经济增长与社会公平的有机结合，让每个人都能够共享经济发展的红利，共同迈向更加繁荣和可持续的未来。为了达成这个目标，我们需要消除各种阻碍共享经济成果的因素，最终实现高质量发展的目标。

## 三、内生经济增长理论

内生经济增长理论对传统经济理论进行了突破，不再将技术进步视为外生变量，而是将其内生化，同时引入了人力资本的概念，更好地解释了经济持续增长的动力和机制。该理论在新古典经济理论的基础上，将技术进步和人力资本纳入考虑，并深入研究了科技创新的产生机制。罗默（Romer）等认为，知识与技术通过溢出效应对个体劳动生产率产生影响，从而提高整个社会的生产效率。同时，人力资本水平决定了劳动者的生产效率和创新能力，进而影响资本生产率的大小。

内生增长模型考虑了技术进步的多种表现形式。AK 模型强调边际报酬递增的特征，将新古典经济模型中的外部因素内生化。阿罗（Arrow）提出了“干中学”理论，认为在生产资料的生产过程中，人们通过积累实践经验产生新知识。罗默（Romer）和卢卡斯（Lucas）在内生增长模型中引入了人力资本积累理论，认为人力资本的积累通过溢出效应对提高劳动生产率产生积极影响，这涵盖了企业技术的积累，也包括对教育活动和人力资本形成的初步投资。最后一种内生增长理论将研发投入纳入考虑范围，认为增加研发投入将促进技术进步。这些内生增长模型的出现深化了对经济增长机制和技术创新的理解。

内生增长理论对于理解数字普惠金融与经济高质量发展之间的关系非常有帮助，为相关研究提供了重要的理论基础。在本研究中，我们将以 AK 模型和罗默—卢卡斯模型为切入点，探究数字普惠金融对于经济高质量发展的影响机制。通过分析数字普惠金融对技术创新、人力资本积累和经济增长等的影响，我们可以深入理解数字普惠金融在推动经济高质量发展方面的作用，并为政策制定和实践提供有益的参考和指导。

综上所述，内生增长理论为我们理解数字普惠金融对经济高质量发展的影响机制提供了有益的理论基础。通过深入研究 AK 模型和罗默—卢卡斯模型，我们可以更好地探究数字普惠金融如何促进技术创新、人力资本积累和经济增长，从而为实现经济的高质量发展提供政策建议和指导。

## 四、新经济地理理论

新经济地理理论（简称“NEG 理论”）通过引入运输成本、不完全竞争和空间溢出效应等因素，对经济活动的空间分布、产业集聚和区域发展进行了深入研究。新经济地理学主要阐述并讨论了产业活动的空间集聚现象，同时也涉及了空间外部性与溢出效应。随着不断的发展和演进，新经济地理理论为我们理解现代经济体系的空间特征和区域差异提供了重要的分析框架。

20 世纪 90 年代初，保罗·克鲁格曼在国际贸易理论和内生增长理论的基础上进行了拓展研究，并在《政治经济学杂志》上发表了论文《收益递增和经济地理》，首次提出了新经济地理理论。新经济地理理论的一个重要贡献是将运输成本纳入理论分析框架中。这一理论打破了传统经济理论中关于完全竞争和规模报酬不变的假设，基于边际收益递增和不完全竞争的理论基础，解释了产业空间集聚、区域经济一体化等经济活动的空间形成问题。通过研究经济活动在空间上的集聚，可以深入理解产业集群形成、资源配置和区域发展的机制。

在新经济地理理论中，产业活动的空间集聚是一个核心概念。根据该理论，产业在空间上聚集形成簇群或集群，而不是均匀分布在全球各地。这种聚集的原因可以是多种多样的，包括规模经济、技术外部性、供应链效应和人力资源集聚等。通过产业的空间集聚，企业可以享受到更高的效益和竞争优势，从而提高生产效率和创新能力。同时，产业集聚还促进了地区间的经济一体化和合作，形成了经济增长的引擎。此外，新经济地理理论还关注空间外部性和溢出效应的影响。空间外部性指的是一个地区经济活动对周边地区产生的正向或负向影响，这种影响可以通过技术、人力资源、市场规模和供应链等方面传递。溢出效应是指某一地区的经济活动对其他地区产生的积极影响，如知识的扩散和技术的转移。这些外部性和溢出效应在产业集聚和区域发展中发挥着重要作用，可以促进经济的协同效应和整体发展。

随着时间的推移，新经济地理理论经历了发展和演进，形成了不同的模型，可以划分为三代。第一代模型是从要素流动的角度建立的一般均衡模型，包括中心—外围模型、自由资本模型和自由企业家模型。这些模型主要关注经济要素（如资本和劳动力）在不同地区之间的流动对产业和区域的影响。第二代模型将创新纳入经济活动空间分布的影响之中，结合内生增长理论形成了新经济地理学与增长模型（NEGG）。这些模型考虑了创新对经济增长和产业集聚的作用，并分析了技术变化和知识传播在空间上的影响。第三代模型将企业、工人和区域空间异质性纳入第一代模型中，进一步丰富了对产业集聚和区域经济发展的理解。这些模型更加注重个体行为和地理特征对经济活动的影响，考虑了不同企业、工人和区域之间的差异性。

总而言之，新经济地理理论通过引入运输成本、不完全竞争、空间外部性和溢出效应等因素，对经济活动的空间分布和区域发展进行了深入研究。它为我们理解现代经济体系的空间特征、产业集聚和区域差异提供了重要的分析框架，并通过不同的模型演进，逐渐丰富和深化了对经济地理现象的理解。

## 五、区域经济协调发展理论

经济的发展和经济增长密切相关，经济增长是推动经济发展的基础。然而，经济增长并不一定在各地区都呈现出相同的速度和模式，导致地区之间的经济发展不平衡。为了实现各地区经济的协调发展，学者们提出了协调发展理论，其中包括平衡发展和不平衡发展理论。

平衡发展理论是在新古典宏观经济学的基础上提出的市场清算和要素自由流动假设。平衡发展理论认为，在市场经济条件下，资本和劳动力的自由流动是经济长期发展的基础，保证了劳动力和产品市场始终保持供求平衡状态，对经济增长有着积极促进作用。因此，在经济发展初期，区域之间存在的不平衡是暂时的，长期来看，资本和劳动力能够在市场机制作用下进行合理的流转和配置，逐渐缩小资源禀赋差异，实现经济的协调发展。

与之相对的是不平衡发展理论，该理论认为经济发展的早期阶段地区之间存在自然资源的差异和科技优势，从而导致经济增长的不平衡。不平衡发展理论强调通过有效的政策干预，刺激贫困地区的经济发展，以实现经济的平衡。根据不平衡发展理论，政府可以采取措施来促进资源的流动和再分配，通过投资、产业政策和区域发展策略等手段，推动贫困地区的经济发展，从而实现地区之间的协调发展。

需要注意的是，平衡发展和不平衡发展并不是相互排斥的理论，而是从不同角度和视角来解释经济协调发展的问题。实际上，地区经济发展往往是动态变化的，不同地区在不同时间点可能会经历不同的发展模式和速度，因此，平衡和不平衡并不是绝对的状态。根据实际情况，可以综合运用平衡发展和不平衡发展理论，制定相应的政策措施，促进各地区经济的协调发展。

综上所述，协调发展理论旨在解决地区经济发展的不平衡问题，其中平衡发展和不平衡发展是理论框架中的两个重要观点。平衡发展理论侧重于市场机制和要素自由流动的作用，而不平衡发展理论则强调政府干预和政策措施的重要性。综合运用这两种理论，结合实际情况制定相应的政策，可以促进各地区经济的协调发展，实现经济的可持续增长和社会的共同繁荣。

## 第三节　作用机制

### 一、基础分析

帕加诺（Pagano）于1993年构建了金融内生增长模型，将金融作为促进经济增长的内生因素，这个模型基于AK内生增长模型和金融理论而建立，并且解释了金融市场和金融中介如何成为内生因素来促进经济发展。该模型的核心思想是，金融市场和金融中介是经济增长的内生因素，通过提供资金、风险管理和资源配置等功能，推动了经济的创新和技术进步。

金融内生增长模型的基础是AK内生增长模型，该模型认为创新和技术进步是经济增长的主要驱动力。而金融内生增长模型进一步揭示了金融在创新和技术进步中的关键作用。根据该模型，金融市场和金融中介为企业和个人提供了融资渠道和风险管理工具，降低了创新和投资成本，从而促进了经济增长。这个模型可以被用来说明数字普惠金融的发展也是促进经济高质量发展的一个重要因素。

据金融内生增长模型，经济高质量发展总产出（$Y_t$）是总资本存量（$K_t$）（包含物质资本与人力资本）的线性函数，即：

$$Y_t = AK_t$$

其中，A是资本边际生产率，$I_t$是第t期总投资，δ代表恒定的资本折旧率。I与K的关系如下：

$$I_t = K_{t+1} - (1-\delta)K_t$$

将之代入前式，整理可得：

$$g_t = A(I_{t-1}/Y_{t-1}) - \delta$$

其中，$g_t = Y_t/Y_{t-1}$，指代第 t 期的经济高质量增长率。将 θ 视作储蓄的投资转化率，储蓄留存率 = 1 − θ，储蓄率 s = S/Y，整理可得：

$$\ln g = \ln A + \ln\theta + \ln s$$

根据公式可以得知，决定经济高质量发展增长率的主要因素分别是存款率 s、资本边际产出率 A 以及存款转化为资本的比例 θ。数字普惠金融通过影响储蓄水平、储蓄转投资占比和资源配置效率等促进经济的创新、协调、绿色、开放、共享发展。

### （一）创新发展

数字普惠金融在经济创新发展中扮演了重要角色，通过整合数字技术和金融创新，扩大金融服务的覆盖范围、降低融资门槛、提高金融服务效率和数据驱动决策，推动创新创业、促进经济创新发展。

首先，传统金融体系对于创新项目的融资要求较高，创业者往往面临着难以满足传统融资条件的问题。数字普惠金融通过运用大数据、人工智能等技术手段，能够更全面地评估借款人的信用风险，降低了融资门槛，使更多的创新项目有机会获得资金支持。数字普惠金融为创业者和小微企业提供了更加灵活、快捷的融资渠道。通过数字化的借贷平台、众筹平台等，创业者可以更容易地获取到资金支持，推动创新项目的落地和发展。

其次，传统金融服务往往存在烦琐的流程、高昂的成本和低效的服务体验。数字普惠金融通过引入数字技术，简化了金融服务的流程，降低了运营成本，并提升了服务的效率和质量。数字普惠金融的推广和应用，通过数字支付、电子商务等手段，可以加快货币流通速度，提高交易效率，促进经济活动的活跃度，帮助中小微企业创造更多经济价值。

最后，数字普惠金融本身就是一种金融创新，它借助数字技术和创新的金融模式，为传统金融行业带来了新的发展机遇。例如，移动支付、互联网借贷、区块链等技术和业务模式的出现，推动了金融行业的创新和变革。数字普惠金融的运营和管理过程中产生大量的数据，这些数据可以被有效利用，进行数据分析和挖掘，帮助金融机构和政府部门作出更准确、科学的决策。通过对用户行为和交易数据的分析，可以识别市场需求、发现潜在机会，从而推动经济创新的发展。

## （二）协调发展

数字普惠金融在经济协调发展中发挥了重要的作用。它促进了资金的合理配置、信息的对称和市场的透明，支持创新和创业，满足社会各个层面的金融需求，提供数据分析和决策支持，推动金融创新和业务模式改革，促进区域经济的一体化和合作。这些作用相互促进、相互支持，为经济协调发展提供了重要的支持和推动力。

一方面，数字普惠金融通过提供更广泛的融资渠道和金融产品，促进了资金的合理配置和融资的便利化。传统金融体系往往偏向于大型企业和有稳定资产的借款人，而数字普惠金融可以为小微企业、农村地区和个人提供更多融资机会，促进资源的均衡配置，实现经济各部门的协调发展。数字普惠金融为创新型企业和创业者提供了更多的机会和支持。通过数字化的融资平台和众筹渠道，创新型企业和个人可以更便捷地获得资金和资源支持，推动创新的发展。这有助于促进各个行业的创新活动，提高整体经济的创新能力和竞争力。数字普惠金融可以提供更广泛的金融服务，满足社会各个层面的金融需求。通过数字化金融工具，普通民众、农村居民和小微企业等群体可以更方便地获得融资、支付、投资和保险等服务，增强了社会的金融包容性和稳定性。这有助于缩小贫富差距，促进社会的协调和稳定发展。

另一方面，数字普惠金融利用人数据和人工智能等技术手段，进行数据分析和风险评估，为决策者提供准确的数据支持。这有助于优化资源配置、制定政策和规划，推动各个行业和地区的经济协调发展。通过数据分析和决策支持，数字普惠金融可以帮助决策者更好地理解经济的现状和趋势，采取相应的措施，推动不同部门和地区的经济发展协调一致。数字普惠金融的出现和发展催生了新的金融创新和业务模式改革。通过数字化技术，金融机构能够提供更灵活、高效、个性化的金融产品和服务，满足不同经济主体的需求。这种创新和改革有助于促进各个行业和领域的协调发展，推动经济结构的优化和升级。数字普惠金融可以促进区域经济的一体化和合作。通过数字化金融平台和跨境支付系统，不同地区的企业和个人可以更便捷地进行跨境贸易、投资和合作。数字普惠金融打破了传统金融的地域限制，促进了区域间的经济联系和资源流动，推动经济协调发展。

### （三）绿色发展

数字普惠金融在经济绿色发展中扮演着关键角色。它为绿色项目和企业提供资金支持、数据分析和评估、环境信息披露和技术推广等方面的服务。通过数字化的金融工具和平台，数字普惠金融推动了绿色经济的发展。

首先，数字普惠金融可以为绿色项目提供资金支持和投资机会。通过数字化的融资平台和众筹平台，绿色企业和项目可以更容易地获取到资金，实现可持续发展目标。数字普惠金融还可以提供绿色债券和绿色贷款等金融产品，吸引投资者参与绿色经济的发展。数字普惠金融可以促进绿色创新和技术推广。通过数字化的融资渠道和众筹平台，绿色创新企业可以更容易地获取到资金支持，推动绿色技术的研发和应用。数字普惠金融还可以为绿色企业和项目提供技术咨询和支持，促进绿色技术的推广和应用。

其次，数字普惠金融可以运用大数据和人工智能等技术手段，对绿色项目进行数据分析和评估。通过监测和评估绿色项目的环境绩效和可持续性，数字普惠金融可以提供更全面的风险评估和决策支持，帮助投资者和金融机构进行绿色投资决策。数字普惠金融还可以提高绿色项目和企业环境信息披露和透明度。通过数字化的平台和技术，绿色项目的环境数据和绩效可以更方便地进行记录、分析和公示，促进了信息的透明度，增加了投资者和金融机构对绿色项目信任和支持。

最后，数字普惠金融可以通过数字支付平台和电子商务等渠道，促进绿色消费和支付的普及。通过推动绿色支付方式的使用，例如，使用电子支付代替纸质交易，可以减少资源消耗和碳排放。数字普惠金融还可以提供绿色金融产品和服务的信息和推广，引导消费者选择绿色产品和服务。数字普惠金融可以通过数字化教育和培训，提升人们对绿色发展的认知和理解。通过在线学习平台和数字化教育资源，个人和企业可以获得关于绿色经济、可持续发展和环境保护的知识和技能。这有助于培养绿色经济的人才和专业技术人员。

### （四）开放发展

数字普惠金融在经济开放发展中发挥着重要作用，促进了贸易、支持外商投资、推动金融创新、促进人员流动和知识交流，同时加强了金融监管和风险管理。它为经济开放提供了更加便利、高效和可靠的金融服务，推动了经济全球化进程。

第一，数字普惠金融为外商投资和企业国际化提供了融资和资金管理的解决方案。通过数字化的融资平台和金融服务，外商投资者和跨国企业可以更容易地获取到资金支持，推动其在国际市场的扩张和发展。数字普惠金融提供了快速、安全、便捷的跨境支付和结算服务，为跨境贸易提供支持。通过数字支付平台和电子商务平台，企业和个人可以更方便地进行国际贸易活动，实现跨境交易的便利化和高效化。数字普惠金融通过提供便捷的跨境支付和转账服务，促进了人员流动和跨国知识交流。个人和企业可以更轻松地在不同国家之间进行资金转移和支付，支持人员的跨境就业和创新创业，促进不同国家之间的合作和交流。

第二，数字普惠金融的发展推动了金融行业的创新和竞争，促进了金融市场的开放和发展。通过引入数字技术和创新的金融模式，数字普惠金融改变了传统金融服务的格局，激发了金融机构的竞争，提高了金融服务的质量和效率。数字普惠金融也为经济开放提供了更强大的金融监管和风险管理工具。通过数字技术和数据分析，监管机构可以更准确地监控和评估跨境资金流动和风险，提高监管的效果和水平，保护金融市场的稳定和安全。

### （五）共享发展

数字普惠金融推动了金融业的创新发展。通过数字普惠金融创新了金融服务的形式和内容，打破信息壁垒、降低金融门槛、支持创新创业、促进金融包容和推动金融创新，为经济共享发展发挥了重要作用。它使更多人能够参与经济活动，分享发展机遇，促进经济的包容性和可持续性增长。

第一，传统金融服务常常面临信息不对称和信息壁垒的问题，导致“长尾客户”人群难以获得金融服务。数字普惠金融通过采用数字技术创新金融产品与服务，打破了传统金融服务的时间与空间限制，打破了信息壁垒，降低了金融服务门槛，使得地处偏远地区的农村以及低收入弱势群体等也能通过数字普惠金融平台方便地获得投融资机会，从而为其创业、就业、进行消费信贷等提供了便捷的渠道，有助于改善其生活和经济状况，实现经济共享发展的目标。

第二，传统金融服务往往对于中小企业、农民、低收入群体等存在门槛较高的问题，使得他们难以获得融资支持和金融服务。而数字普惠金融通过引入先进的技术手段，如大数据、人工智能、区块链等，创新金融产品和服务模式，通过数字化支付、众筹平台、金融科技等工具和平台，为创新创业者提供了更广泛的金融支持，降低了金融服务的门槛，为创新创业者提供了更广泛的金融支持，使创新创业者可以更便捷地获取资金、进行交易和管理风险，提高了创新创业的成功率，推动了经济共享发展。

综上所述，数字普惠金融的普及和应用，为经济增长和社会发展提供了新的动力和机遇，通过促进经济的创新、协调、绿色、开放、共享发展，推动经济高质量发展。数字普惠金融促进了创新项目的融资和发展，为中小微企业提供了更广泛的融资渠道，推动了经济的协调发展。同时，数字普惠金融在绿色经济转型中发挥了重要作用，通过数据分析和评估，支持绿色项目的发展，并为绿色企业提供融资支持。此外，数字普惠金融加强了经济的对外开放，通过跨境交易和国际合作，扩大了市场规模，促进了资源和技术的流动。数字普惠金融的普及和应用为经济高质量发展开辟了新的道路，助力实现可持续和包容性的经济发展。为此，我们提出假设 1。

假设 1：数字普惠金融有助于推动经济高质量发展。

## 二、异质性分析

### （一）影响因素

通过文献梳理发现，经济基础、发展水平、金融服务水平和市场需求等因素对数字普惠金融对经济高质量发展的推动效果存在重要影响。

首先，经济基础是数字普惠金融发展的基础。在经济基础较为薄弱的地区，可能存在金融机构稀缺、金融服务不完善等问题，限制了数字普惠金融的推动效果。而在经济基础较为强大的地区，金融体系更健全，金融服务更普及，数字普惠金融的推动效果相对更好。

其次，发展水平对数字普惠金融的推动效果产生显著影响。在发展水平较低的地区，可能面临金融知识水平低、数字技术应用能力不足等问题，需要加强教育和培训，提升数字普惠金融的接受度和应用能力。而在发展水平较高的地区，数字普惠金融已经得到广泛应用，推动效果相对更为明显。

再次，金融服务水平也是影响数字普惠金融推动效果的重要因素。在金融服务水平较低的地区，金融机构可能存在服务能力不足、产品创新不足等问题，限制了数字普惠金融的发展。而在金融服务水平较高的地区，金融机构能够提供更多元化、高效的服务，有利于数字普惠金融的推广和应用。

最后，市场需求的差异也会影响数字普惠金融的推动效果。不同地区的市场需求可能存在差异，例如一些地区更需要农村金融、小微企业金融或绿色金融等方面的服务。数字普惠金融需要根据不同地区的市场需求，提供适应性强的金融产品和服务，才能更好地推动经济的高质量发展。

因此，为了最大限度发挥数字普惠金融在经济高质量发展中的作用，需要针对不同地区的经济基础、发展水平、金融服务水平和市场需求等因素，制定差异化的政策和策略，推动数字普惠金融的发展，促进经济的高质量增长。

### （二）区域异质性

受到地理区位、资源禀赋、政策导向等多种因素的影响，我国东中西部地区，经济基础、发展水平、金融服务水平和市场需求存在显著差异。数字普惠金融在推动我国经济高质量发展时，在东中西部地区可能存在一定的异质性。

首先，与中西部地区相比，东部地区经济发展相对较早和较快，经济总量与人均收入水平较高，对于数字普惠金融的需求也更大。东部地区拥有发达的产业和商业环境，这意味着更多的企业需要融资、贷款和风险管理等金融服务。同时，高收入水平意味着个人和家庭有更多的可支配收入，从而增加了他们对金融产品和服务的需求。此外，东部地区的城市化程度相对较高，居民对金融服务的需求更为多样化和频繁。这些因素使得东部地区对于数字普惠金融的需求更加迫切和广泛。

其次，与中西部地区相比，东部地区的金融体系更为完善，拥有较多的金融机构和数字金融平台，提供的服务水平也较高。同时，东部地区的金融科技创新发展较为成熟、应用程度较高，如人工智能、大数据分析和区块链技术等的运用，进一步提升了数字普惠金融的效率和便利性，为个人、企业和其他经济实体提供了多样化的金融产品和服务，满足不同经济主体的个性化需求。中西部地区的金融服务水平逐步提升，但相对于东部仍存在一定差距，数字普惠金融的普及程度有限。

再次，与中西部地区相比，东部地区市场更为成熟，消费者对数字普惠金融产品和服务的接受度较高，对数字普惠金融的需求也更为迫切。这使得东部地区在数字普惠金融的应用和发展方面更容易推进。相比之下，中西部地区的市场需求相对较为落后，消费者对数字普惠金融的需求度和接受度较低，对数字普惠金融的需求有限。这意味着在中西部地区推广数字普惠金融会面临一定的制约。

最后，由于东部地区经济发展基础良好，且经济发展速度较快，政府在数字普惠金融方面的政策支持相对较多，提供了良好的制度环境。特别是，部分地方政府在推动数字普惠金融方面制定了相关政策和措施，积极引导金融机构和科技企业发展数字金融服务。而中西部地区的政策支持相对较弱，制度环境也相对较为复杂。这限制了数字普惠金融在中西部地区的推动效果。

综上所述，与中西部地区相比，东部地区在经济发展水平、金融服务水平、市场需求、制度环境等方面具有显著优势。这种区域差异可能导致数字普惠金融在推动我国经济高质量发展时呈现出东中西部地区之间的区域异质性。为此，我们提出假设 2。

假设 2：数字普惠金融推动经济高质量发展存在区域异质性。

## 三、门槛效应分析

戴达和法图赫等（Deidda and Fattouh et al. , 2002）的研究表明金融发展与经济增长之间的关系可能存在非线性模式，即金融发展对经济增长的影响可能取决于特定条件的变化，如金融发展水平，而呈现出非线性变化的趋势。同样，数字普惠金融作为数字技术赋能下的产物也具备金融属性，其与经济增长之间的关系可能呈现非线性的特点。

首先，数据作为数字普惠金融的基本生产要素，具有边际报酬递增的特性。这意味着随着数据量的增加，其带来的价值和效益会逐渐增加，从而对经济高质量发展的影响程度也会增加。

（1）数据的积累和丰富度为数字普惠金融提供了全面的信息基础。通过收集、整理和分析大规模数据，可以了解消费者的行为模式、偏好和风险特征，从而更准确地评估他们的信用状况和金融需求。这有助于提供个性化的金融产品和服务，满足不同消费者的需求。

（2）基于大规模数据的分析，数字普惠金融可以提供更智能化的决策和风险控制。通过利用数据挖掘、机器学习和人工智能等技术，对数据进行深入挖掘和分析，可以识别出更准确的模式和趋势，提高对风险和市场变化的预测能力。这有助于降低风险、提高收益，并优化金融决策的效率。

（3）随着数据丰富度的提高，数字普惠金融可以进行更加广泛和深入的跨领域、跨行业分析。通过将不同领域和行业的数据进行整合和分析，可以发现新的关联和机会，提供更全面的决策依据。例如，将金融数据与消费数据、社交媒体数据等进行关联分析，可以更好地理解消费者行为和市场趋势，进而改进产品设计和营销策略。

其次，虽然数字普惠金融对经济高质量发展具有许多积极作用，包括提升金融包容性、促进创新和创业、推动消费和投资、促进金融稳定等。但也存在一些负面影响。

（1）尽管数字普惠金融的目标是促进金融包容性，但在实际操作中，由于“数字鸿沟”存在，仍有一部分缺乏数字技能、互联网接入或基础设施的人无法享受到数字普惠金融带来的好处或受到不公平的待遇。这可能会导致贫富差距的进一步扩大，存在社会和经济不平等加剧的风险。

（2）数字普惠金融的发展可能带来就业市场的变革，对就业市场产生深远影响。一方面，传统金融业的某些岗位可能会减少或消失，从而导致就业机会的减少。另一方面，数字金融技术的兴起可能创造新的就业机会，但也要求劳动者具备新的技能和知识，可能导致就业结构的转型和劳动力市场的不平衡。

（3）数字普惠金融的快速发展可能引发新的金融风险和不稳定因素。数字普惠金融的快速发展可能导致金融市场的过度扩张和风险积聚，带来新的监管挑战。如果监管不足或风险管理不当，可能会出现金融泡沫、资产价格失控以及系统性金融风险的增加，对经济稳定性构成威胁。因此，当数字普惠金融发展程度超过一定阈值，可能对经济发展产生负面作用。

综合以上分析，数字普惠金融发展会为经济高质量发展带来积极作用，但其滋生的新型风险也可能抑制经济高质量发展。这些复杂的因素决定了数字普惠金融发展与经济增长之间的关系可能不是线性的。为此，我们提出假设 3。

假设 3：数字普惠金融对经济高质量发展存在门槛效应。

## 四、空间效应分析

依据新经济地理学理论，数字普惠金融的空间集聚与扩散对经济金融资源的分布状态具有直接影响，进而对邻近地区的经济高质量发展产生空间溢出效应。这种溢出效应主要通过“辐射效应”和“虹吸效应”的相互作用来实现。

首先，“辐射效应”是指经济金融发展水平较高的地区，通过向周边地区转移信息、技术、产业和资本等资源，推动周边地区的经济金融发展现象（于翔等，2014）。在数字普惠金融的发展中，通过科技的赋能，一方面打破了地理距离的限制，实现金融资源的跨区域渗透和金融服务的跨区域对接，进而推动邻近地区的经济高质量发展；另一方面，数字普惠金融发展良好的地区对邻近地区产生了“示范效应”，先进的经营管理模式和发展理念通过业务往来和交流学习等途径不断向邻近地区扩散，推动邻近地区的数字普惠金融发展并促进其经济高质量发展。通过数字普惠金融的“辐射效应”，邻近地区可以受益于先进地区的经验和资源，加快数字普惠金融的发展进程，提升金融服务的水平，为企业和个人提供更广泛、更便捷的金融产品和服务，进而推动经济高质量发展。因此，数字普惠金融的“辐射效应”在空间上促进了资源的跨域流动和优化配置，提高了整个地区的金融活力和竞争力，进而促进经济高质量发展。通过数字普惠金融的发展，金融资源和服务得以更加广泛地传播和利用，这种跨区域的资源流动有助于推动邻近地区的经济活力，促进产业转型升级，提高创新能力和竞争力，进而实现经济高质量发展。

其次，“虹吸效应”是指由于城市之间发展梯度的落差，导致资金、劳动力、技术等生产要素单向转移，从外围城市向中心城市集聚的现象（赵海峰、张颖，2020）。一方面，在数字普惠金融领先发展地区，金融业资产回报率较高，人员工资水平相对较高，这吸引了邻近地区的金融生产要素不断流入，导致邻近地区由于竞争劣势而出现金融和经济持续衰退的现象；另一方面，数字普惠金融的发展在推动本地经济高质量发展的同时，也创造了丰富的就业岗位和职业发展机会，进而吸引技术、资金、人才等经济要素从经济发展水平较低的地区流向发展水平较高的地区，导致“强者更强，弱者更弱”的现象。因此，数字普惠金融的“虹吸效应”可能抑制邻近地区的经济高质量发展。邻近地区由于资源的流失和竞争劣势，可能面临金融和经济的持续衰退。同时，数字普惠金融的发展也可能加剧地区间的经济差距，使得发展水平较低的地区更难以迎头赶上领先地区的步伐。这种差距的扩大可能造成资源和人才的进一步向中心地区集聚，导致边缘地区在经济高质量发展方面落后。

综上所述，数字普惠金融的空间溢出效应既有积极的方面，如提升邻近地区的金融服务水平，促进区域经济协同发展，同时也存在一些挑战和问题，如引致资源过于集中、加剧区域不平衡等。由此可知，数字普惠金融对我国经济高质量发展空间溢出效应的强弱程度，主要取决于本地区数字普惠金融发展对于邻近地区经济高质量发展所产生的“辐射效应”和“虹吸效应”的相对强弱。若“辐射效应”大于“虹吸效应”，则数字普惠金融对邻近地区经济高质量发展存在正向影响，即空间溢出效应表现为正；反之，空间溢出效应表现为负。此外，我国东中西部地区在经济金融发展基础、互联网基础设施建设以及政策支持等方面存在显著差异，数字普惠金融对经济高质量发展的空间溢出效应可能存在区域差异。因此，提出如下假设：

假设4：数字普惠金融对我国经济高质量发展具有空间溢出效应。

假设5：数字普惠金融对我国经济高质量发展空间溢出效应具有区域异质性。

# 第四章

# 我国数字普惠金融发展与测度

## 第一节　数字普惠金融发展历程与发展现状

### 一、数字普惠金融发展历程

我国数字普惠金融发展大致可以划分为起步发展阶段、探索发展阶段以及系统发展阶段（见表4－1）。

表4－1　　我国数字普惠金融发展演进历程

| 发展阶段 | 主要内容 |
| --- | --- |
| 起步发展阶段（2004—2012年） | 通过移动银行、网上银行等多种方式向客户提供专属化的金融服务。 |
| 探索发展阶段（2013—2015年） | 随着互联网在各行业的应用，通过大数据、云计算和其他信息技术，设计多样化和个性化的在线金融产品，以增强金融服务的能力，同时也增加了客户群体。 |
| 系统发展阶段（2016年至今） | 利用发展数字技术、平衡创新与风险、构建法律监管框架、重视消费者权益保护。 |

#### （一）起步发展阶段（2004—2012年）

在数字普惠金融起步阶段，我国传统金融业务逐渐向线上转移，主要集中网络银行、电子支付和电子汇款等典型的传统银行数字化模式。在这一阶段，互联网技术只起到了辅助性作用，主要局限在传统金融业务的数字化改造上，数字普惠金融还没有充分发挥互联网技术的潜力，没有形成真正意义上的数字普惠金融生态系统。

早期的传统金融机构存在着一些弊端，比如高度依赖物理网点进行业务拓展、金融服务水平参差不齐、金融交易成本高且形式不灵活等问题。为了解决这些问题，传统金融机构采用了电子化和信息化手段对传统金融业务进行改造和升级。在这个阶段，传统金融机构通过引入电子化和信息化技术，利用电话终端、宽带网络和 ATM 机等方式，让客户可以自主完成转账、汇款等基础性金融服务，大大提高了业务办理的效率，同时降低了机构的运营成本。与此同时，数字普惠金融开始渗透到我国的支付和结算体系，为用户提供了更便捷、快速和安全的支付和结算服务。通过互联网和移动技术的应用，数字普惠金融正引领着支付和结算方式的变革。用户不再依赖传统的银行卡和现金支付，而是可以通过移动支付应用、第三方支付平台和电子商务支付等方式完成各类交易。这种线上化的转型不仅缓解了传统金融机构营业网点的营销压力，还简化了业务办理流程，提高了用户体验。

2004 年，支付宝的创立标志数字普惠金融发展的开始。随着移动互联网科学和信息技术的进步，为了降低线下经营网点的成本，传统金融机构通过移动银行、网上银行等方式向客户提供个性化的金融服务。成功运用线上平台提高了金融服务效率，同时缩短了支付、转账等业务的办理时间。2009 年中国移动支付行业的崛起推动了数字普惠金融的进一步发展。移动支付的兴起得益于互联网和智能手机技术的快速发展，政府的鼓励和支持为移动支付提供了良好的环境，促进了移动支付市场的成熟和用户的普及。移动支付的便捷性和普及程度使更多人能够享受到金融服务，特别是那些传统金融服务覆盖较弱的地区和人群。移动支付还推动了线上购物、电子商务和电子支付等领域的快速发展，为经济的数字化转型提供了支持。2010 年，中国银联推出了手机支付产品，推动了移动支付的普及和发展，进一步推进了数字普惠金融的发展。移动支付的推出，使更多人能够享受到便捷的支付体验。用户只需下载相应的支付应用程序，绑定银行卡或预付费账户，即可通过手机完成各类支付交易，包括线上购物、线下实体店消费等。移动支付的普及也为商家提供了更多的支付方式，促进了商业的发展和数字经济的推进。

2011 年，我国互联网金融业务开始迅速发展，成为数字普惠金融的重要节点，为数字普惠金融的兴起奠定了坚实的基础。在这一时期，出现了一系列互联网金融平台和创新产品，如互联网借贷、第三方支付等，推动了数字普惠金融的快速发展。互联网金融平台通过整合资源和创新服务模式，为用户提供了更加便利、灵活的金融服务。例如，互联网借贷平台为个人和企业提供了直接的借贷渠道，打破了传统金融机构的中介角色，降低了借贷成本，并为投资者提供了更多的投资机会。第三方支付平台则提供了安全、便捷的在线支付服务，方便了用户的交易活动。

在此期间，数字普惠金融呈现出以下主要特点：

（1）金融电子化是发展的主趋势，各金融机构都在积极投入资金和资源发展金融电子化，尤其是在国家政策的推动下，商业银行在这方面取得了积极的进展。这一趋势体现在网上银行的发展。网上银行逐步向客户提供了更多的金融服务，包括信息查询、对账、代发等，实现了交易型网上银行。通过网上银行，客户可以方便地进行各类金融操作，无须亲临银行网点，大大提高了金融服务的便利性和效率。用户可以通过互联网随时随地访问银行账户、进行转账、支付账单等，实现了跨时空的便捷交易。

（2）积极鼓励小额信贷的多元化。随着互联网的发展，支付宝等第三方支付平台已经涵盖了支付、贷款、保险、财富管理等各方面的微型金融服务，为金融机构和商家提供数据、营销、融资等解决方案。互联网借贷平台如宜信、拍拍贷等的成立，为个体经营者和小微企业提供了资金支持和可持续发展的机会，解决了他们的资金周转和融资困难。互联网借贷平台和第三方支付平台的发展，为小额信贷的多元化提供了新的途径和可能性。它们通过利用互联网技术和大数据分析，能够更好地评估借款人的信用风险，提高借贷效率，并为小额信贷提供更加灵活和个性化的产品和服务。

### （二）探索发展阶段（2013—2015 年）

随着我国经济社会的发展，特别是 2010 年后，政府开始重视发展普惠金融，并在 2013 年党的十八届三中全会上通过了《中共中央关于全面深化改革若干重大问题的决定》，正式提出强调要发展普惠金融、鼓励金融创新、丰富金融市场层次和产品。这使得数字普惠金融逐渐引起了公众和学者的关注。在这一时期，互联网金融持续创新，大数据和人工智能技术在金融领域的应用得到进一步推广。金融机构开始利用大数据分析技术来识别客户需求、评估风险和个性化推荐金融产品。

随着电子商务平台业务领域的扩张，以及数字技术在金融领域的应用，2013—2015年，移动支付、互联网支付和第三方支付等数字支付方式得到了广泛应用。支付宝和微信支付等移动支付平台迅速发展，改变了人们的支付习惯，促进了数字普惠金融的普及。同时，众筹、P2P借贷和互联网保险等新兴业务迅速崛起。此时的金融服务创新不再以金融机构为主导，而是由互联网平台引领金融生态的创新与重组。在此期间，我国出现了大量基于电商平台的互联网小额信贷组织，这些组织大多起源于其母体的电商业务，在业务体系成熟后便脱离其母体，成为独立的互联网金融服务提供商。特别是，阿里巴巴集团“余额宝”的推出被业内认为是我国真正意义上数字普惠金融的开端。因此，这一阶段的金融创新，依托互联网，以大数据、云计算为技术支撑，着力解决基于场景的金融服务需求，以金融服务创新实现普惠金融的目标。

在此期间，数字普惠金融呈现出以下主要特点：

（1）大数据和云计算等信息技术为金融机构提供了更多的数据来源和处理能力，使它们能够更好地了解和分析用户的需求、风险偏好和行为模式。通过对海量的用户数据进行挖掘和分析，金融机构可以识别出不同的用户群体，并根据他们的需求和特征设计出更加贴合的金融产品和服务。这种个性化的设计可以提供更好的用户体验，并增加用户对金融产品的满意度和黏性。例如，余额宝凭借低门槛、高利率和零手续费等优势，在短时间内吸引了大量用户和资金，很好地满足了广大用户的资产配置和理财需求。

（2）互联网公司根据自身科技优势推出了创新的产品和服务，拓展了数字普惠金融的业务范围。余额宝作为一种小型理财方式受到接纳，更多人愿意选择这种新兴的理财方式，培养理财习惯。蚂蚁金服通过云计算、大数据等数字技术为企业和消费者提供金融服务，让更广泛的企业和消费者受益。这些具有代表性的数字普惠金融服务不仅推动了数字普惠金融的发展，也为数字普惠金融提供了发展路径的支持，并具有借鉴意义。

### （三）系统发展阶段（2016 年至今）

自 2016 年以来，我国数字普惠金融持续迈向更加成熟和全面发展的阶段。为推动数字普惠金融的发展，国务院于 2015 年 12 月发布了《推进普惠金融发展规划（2016—2020 年）》，明确了数字普惠金融的发展思路和规划。随后，在 2016 年 G20 峰会上，发布了《G20 数字普惠金融高级原则》，为数字普惠金融奠定了坚实的制度基础，我国数字普惠金融由此进入稳固发展阶段。

（1）数字支付和移动金融的普及。随着移动互联网的普及和技术的进步，数字支付和移动金融在我国得到广泛应用。支付宝、微信支付等移动支付平台成为人们日常生活中主要的支付方式，改变了人们的消费习惯。互联网金融的创新模式也在不断涌现，包括网络借贷、股权众筹等，为个人和企业提供了更多元化的融资渠道。此外，移动金融服务的发展还涵盖了移动银行、移动保险和移动证券等领域，为用户提供了更加便捷的金融服务体验。

（2）金融科技创新迎来高速发展。金融科技创新是推动数字普惠金融发展的重要动力。在这一时期，我国金融科技创新蓬勃发展，涌现出一批优秀的金融科技企业和平台，为数字普惠金融提供了强大的支撑。包括人工智能、大数据分析、区块链、云计算和物联网等新兴技术在金融领域得到广泛应用，推动了数字普惠金融产品和服务的创新。例如，智能投顾、区块链金融、共享经济等新模式得到快速发展。

（3）金融科技与实体经济深度融合。在这一时期，数字普惠金融与实体经济深度融合，加速了传统产业的转型升级。金融科技为小微企业和个体经济体提供了更多元化、便捷的融资渠道和金融服务，推动了实体经济的创新发展。同时，金融科技还促进了供应链金融、农村金融和智慧城市建设等领域的发展，为经济高质量增长提供了支持。通过引入移动支付、互联网金融等数字技术，农村居民和小微企业获得了更便捷、高效的金融服务。

（4）金融监管不断加强。为保护金融消费者权益、维护金融市场稳定，我国在这一时期加强了金融监管力度，相关政策和监管规定不断完善。针对互联网金融、P2P 借贷等新兴金融业态，出台了一系列监管政策和规范措施，加强对平台的准入门槛、风险管理和合规要求，促进数字普惠金融行业的健康发展。例如，我国相继出台了《网络借贷信息中介机构业务活动管理暂行办法》《互联网金融风险专项整治工作实施方案》《网络安全法》《征信业管理暂行办法》等监管法案。

## 二、数字普惠金融发展现状

自我国2005年提出数字普惠金融以来，随着我国数字信息技术水平不断提升，在政府相关政策的支持下，我国数字普惠金融业务持续扩展和深化。目前，我国已基本形成了以银行类金融机构为核心、互联网企业为支撑、非银行金融机构为补充的数字普惠金融体系。在数字化支付、数字化信贷、数字化理财和数字化保险等领域取得了显著成就。

### （一）数字化支付

数字化支付是数字普惠金融业务的基础，它衍生出了一系列互联网金融服务，包括理财、融资、征信等。相较于传统支付方式，数字化支付解决了网点难以覆盖偏远地区的问题，打破了地域和时间限制，具有成本低、支付便捷等特点，深受消费者喜爱。通过精确识别支付风险，数字化支付提升了支付安全性，并增加了居民对支付系统的信任，从而促使数字普惠金融更加深入人们的日常生活。

在我国，数字化支付已经历了五个阶段的发展。在发展的第一阶段，传统金融机构开始运用计算机技术来处理同业间的业务办理。随后，进入第二阶段，银行和其他金融机构开始利用计算机技术进行资金的清结算，实现了数字化支付的初步应用。第三阶段是商业银行广泛推广互联网业务的时期，这一阶段银行将线上业务逐渐向线下转移，推动了数字化支付的普及和应用。随后，进入发展的第四阶段，此时数字化支付开始在日常生活中应用，主要体现在推广POS机自动化划账业务，使得消费者可以方便地使用数字支付方式进行交易。之后进入发展的第五阶段，即互联网与移动互联网转账和清结算阶段。随着智能手机的普及和移动支付技术的快速发展，人们可以通过手机APP等方式进行便捷的数字化支付，无论是线上购物、转账还是实体店消费，都可以快速完成支付。

近年来，随着数字技术的迅猛发展，支付领域涌现出了一系列新的支付工具和方式，其中包括微信支付、支付宝支付、NFC 支付、人脸支付和虹膜支付等。其中，微信支付和支付宝支付是中国最受欢迎和广泛使用的数字支付工具。它们基于移动互联网和智能手机应用，通过扫码支付、转账、在线购物等功能，提供了便捷、安全的支付体验，已经成为人们日常生活中的主流支付方式。NFC 支付（近场通信支付）则利用近场通信技术，使用户只需将支持 NFC 功能的手机或支付设备靠近 POS 机或终端，即可完成支付。这种支付方式广泛应用于公共交通领域、便利店和餐饮行业等场景，为消费者提供了快速、无接触的支付体验。人脸支付和虹膜支付是基于生物识别技术的创新支付方式。通过识别用户的面部或虹膜特征进行身份验证和支付授权，这种支付方式免去了传统的实体支付工具，提供了更加安全、便捷的支付体验，尤其适用于移动支付和无现金场景。

目前，数字化支付已成为我国的主流支付方式。根据相关数据，我国网络支付数量在 10 年间增长了 5 倍以上。截至 2020 年，网络支付数量达到 85.4 亿笔，使用互联网支付的用户占比持续增长，从 2011 年的 32.4% 增加到 2020 年的 86.4%。根据《中国互联网络发展状况统计报告》，截至 2020 年 6 月，我国在线支付用户数量已超过 8 亿，超过 85% 的网民选择在线支付。根据中国人民银行的统计数据，2020 年，我国银行共处理了超过 1200 亿笔数字化支付业务，金额约为 432 万亿元，同比增长 21.48% 和 22.50%。其中，非银行支付机构的业务金额达到 294.56 万亿元，支付业务笔数达到 8272.97 亿笔，支付业务笔数在 6 年内增长近 10 倍。

### （二）数字化信贷

随着互联网技术的快速发展，我国的数字化信贷领域呈现出多维信贷格局，包括 P2P 借贷、互联网银行、电商消费金融和现金贷等。P2P 借贷（Peer - to - Peer lending）是指通过互联网平台，直接将借款人和投资人进行撮合，实现借贷交易。借款人可以通过在线申请借款，而投资人则可以选择个人或企业进行投资，实现资金的流通和利益的匹配。互联网银行通过数字化渠道提供各类金融服务，包括存款、贷款等业务。相比传统银行更加便捷、高效的，用户可以随时随地通过手机或电脑进行银行业务操作。电商消费金融是指电商平台与金融机构合作，为消费者提供在线购物时的分期付款和信用贷款服务。通过电商消费金融，消费者可以在网购过程中选择分期支付，提高购物的灵活性和消费能力。现金贷是一种短期小额贷款形式，通过互联网平台进行申请和放款。现金贷的特点是审批速度快、放款便捷，通常用于紧急资金需求或短期消费。

在数字化出现之前，经济落后地区的居民或小微企业常常由于传统借贷模式的烦琐手续或高门槛而难以获得贷款支持。数字化信贷通过大数据分析，可以快速评估借款人的信用状况，减少信贷风险，助力小微企业和低收入者获得资金支持。另外，数字化信贷通过创新融资产品与服务，打破了融资时空限制，简化了融资手续，满足了低收入群体和中小微企业“金额小”“时间紧”的融资需求。同时，数字化技术的应用使得信贷过程更加透明，提升了信贷的风控能力与效率。

2007 年，在我国数字化信贷平台“拍拍贷”建立之后，民营 P2P 平台迅速发展，但由于风险控制不力，P2P 互联网贷款平台普遍存在违约问题。《中国 P2P 网贷行业月报》的数据显示，截至 2015 年 9 月，我国 P2P 平台数量达到 3448 家，贷款余额增至 3176.36 亿元，同时问题平台累计高达到 1031 家，占据 P2P 平台总数的 1/3。2017 年我国互联网借贷达到高峰，P2P 借贷达到 2.8 万亿元，后经过市场治理，2018 年大幅回落，但近三年市场规模仍稳步上升①。2016 年，我国开始整治 P2P 互联网贷款行业乱象，2020 年 P2P 互联网贷款平台基本全部清零。目前，数字化信贷主要由互联网银行、互联网小贷公司发放。由于互联网银行准入门槛相对较高，经营管理面对诸多限制，经营数字化信贷的大部分互联网机构因无法申请互联网银行牌照而成为互联网小贷公司。截至 2021 年底，我国共有互联网小贷公司 6453 家，贷款余额共计 9415 亿元。

### （三）数字化理财

随着数字普惠金融和互联网技术的发展，数字化理财产品在居民的日常生活中不断涌现。数字化理财产品是通过互联网平台提供的金融工具，包括

① 陈华．数字普惠金融缓解中小企业融资约束的实证研究［D］．浙江大学，2021.

基金、保险、股票、债券等。这些产品的特点是灵活、便捷和个性化，使得居民可以根据自身需求和风险偏好进行投资。

数字化理财产品的发展降低了传统金融投资理财服务的门槛，使更多的人能够参与投资并享受到理财的好处。传统的金融投资理财服务通常需要投资者前往银行、证券公司或理财机构进行面对面的咨询和办理手续。这种方式存在一定的时间和地域限制，投资门槛也较高，对于一些普通投资者而言可能不太容易参与。而数字化理财产品通过互联网平台提供了在线投资服务，消除了地理限制，让投资者可以随时随地通过手机或电脑进行投资。投资者只需注册账户、完成简单的身份验证，就可以选择合适的理财产品进行投资。

此外，数字化理财产品通常提供了更低的投资门槛，使更多人可以以较小的金额开始投资。相比于传统的金融投资产品，数字化理财产品可以让投资者以更小的资金规模进行投资，降低了投资的风险和压力。传统金融投资渠道较为狭窄，投资门槛较高，例如商业银行的投资门槛通常不低于 5 万元。然而，数字化理财相较于传统的理财产品更加灵活，通常具有较低的起购金额（比如微信的“零钱通”最低理财金额低至 0.01 元），这降低了参与金融理财的门槛，使得更多长尾用户能够参与其中，从而分享到金融市场的红利。

2013 年，阿里巴巴通过天弘基金推出了“余额宝”业务，推动了中国互联网理财业务的发展。随后，许多互联网企业和银行纷纷推出互联网理财产品，如“现金宝”“活期宝”等各类理财产品，丰富了人们的投资选择。根据“余额宝”统计年报显示，截至 2021 年，余额宝用户数量达到 7.33 亿，资金规模达到 7491.17 亿元，天弘基金成为中国规模最大的货币基金之一。国家互联网络信息中心发布的数据显示，我国数字化理财用户已由 2015 年的 2.4 亿人增加至 2021 年的 6.3 亿人，增长了 1.6 倍[①]。历次《中国互联网络发展状况统计报告》数据显示，我国互联网理财用户数逐年呈增长趋势，由 2014 年的 7849 万人增长到 2019 年 6 月的 16972 万人，互联网理财使用率从 2014 年的 12.1% 增加到 2019 年 6 月的 19.9%。可以看出，我国互联

① 数据来源：iiMediaResearch（艾媒咨询）。

网理财人数直线上升，表明互联网理财越来越受到人们的喜爱。

### （四）数字化保险

数字化保险充分利用互联网平台的长尾效应，借助数字科技手段对保险进行设计、营销、承保、理赔和管理，带来了保险行业的革新和发展。相比传统保险业务，数字化保险业务具有更多的优势和特点。

首先，数字化保险业务通过引入新技术和数据分析，推动了保险产品的创新和多样化。保险公司可以利用大数据分析和人工智能等技术，更准确地评估风险，设计出更个性化、精细化的保险产品。例如，针对共享经济、在线购物、旅游等新兴领域的保险需求，推出了相应的保险产品，满足了消费者不断变化的需求。

其次，数字化保险业务通过互联网平台和移动应用程序等渠道，打破了传统销售模式的限制，提供了更加便捷和灵活的保险购买途径。消费者可以通过在线渠道自主选择和购买保险产品，避免了烦琐的线下手续和等待时间。同时，数字化保险业务也促进了保险与其他行业的合作，例如与电商平台、出行平台等合作，通过平台合作和跨界营销拓展了新的销售渠道。

再次，数字化保险业务注重用户体验和服务质量的提升。通过互联网和移动技术，保险公司可以提供24小时在线客服、快速理赔、在线投保和保单管理等便捷服务，提高了用户的满意度和忠诚度。数字化保险业务还可以通过个性化推荐、精准定价和快速核保等方式，提供更加贴近用户需求的保险解决方案，增强了用户对保险的认可和信任。

最后，数字化保险业务的发展促使保险市场的竞争加剧，推动了保险机构之间的创新竞争。保险公司不断引入新技术、新模式和新业务，提升业务效率和运营能力，以适应数字化时代的需求。这种竞争和创新势头为整个保险行业的可持续发展注入了活力，推动了保险市场的进一步开放和改革。

我国数字化保险起步于2000年的“网险网”，之后各类保险机构开始通过官网、电商平台等渠道销售保险产品。2013年，阿里巴巴、腾讯、平安保险三家企业联合成立了我国第一家互联网保险公司众安保险，此后，泰康人寿、易安保险、安心财险等互联网保险公司相继成立。随着网民数量的增加和互联网保险门槛的降低，我国数字化保险的购买人数不断增加，数字化保费收入也大幅增长。根据中国保险行业协会公布的数据，2019 年我国数字化保险保费收入达到2696.3 亿元，相比2014 年的858.9 亿元，增长了近3 倍。前瞻研究院的数据显示，截至2020 年，数字化保险公司已增至134 家，保险规模超过2900 亿元，渗透率达到6.4%。

## 第二节　数字普惠金融发展指标体系构建与测度

本节使用北京大学数字金融研究中心测算的数据，将我国30 个样本省（自治区、直辖市）划分为东部、中部、西部，分区域分析数字普惠金融发展特征。

### 一、数字普惠金融体系构建

北京大学数字金融研究中心（郭峰、王靖一、孔涛、张勋等）和蚂蚁集团研究院的研究团队从2016 年开始利用蚂蚁集团的大量数据，编制了一套名为“北京大学数字普惠金融指数”的指标体系。在2019 年对指数进行了更新，本报告是该指数的第三次更新。该指数基于现有文献和国际组织提出的传统普惠金融指标，结合数字金融服务的新形势、新特征以及数据的可得性和可靠性，从数字普惠金融的覆盖广度、使用深度和数字化程度三个维度构建了指标体系。

目前，数字普惠金融指数包含三个维度和33 个具体指标。课题组采用“层次分析法”这样的指数编制方法，编制了31 个省（自治区、直辖市）、337 个地级以上城市（地区、自治州、盟等），以及约2800 个县（县级市、旗、市辖区等）三个层级的“北京大学数字普惠金融指数”。在总指数的基础上，课题组还提供了数字普惠金融覆盖广度指数、数字普惠金融使用深度指数和普惠金融数字化程度指数。

#### （一）指标构建原则

为了科学构建普惠金融指数体系，指标体系的编制主要遵循以下原则。

### 1. 综合考虑广度和深度

数字普惠金融指标体系应综合考虑数字普惠金融服务的广度和深度。每个指标和维度都应反映数字普惠金融的某个方面，包括覆盖范围和服务深度。只有这样才能准确描绘数字普惠金融的普惠价值。

### 2. 兼顾纵向和横向可比性

数字普惠金融的发展是一个动态过程，随着经济社会和金融体系的发展而变化。同一地区在不同年份的数字普惠金融状况会有所变化，不同地区在同一年份的表现也存在差异。因此，数字普惠金融指数应具备横向（地区维度）和纵向（时间维度）的可比性。

### 3. 多层次和多元化体现

数字普惠金融服务呈现出多层次和多元化的特征。传统研究主要关注银行业务，但随着金融服务的创新发展，金融服务已经多样化。因此，指标体系应包括银行服务（如信贷）、支付、投资、保险、货币基金、信用服务等多个业态，以全面刻画数字普惠金融的发展水平①。

## （二）指标体系内容

按照上述指标体系构建原则，结合现有文献和国际组织提出的传统普惠金融指标，并考虑数字普惠金融服务的新形势、新特征以及数据的可得性和可靠性。从数字普惠金融覆盖广度、数字普惠金融使用深度和普惠金融数字化程度三个维度来构建数字普惠金融指标体系。目前的数字普惠金融指数共包含上述三个维度，总计33个具体指标②。具体指标请参考表4－2。

表4－2　数字普惠金融指标

| 一级维度 | 二级维度 | 具体指标 |
|---|---|---|
| 覆盖广度 | 账户覆盖率 | 每万人拥有支付宝账号数量 |
| | | 支付宝绑卡用户比例 |
| | | 平均每个支付宝账号绑定银行卡数 |

①② 郭峰，王靖一，王芳，等．测度中国数字普惠金融发展：指数编制与空间特征［J］．经济学（季刊），2020，19（4）：1401－1418.

续表

| 一级维度 | 二级维度 | | 具体指标 |
|---|---|---|---|
| 使用深度 | 支付业务 | | 人均支付笔数 |
| | | | 人均支付金融 |
| | | | 高频度（年活跃 50 次及以上）活跃用户数占年活跃 1 次及以上比 |
| | 货币基金业务 | | 人均购买余额宝笔数 |
| | | | 人均购买余额宝金额 |
| | | | 每万支付宝用户购买余额宝的人数 |
| | 信贷业务 | 个人消费贷 | 每万支付宝成年用户中有互联网消费贷的用户数 |
| | | | 人均贷款笔数 |
| | | | 人均贷款金额 |
| | | 小微经营者 | 每万支付宝成年用户中有互联网小微经营贷的用户数 |
| | | | 小微经营者户均贷款笔数 |
| | | | 小微经营者平均贷款金额 |
| | 保险业务 | | 每万支付宝用户中被保险用户数 |
| | | | 人均保险笔数 |
| | | | 人均保险金额 |
| | 投资业务 | | 每万人支付宝用户中参与互联网投资理财人数 |
| | | | 人均投资笔数 |
| | | | 人均投资金额 |
| | 信用业务 | | 自然人信用人均调用次数 |
| | | | 每万支付宝用户中使用基于信用的服务用户数（包括金融、住宿、出行、社交等） |
| 数字化程度 | 移动化 | | 移动支付笔数占比 |
| | | | 移动支付金额占比 |
| | 实惠化 | | 小微经营者平均贷款利率 |
| | | | 个人平均贷款利率 |
| | 信用化 | | 花呗支付笔数占比 |
| | | | 花呗支付金额占比 |
| | | | 芝麻信用免押笔数占比（较全部需要押金情形） |
| | | | 芝麻信用免押金额占比（较全部需要押金情形） |
| | 便利化 | | 用户二维码支付的笔数占比 |
| | | | 用户二维码支付的金额占比 |

在数字普惠金融的覆盖广度方面，传统金融机构主要以“金融机构网点数”和“金融服务人员数”来触达用户，但在基于互联网的数字普惠金融模式下，数字普惠金融服务的供给可以通过电子账户数来衡量。另外，根据金融监管规定，绑定银行卡的第三方支付账户才具备全面的功能，因此，绑定银行卡的数量成为衡量数字普惠金融覆盖广度的一个子指标①。

在数字普惠金融使用深度方面，考虑实际使用数字普惠金融服务情况。涵盖的金融服务类型包括支付业务、货币基金业务、信贷业务、保险业务、投资业务和信用业务。我们衡量使用情况的指标包括实际使用总量指标（每万支付宝用户中使用这些业务的人数）和使用活跃度指标（人均交易笔数和人均交易金额）②。

在普惠金融的数字化程度方面，便利性、低成本和信用化是影响用户使用数字普惠金融业务的关键因素。因此，考虑数字普惠金融的便利程度（如移动支付笔数占总支付笔数的比例）、低成本性（如消费贷款和小微企业贷款利率的低水平）和信用化程度（如免押金支付笔数占总支付笔数的比例），以评估普惠金融的数字化程度③。

## 二、数字普惠金融测度结果

### （一）整体性分析

随着数字化进程的加快，数字化建设为经济社会发展注入了新的活力，数字普惠金融服务的受众群体随之不断扩大，我国数字普惠金融发展水平逐年上升。如图4－1所示，我国数字普惠金融总指数从2011年的40.8增长到2020年的342.24，年均增长率达到73.88%。这表明，近年来我国数字普惠金融处于持续上升的趋势。

①②③　郭峰，王靖一，王芳，等．测度中国数字普惠金融发展：指数编制与空间特征［J］．经济学（季刊），2020，19（4）：1401－1418.

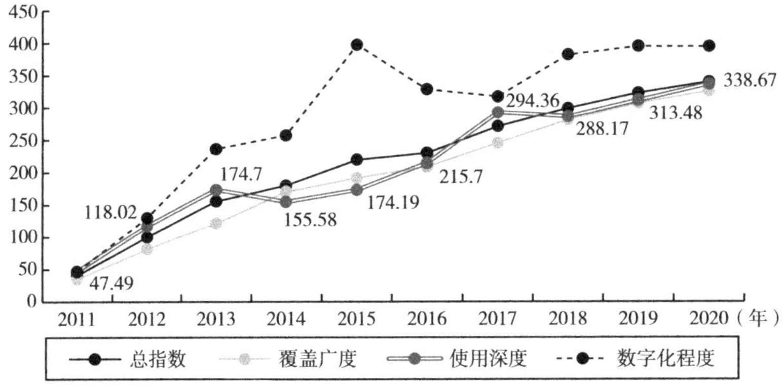


**图 4-1　2011—2020 年我国数字普惠金融指数变化情况**

数据来源：《北京大学数字普惠金融指数报告（2011—2020 年）》。

与此同时，数字化程度由 2011 年的 46.75 提升至 2020 年的 396.96，实现年均 82.79% 的增长；使用深度由 2011 年的 47.49 增至 2020 年的 338.67，实现年均 61.31% 的提升；覆盖广度则由 2011 年的 35.31 提升至 2020 年的 327.64，实现年均 74.91% 的增长。近年来，我国数字普惠金融的数字化程度、使用深度以及覆盖广度提升显著，特别是数字化程度提升幅度最大。

### （二）异质性分析

分区域来看（见表 4-3 与表 4-4），数字普惠金融的发展水平具有明显的区域差异，东部发展指数最高，中部次之、西部发展水平最低；中部、西部与东部整体差距较大，西部与中部的差距虽然在逐渐缩小，但依然存在明显的区域差异。

**表 4-3　2011—2020 年我国数字普惠金融分区域发展状况**

| 年份 | 总指数 | | | 覆盖广度 | | | 使用深度 | | | 数字化程度 | | |
|---|---|---|---|---|---|---|---|---|---|---|---|---|
| | 东部 | 中部 | 西部 | 东部 | 中部 | 西部 | 东部 | 中部 | 西部 | 东部 | 中部 | 西部 |
| 2011 | 59.16 | 35.22 | 28.91 | 61.16 | 26.14 | 19.5 | 66.16 | 45.92 | 32.02 | 39.83 | 45.74 | 54.3 |
| 2012 | 121.74 | 95.41 | 86.1 | 108.09 | 73.01 | 66.09 | 144.84 | 116.45 | 94.5 | 124.86 | 131.15 | 136.88 |
| 2013 | 180.93 | 150.95 | 139.54 | 147.93 | 113.64 | 106.63 | 211.26 | 170.62 | 143.23 | 234.8 | 238.44 | 241.52 |
| 2014 | 201.6 | 176 | 166.29 | 195.98 | 162.73 | 156.73 | 184.26 | 152.28 | 130.43 | 251.74 | 262.9 | 263.02 |
| 2015 | 242.18 | 214.19 | 207.94 | 218 | 184.06 | 177.88 | 204.22 | 171.71 | 148.39 | 391.01 | 390.91 | 415.42 |

续表

| 年份 | 总指数 | | | 覆盖广度 | | | 使用深度 | | | 数字化程度 | | |
|---|---|---|---|---|---|---|---|---|---|---|---|---|
| | 东部 | 中部 | 西部 | 东部 | 中部 | 西部 | 东部 | 中部 | 西部 | 东部 | 中部 | 西部 |
| 2016 | 249.71 | 227.74 | 217.66 | 233.88 | 201.69 | 195.18 | 239.75 | 216.7 | 193.51 | 320.12 | 333.84 | 335.79 |
| 2017 | 294.08 | 269.21 | 257.04 | 269.72 | 239.29 | 233.19 | 324.95 | 294.34 | 267.41 | 318.43 | 322.32 | 316.92 |
| 2018 | 327.78 | 296.78 | 280.91 | 306.79 | 274.55 | 268.77 | 326.36 | 287.22 | 254.96 | 399.68 | 387.55 | 368.16 |
| 2019 | 354.19 | 320.19 | 302.24 | 334.32 | 300.63 | 293.36 | 356.57 | 312.79 | 275.54 | 415.52 | 398.22 | 380.11 |
| 2020 | 372.75 | 338.05 | 318.61 | 351.96 | 319.74 | 312.67 | 388.74 | 338.01 | 294.88 | 412.37 | 398.61 | 381.37 |

数据来源：笔者计算整理所得。

**表4-4　　　　各省（市）数字普惠金融分维度发展状况**

| 总指数 | | | 覆盖广度 | | | 使用深度 | | | 数字化程度 | | |
|---|---|---|---|---|---|---|---|---|---|---|---|
| 排名 | 数值 | 增长率 | 排名 | 指数值 | 增长率 | 排名 | 指数值 | 增长率 | 排名 | 数值 | 增长率 |
| 上海 | 280.96 | 0.4874 | 北京 | 269.66 | 0.3412 | 上海 | 305.10 | 0.5185 | 内蒙古 | 301.93 | 0.9006 |
| 北京 | 275.92 | 0.4736 | 上海 | 263.14 | 0.3331 | 浙江 | 289.73 | 0.4108 | 上海 | 295.91 | 6.4864 |
| 浙江 | 265.68 | 0.4731 | 浙江 | 245.79 | 0.3852 | 北京 | 276.89 | 0.5747 | 北京 | 294.83 | 1.3754 |
| 福建 | 244.29 | 0.5728 | 福建 | 229.23 | 0.5196 | 江苏 | 255.42 | 0.4429 | 陕西 | 294.59 | 0.5117 |
| 江苏 | 244.23 | 0.5719 | 广东 | 227.86 | 0.5143 | 广东 | 247.32 | 0.4438 | 海南 | 294.34 | 0.4837 |
| 广东 | 244.00 | 0.4958 | 江苏 | 224.83 | 0.4921 | 福建 | 244.52 | 0.5405 | 广西 | 293.99 | 0.5962 |
| 天津 | 234.88 | 0.5519 | 天津 | 217.51 | 0.4339 | 天津 | 234.50 | 0.6679 | 河南 | 293.93 | 0.6474 |
| 湖北 | 227.06 | 0.8896 | 湖北 | 203.62 | 0.9521 | 湖北 | 233.28 | 0.6556 | 山西 | 293.60 | 0.5006 |
| 海南 | 220.64 | 0.7280 | 重庆 | 201.31 | 0.7953 | 安徽 | 230.49 | 0.6209 | 福建 | 293.59 | 0.9122 |
| 重庆 | 219.03 | 0.8033 | 海南 | 200.86 | 1.0943 | 江西 | 221.85 | 0.6048 | 黑龙江 | 293.23 | 0.4937 |
| 山东 | 218.17 | 0.8914 | 陕西 | 198.96 | 0.8573 | 四川 | 217.64 | 0.5432 | 湖北 | 293.14 | 1.4047 |
| 安徽 | 215.71 | 1.0654 | 山东 | 197.85 | 0.9834 | 山东 | 216.17 | 0.6982 | 天津 | 292.96 | 0.9044 |
| 辽宁 | 214.77 | 0.7264 | 辽宁 | 194.93 | 0.6479 | 海南 | 216.04 | 0.5379 | 甘肃 | 292.46 | 0.4287 |
| 陕西 | 213.95 | 0.8167 | 山西 | 192.73 | 1.1455 | 湖南 | 215.93 | 0.5246 | 广东 | 291.29 | 0.5509 |
| 四川 | 212.21 | 0.8152 | 宁夏 | 192.37 | 0.9923 | 重庆 | 212.39 | 0.6940 | 江西 | 290.92 | 1.1118 |
| 江西 | 209.87 | 1.1614 | 河南 | 188.06 | 2.6064 | 辽宁 | 210.93 | 0.7056 | 安徽 | 290.62 | 1.1981 |
| 河南 | 207.49 | 1.2223 | 内蒙古 | 187.91 | 1.2880 | 云南 | 198.24 | 0.5994 | 云南 | 290.44 | 0.9712 |
| 湖南 | 205.63 | 1.0178 | 四川 | 185.91 | 1.0787 | 陕西 | 196.81 | 1.1283 | 贵州 | 290.11 | 0.6884 |

续表

| 总指数 | | | 覆盖广度 | | | 使用深度 | | | 数字化程度 | | |
|---|---|---|---|---|---|---|---|---|---|---|---|
| 排名 | 数值 | 增长率 | 排名 | 指数值 | 增长率 | 排名 | 指数值 | 增长率 | 排名 | 数值 | 增长率 |
| 广西 | 204.76 | 0.9550 | 安徽 | 184.89 | 1.6697 | 广西 | 195.59 | 0.6788 | 重庆 | 289.60 | 1.0889 |
| 山西 | 204.74 | 0.9722 | 广西 | 182.79 | 1.6238 | 河南 | 195.23 | 0.8254 | 四川 | 289.18 | 0.9005 |
| 内蒙古 | 201.76 | 1.0788 | 河北 | 178.93 | 1.7193 | 河北 | 195.20 | 0.6895 | 山东 | 288.91 | 1.0538 |
| 河北 | 201.01 | 0.9949 | 新疆 | 178.87 | 2.5568 | 黑龙江 | 190.15 | 0.7883 | 江苏 | 287.95 | 2.8714 |
| 云南 | 199.64 | 1.3095 | 江西 | 178.74 | 2.4033 | 吉林 | 186.31 | 1.2645 | 浙江 | 287.64 | 2.1403 |
| 黑龙江 | 199.30 | 0.9017 | 吉林 | 177.29 | 1.2493 | 山西 | 177.68 | 1.3870 | 辽宁 | 287.31 | 1.1039 |
| 宁夏 | 197.83 | 0.9891 | 黑龙江 | 175.89 | 1.4171 | 新疆 | 174.09 | 1.1782 | 湖南 | 286.40 | 1.0345 |
| 吉林 | 197.29 | 1.2863 | 湖南 | 175.49 | 2.0798 | 内蒙古 | 171.78 | 0.9007 | 新疆 | 284.59 | 0.9306 |
| 新疆 | 194.73 | 1.5733 | 甘肃 | 174.84 | 6.7664 | 贵州 | 167.60 | 0.9317 | 河北 | 284.46 | 0.6509 |
| 贵州 | 190.27 | 1.7414 | 云南 | 172.91 | 4.3878 | 宁夏 | 165.30 | 1.1493 | 吉林 | 283.27 | 1.4255 |
| 甘肃 | 189.24 | 1.6906 | 贵州 | 172.52 | 11.2629 | 青海 | 160.30 | 4.2392 | 青海 | 280.96 | 0.3404 |
| 青海 | 182.35 | 1.6967 | 青海 | 164.61 | 16.4456 | 甘肃 | 158.61 | 2.1995 | 宁夏 | 274.98 | 0.8239 |

数据来源：笔者计算整理所得。

### 1. 数字普惠金融总指数

由数字普惠金融总指数可知，从地区增速来看，我国东部地区由59.16增长到372.75，增长了313.59，增长率530.07%；中部地区由35.22增长至338.05，增长了302.83，增长率859.82%；西部地区由28.91增长至318.61，增长了289.7，增长率1002.08%。从增长量来看，东部地区增长量依然大于中部和西部；从增长率来看，西部的增长率最大，中部次之，东部的增长率最小。

从单个省份来看，上海地区在数字普惠金融领域取得了显著的成就。其数字普惠金融指数年均值高达280.96，实现年均48.74%的高速稳定增长。此外，东部地区的几个经济发展水平较高的地区也在数字普惠金融方面取得了不错的成绩。共有7个省份的数字普惠金融指数超过了230，除上海（280.96）外，还有北京（275.92）、浙江（265.68）、广东（244.00）、江苏（244.23）、福建（244.29）和天津（234.88）。这些地区的数字普惠金融发展水平显示出其经济实力和政策支持的积极影响。另外，青海数字普惠金融发展水平较低，数字普惠金融指数年均值仅为182.35。类似情况也出现在新疆、贵州和甘肃等省份，它们的数字普惠金融指数均低于195。尽管如此，这些省份在数字普惠金融方面的增长速度是较快的，年均增长率超过150%。这些省份已在努力弥补数字金融服务的差距并迎头赶上。

这表明我国数字普惠金融发展虽然存在地区发展的不协调，但随着其进一步发展，区域之间的差距将会进一步缩小，使得数字普惠金融的普惠性质进一步加强。

**2. 数字普惠金融覆盖广度**

在数字普惠金融覆盖广度方面，东部地区数字普惠金融覆盖广度由2011年的61.16增长至2020年的351.96，中部与西部地区分别由2011年的26.14、19.5增至2020年的319.74、312.67。中东西部的增长量分别为290.8、293.6、293.17，增长率分别为475.47%、1123.18%与1503.44%。可知，东部地区的增速较西部与中部地区较快。

就单个省份而言，北京的数字普惠金融覆盖范围位居各省（市）之首，其数字普惠金融覆盖广度年均值高达269.66。其次是上海（263.14）和浙江（245.79），这表明这些省份在数字金融服务的普及和覆盖方面取得了显著的成就。相比之下，青海数字普惠金融覆盖范围相对较低，其数字普惠金融覆盖广度年均值仅为164.61，远低于其他省份。云南（172.91）和贵州（172.5）也存在数字普惠金融覆盖率较低的情况。尽管如此，云南、贵州、青海等地数字普惠金融覆盖广度的增长速度是比较快的。尤其是青海，其增长率高达1644.56%。这表明这几个地区正积极推动数字普惠金融发展，拓展覆盖范围、提升服务水平，以缩小与先进省份之间的差距。

总体而言，这些数据表明我国数字普惠金融的普及性正在得到良好的释放。尽管地区之间的发展存在差异，但随着数字普惠金融的进一步发展，各地区都将能够同等地享受数字金融所带来的便利性。促进数字普惠金融的普及，提高数字金融服务的覆盖范围，将有助于实现金融包容和可持续发展的目标。

**3. 数字普惠金融使用深度**

在数字普惠金融使用深度方面，东中西部分别由66.16、45.92、32.02

增至388.74、338.01、294.88，增长量分别为322.58、292.09、262.86，增长率分别为487.58%、636.08%、820.92%。可知，中部与西部地区的增长率均超过东部地区。

其中，上海是数字普惠金融使用深度最大的地区，其数字普惠金融使用深度年均值高达305.10，紧随其后的是浙江（289.73）、北京（276.89）、江苏（255.42）、广东（247.32）、福建（244.52）和天津（234.50），这些省份的数字普惠金融使用深度均超过230。这显示出这些地区在数字金融服务的深入应用方面取得了显著的成就。相反，甘肃和青海是数字普惠金融使用深度较低的地区，其数字普惠金融使用深度分别为158.61和160.30。然而，这些发展滞后的地区在数字普惠金融使用深度方面的增长速度却是较快的。特别是青海地区，增长率高达423.92%。

这些数据表明，上海等地区在数字普惠金融的深度应用方面取得了显著成就，为居民提供了广泛的数字金融服务。与此同时，尽管甘肃和青海等地的数字普惠金融使用深度相对较低，但它们在数字普惠金融方面的增长速度却是较快的，显示出这些地区正积极迎头赶上，加强数字金融服务的深入应用。

**4. 数字普惠金融数字化程度**

在数字化程度方面，东中西部分别由39.83、45.74、54.3增至412.37、398.61、381.37，增长量分别为372.54、352.87、327.07，增长率分别为935.33%、771.47%、602.34%。可知，东部地区增速快于中部与西部。

其中，内蒙古是数字普惠金融数字化程度最高的地区，其数字普惠金融数字化程度年均值高达301.93。这表明内蒙古在数字化金融服务方面取得了显著的成就，数字普惠金融在该地区得到了广泛应用。相反，宁夏是数字普惠金融数字化程度最低的地区，其数字普惠金融数字化程度值仅为274.98。尽管宁夏的数字普惠金融数字化程度较低，但随着数字普惠金融的进一步发展，宁夏有望在数字化金融服务方面取得更大的进步。这些数字普惠金融数字化程度的差异反映了各地区在数字化金融发展方面的不同水平。数字普惠金融的数字化程度提高，可以为用户提供更便捷、高效的金融服务，并促进金融体系的可持续发展。随着数字技术的不断创新和应用，各地区都有机会提高数字普惠金融的数字化程度，以满足用户的金融需求，推动地方经济的发展。

由此可知，数字普惠金融数字化程度虽然不存在地区发展的不协调的问题，但数字普惠金融数字化程度与覆盖广度、使用深度的分布上截然不同，数字普惠金融数字化程度在经济发达程度较低的内蒙古与陕西等地发展得较好。可能的原因在于，与这几个地区相比，经济发达的地区传统金融发达，与经济绑定更深，故而数字化转型较慢。

综上可知：

（1）根据前述分析可知，东部地区的数字普惠金融发展水平普遍较高，中部地区次之，而西部地区的发展水平则相对较低。这反映了我国数字普惠金融在不同地区之间的差异性。此外，在增长率方面，西部地区的增长率最大，中部地区次之，而东部地区的增长率相对较小。这意味着尽管西部地区的数字普惠金融发展水平相对较低，但它们在发展速度方面表现出了强劲的势头。这也说明尽管目前数字普惠金融发展存在区域间的差距，但随着数字普惠金融的进一步发展，这种差距有望逐渐缩小。原因分析如下：

首先，东部地区数字普惠金融发展水平高于中部和西部，原因主要在于：东部地区相对于中部和西部地区具有更加发达的经济基础和更高的经济发展水平。东部地区的经济发展相对较早，拥有更多的金融机构和先进的金融服务体系，这为数字普惠金融的发展提供了较好的基础。东部地区聚集了大量的金融机构、科技公司和创新企业，这使该地区更容易吸引和集聚数字普惠金融相关的资源和人才。金融资源的集中度使东部地区在数字普惠金融的技术创新、产品开发和市场推广方面具备更强的竞争优势。东部地区的经济发展水平较高，人们的收入水平相对较高，消费习惯也更加多样化和倾向于数字化。这促使东部地区的居民更加愿意接受和使用数字化金融服务，推动了数字普惠金融在该地区的发展。

其次，西部地区在增长率方面表现最为突出，可能有以下原因：西部地区发展基数较小。西部地区在数字普惠金融发展方面的起点较低，相对于东部和中部地区而言，还有更大的发展空间和潜力。因此，即使增长率较高，实际数字普惠金融发展水平仍可能较低。政策支持和投资倾斜。为了推动西部地区的经济发展和区域均衡，政府可能会采取一系列政策措施和资金投入来促进数字普惠金融的发展。这些政策和投资的支持可能对西部地区的数字普惠金融产生了积极影响，使其增长率相对较高。

（2）分维度来看，数字普惠金融发展区域异质性明显。数字普惠金融覆盖广度方面，东部地区优于中部与西部地区，中部地区微幅领先于西部地区。从增长率来看，西部地区的增速较东部与中部地区较快。在数字普惠金融发展深度方面，东部地区优于中部与西部地区，中部地区优于西部地区。西部地区增长率快于中部地区与东部地区。在数字普惠金融数字化程度方面，东部地区显著优于中西部地区，并且东部地区增速快于中部与西部。同时，从各省市间的对比发现，数字普惠金融广度、深度与数字化程度发展较好的省市均位于东部地区，发展程度较差的省市，主要位于西部地区。究其成因，分析如下：

数字普惠金融覆盖广度方面：东部地区相对于中部和西部地区具有更加发达的经济基础和更高的经济发展水平。较高的经济活动水平和人均收入水平使得东部地区的居民更有可能参与和使用数字普惠金融服务，从而推动了覆盖广度的提升。东部地区集聚了大量的金融机构和金融科技企业，这使该地区能够更好地提供数字普惠金融服务。更多的金融机构和科技企业意味着更多的分支机构和服务网点，使得数字普惠金融的覆盖面更广。政府在东部地区采取更多的政策措施和资金投入来促进数字普惠金融的发展。这些政策和投资的支持有助于提升数字普惠金融的覆盖广度，以满足居民的金融需求。东部地区的居民收入水平相对较高，消费习惯也更加多元化和倾向于数字化。这使得东部地区的居民更愿意接受和使用数字化金融服务，从而促进了数字普惠金融的覆盖广度的提升。

中部地区相对于西部地区更靠近东部地区，交通网络和物流体系相对较为发达。这使中部地区更容易与东部地区进行商务往来和合作，从而能够更早地受益于数字普惠金融服务的推广和应用，进而提升了覆盖广度。中部地区可能得到政府在数字普惠金融发展方面的特殊政策支持和资金投入。政府可能会在中部地区推动金融业发展、创新和数字化转型，以促进经济转型和区域均衡发展，这有助于提高数字普惠金融在该地区的覆盖广度。中部地区的经济结构和市场需求可能与东部地区有较大的相似性，这意味着中部地区的居民在金融服务需求方面可能更接近东部地区，更容易接受和使用数字普惠金融服务。这样的市场需求特点促使数字普惠金融在中部地区得到更早和更广泛地推广和应用。

数字普惠金融发展深度方面：东部地区相对于中部和西部地区具有更高的经济发展水平和较为发达的金融市场。较高的经济活动水平和金融市场发展使得东部地区能够提供更多、更复杂的数字化金融产品和服务，推动了数字普惠金融的深度发展。东部地区集聚了许多金融科技企业和创新机构，这些机构在数字化金融产品和服务方面具有先进的技术和创新能力。东部地区的金融科技创新和科技应用推动了数字普惠金融的深入发展，提供了更多智能化、个性化的金融服务。东部地区人口密度相对较高，市场规模大，消费者需求更多元化、更高端。这促使金融机构在东部地区更加关注数字化金融服务的发展，提供更多符合居民需求的高质量金融产品和服务，进而推动数字普惠金融的深度发展。

中部地区相对于西部地区具有较高的经济发展水平和较为发达的市场。中部地区的经济活动更为多样化和复杂化，金融市场相对健全，这为数字普惠金融的发展提供了更好的基础。中部地区的市场规模和消费能力相对较高，金融机构有更大的动力和机会提供多样化、个性化的数字化金融产品和服务。中部地区的金融机构相对较多且竞争激烈，这促使它们在数字化金融服务方面更加积极和创新。金融机构之间的竞争推动了数字普惠金融产品和服务的不断升级和改进，提高了数字化金融服务的深度。中部地区的人口密度相对较高，市场规模较大，消费者的金融服务需求更为多样化。中部地区的居民对于数字化金融服务的需求较高，这促使金融机构更加关注数字化金融产品和服务的发展，提供更多创新、个性化的金融解决方案。

数字普惠金融数字化程度方面：东部地区相对于中西部地区具有更高的经济发展水平和较为发达的金融市场。东部地区的经济活动更加多样化和复杂化，金融行业的规模和实力相对较大，拥有更多的金融机构和科技企业，这为数字普惠金融的数字化程度提供了更好的基础。东部地区的金融科技创新相对较早且更为活跃。一些大型金融科技企业总部或研发中心设立在东部地区，他们在数字化技术、大数据、人工智能等方面积累了较多的经验和资源。这些创新力量推动了东部地区数字普惠金融产品和服务的不断升级和创新，使其在数字化程度方面处于领先地位。东部地区的市场规模较大，消费者的数字化金融服务需求更加旺盛。东部地区的居民对于数字化金融产品和服务的接受度和使用程度较高，他们更加习惯于使用数字化支付、理财、保险等金融工具。这为金融机构和科技企业提供了更多的发展机会和动力，促进了数字普惠金融的数字化程度提升。东部地区可能得到政府在数字化金融发展方面的更多政策支持和资源倾斜。政府在东部地区加大了数字经济和金融科技发展的扶持力度，提供了资金支持、人才培养、创新试点等政策措施，从而推动了数字普惠金融数字化程度的提高。

## 三、数字普惠金融集聚性分析

数字普惠金融的空间集聚性是一个重要的研究领域，可以帮助我们了解数字金融在不同地区的分布情况和影响力。接下来将通过利用 Geoda 软件进行 Moran 指数分析，并基于 2011 年、2015 年和 2020 年的数据，揭示了我国数字普惠金融的空间集聚特征和发展趋势。

在 1% 的显著水平下，我国数字普惠金融呈现出明显的空间集聚性。数字普惠金融发展在经济发展水平较高的东部沿海地区展现出了显著的集聚效应，高—高集聚效应逐渐增强，而区域间的正面辐射能力也在不断扩大。说明这些地区在数字普惠金融方面具有较高的发展水平和辐射能力，对其相邻地区产生正向影响。这一现象体现了数字普惠金融的普惠性特征，为实现金融服务的机会均等化提供了良好的基础和机遇。具体分析如下：

（1）2011 年我国数字普惠金融主要集聚在江浙沪、福建与四川。其中，江浙沪和福建地区处于“高—高”集聚状态，亦即在本地区数字普惠金融处于较高水平的同时，对于周边地区也存在辐射带动作用。原因可能在于，江浙沪地区和福建地区作为我国经济较为发达的地区，拥有较高的人均收入水平和较完善的金融体系，这确实为数字普惠金融的发展提供了有利条件。特别是上海作为中国的金融中心，拥有成熟的金融市场和丰富的金融资源，其金融行业的发展和创新能力相对较强。这为数字普惠金融的发展提供了更广阔的舞台和更多的机会。

上海的数字普惠金融发展成果也在一定程度上辐射到周边地区，促进了中部和西部地区数字普惠金融的发展。此外，良好的发展基础和条件也吸引了大量的创业者和科技人才。这些创业者和科技人才在数字普惠金融领域带来了丰富的创新思路和技术能力，推动了数字普惠金融业务的快速发展。他们的创新和实践经验可以在中部和西部地区进行推广和应用，从而促进了这些地区数字普惠金融的发展。总的来说，东部地区的经济发达程度、完善的金融体系、创新氛围以及吸引人才的能力，都是数字普惠金融在该地区发展较好的重要原因。同时，这种发展也对中部和西部地区产生了积极的影响，逐渐缩小了地区之间的差距。

同时，四川作为西南地区经济发展相对较高的省份，在数字普惠金融方面具备一定的优势和潜力。四川享有“天府之国”的美称，地处成都平原，拥有良好的地理位置和交通优势，这为数字普惠金融的发展提供了一定的便利条件。此外，四川拥有多所高水平的大学和科研机构，这为培养和吸引科技人才提供了基础。科技人才在信息技术和金融领域具有一定的优势，他们的参与和贡献对于数字普惠金融的创新和发展具有积极的推动作用。同时，政府的政策支持也是四川数字普惠金融发展迅速的重要因素。政府在数字化经济和金融方面给予了一定的支持和鼓励，为数字普惠金融业务提供了良好的政策环境和市场机遇。然而，与四川相邻的贵州、云南、西藏、青海、甘肃等地区经济发展水平相对较低，经济金融发展基础较薄弱。这些地区对于四川数字普惠金融发展的承接能力相对较弱，限制了四川数字普惠金融的辐射带动作用。因此，四川数字普惠金融的发展呈现出“高—低”集聚的状态，即在四川省内部相对集聚，而周边地区受益较少。综上所述，四川作为西南地区的经济中心，具备一定的数字普惠金融发展优势，但由于周边地区的发展水平较低，其对周边地区的辐射带动作用相对较弱。

（2）随着时间的推移，在江浙沪等地的辐射带动下，2020 年，山东、安徽与湖北等地数字普惠金融也取得快速发展，高—高集聚效应逐渐增强，区域间正面辐射能力不断扩大，数字普惠金融“普惠性”特征得到体现。原因可能在于，山东、安徽和湖北作为中国人口众多、经济总量较大的省份，具备强大的经济实力和市场潜力，为数字普惠金融的发展提供了广阔的市场基础和需求。地方政府在数字普惠金融发展方面给予了积极的支持和引导，通过出台一系列政策和措施，鼓励和支持数字金融创新，提升金融服务的普惠性和便利性。这为数字普惠金融业务的推广和发展提供了有利的政策环境和市场机遇。同时，山东、安徽和湖北等地拥有一批具有创新意识和能力的金融科技企业和创业团队，他们积极探索和创新数字金融、移动支付、互联网金融等领域。企业如瞬联科技、万汇金科和众邦科技等，在数字金融领域取得了显著的成就。他们的积极探索和创新推动了数字普惠金融的发展，并对周边地区产生了较强的辐射带动作用。因此，山东、安徽和湖北等地区在数字普惠金融领域呈现出“高—高”的集聚状态。这意味着这些地区的数字普惠金融发展较为成熟，同时也对周边地区产生了积极的影响，促进了数字普惠金融在整个区域的发展。

与此同时，相比于发达地区，河北、河南和江西等地呈现“低—高”集聚状态。原因可能在于：河北、河南和江西等地的经济基础相对较弱，经济总量和人均收入水平相对较低，这对数字普惠金融的需求和支持程度产生一定影响。在这些地区，金融机构的数量和规模相对较少，金融服务的覆盖面和深度有限，这限制了数字普惠金融的发展，导致数字普惠金融的发展水平相对落后。此外，河北、河南和江西等地在金融科技创新和人才培养方面相对滞后。缺乏专业的金融科技企业和创新团队，以及相关人才的短缺，限制了数字普惠金融技术和创新模式的引入和应用。缺乏创新和技术支持使得这些地区的数字普惠金融发展水平相对较低。因此，河北、河南和江西等地区的数字普惠金融发展水平相对落后于邻近的高—高聚集地区，呈现出“低—高”的聚集状态。这意味着这些地区在数字普惠金融领域需要加大发展力度，提升金融科技创新能力和人才培养，以便更好地跟上数字普惠金融发展的步伐。

与“高—高”聚集相反的是“低—低”聚集效应，新疆、西藏、青海等西部地区都曾出现这一类现象。原因在于，新疆、西藏和青海等地区地理辽阔，地形复杂，交通不便，这对金融机构和科技企业的分布产生一定影响，限制了金融服务的覆盖面和深度。同时，相对于其他地区，新疆、西藏和青海等地区的经济发展水平相对较低，经济基础薄弱且产业结构单一。这导致金融机构和金融科技企业在这些地区相对较少，数字普惠金融的发展相对滞后。此外，这些地区的教育水平和数字素养相对较低。缺乏金融知识和技能的普及限制了居民对数字普惠金融的认知和接受程度，阻碍了数字普惠金融的发展。因此，新疆、西藏和青海等地区在数字普惠金融方面呈现出

“低—低”的集聚状态。这也意味着这些地区需要加大金融服务的投入和宣传力度，提升居民的金融素养和数字技能，以便更好地推动数字普惠金融的发展。

## 第三节　我国数字普惠金融发展存在的问题

尽管我国数字普惠金融发展取得显著成绩，但是仍然存在“数字鸿沟”、数字基础设施建设不均衡、专业人才缺乏以及金融监管体系不够完善等问题。

### 一、“数字鸿沟”问题显著

首先，经济发展差异、教育和人才流失、科技创新能力以及区域政策差异等多种因素共同作用引致东部地区与中西部地区产生“数字鸿沟”。改革开放以来，东部地区在经济发展方面具有先发优势，吸引了大量国内外的投资和资源。相比之下，中西部地区的发展相对滞后，经济发展水平较低。这种经济发展差异直接影响了数字技术和数字化金融的应用和普及程度。同时，东部地区的教育资源相对丰富，高等教育机构较多，吸引了优秀的教育人才和学生。而中西部地区由于发展条件相对较差，教育资源有限，导致人才流失现象严重。教育水平的差异直接影响了居民对数字技术的认知和应用能力。此外，东部地区在科技创新和研发投入方面相对较强，吸引了大量的科技人才和创新项目。而中西部地区的科技创新能力相对较弱，缺乏科技创新的支撑和投入。这导致了数字技术在中西部地区的推广和应用受限，进一步加大了数字鸿沟的差距。

其次，我国在农村与城市在网络普及率方面存在较大差异，部分农村地区由于特殊地理环境，网络基础设施建设不完善、金融知识欠缺、网络技术普及不足，导致其居民对于数字普惠金融认知不够全面且缺乏信任感。部分低收入群体与老年人因无法熟练运用数字产品，不会使用智能手机，无法获得便捷的数字普惠金融服务。部分中小微企业的数字技术转化能力有限，无法获得数字普惠金融“红利”。国家统计局数据显示，截至2020年底，我国互联网普及率为70.4%，有29.6%的人口无法接触到互联网，其中，44.1%的农村家庭无法接触互联网，60岁以上老年人互联网普及率仅38.6%[①]。据中国互联网络信息中心的调查，截至2021年底，我国农村地区互联网普及率仅为46.2%，有51.6%的人不懂电脑或网络，有13.4%的人没有网络、电脑、智能手机。截至2020年9月，我国互联网在农村的普及率仅为52.3%，其中，71.2%的“淘宝村”分布在东部沿海地区，中西部大多数农村均存在数字化交易平台短缺等问题。

最后，不同地区政府对数字普惠金融发展的支持程度存在差异。以2021年为例，上海市政府颁布了《上海市全面推进城市数字化转型“十四五”规划》，该规划聚焦经济数字化转型，促进金融新科技，深化普惠金融试点，实施大数据普惠金融应用2.0专项工程，推动普惠金融贷款投放超过2000亿元，服务企业数量实现倍增。政策支持对于数字普惠金融的发展具有重要作用，尤其对于这一新业态的可持续发展而言，相关政策的支持至关重要。然而，由于地方财政收入水平等因素的影响，各地区在政策支持力度上存在较大差异。

## 二、产品与业务模式存疑

近年来，各金融机构和大型金融科技企业在数字普惠金融领域推出了许多产品，旨在提供更广泛、更便捷的金融服务，促进金融包容和普惠性。然而，这些产品的普惠性和业务模式确实存在一些疑问，并且其可持续性也需要进行观察和评估。

首先，尽管数字普惠金融通过线上化和技术应用提高了金融服务的效率，但对用户来说，线上办理业务的门槛仍然较高。很多数字普惠金融产品对用户的资产和征信等评级数据有较高要求，这使得一些人群，特别是低收入群体、农村地区居民和小微企业等难以获得服务，进一步加剧了“数字鸿沟”。此外，一些大型金融科技企业推出的数字普惠金融产品在广泛普及性

① 数据来源：2020年中国互联网发展状况统计报告。

方面表现出色，但却缺乏真正的惠民性。这些产品的年化利率普遍偏高，甚至存在超过法定上限的情况（年化利率普遍高于16%，甚至部分网贷平台年化利率高于36%）。这实际上是高利贷线上化的体现，对借款人的负担可能增加，难以保障用户的长期利益。

其次，尽管数据模型和人工智能的应用可以提高金融决策的准确性和效率，但在实际操作中需要注意平衡和规范的问题，以避免进一步加剧金融排斥现象。一方面，通过数据模型和大数据分析，金融机构和科技企业可以更精准地推送个性化的金融产品和服务。然而，过度营销可能导致不合理的消费行为，特别是对于那些本来并不需要或无法承担相应金融产品的人群。这可能使消费者陷入过度债务和金融困境，甚至增加社会不平等现象。另一方面，在数据驱动的金融决策中，对客户的风险评估是一个重要的考虑因素。然而，过于依赖数据模型可能使一些低净值人群、弱势群体和小微企业被边缘化，无法满足他们的金融需求。这种数字金融排斥现象可能加剧社会的不平等，阻碍了普惠金融的实现。

再次，数字普惠金融在商业模式和导向方面存在个性化和普惠性不足。当前的数字普惠金融模式普遍存在同质化问题，未能根据客户的个性化需求提供差异化的产品和服务，与普惠性的要求存在较大差距。数字普惠金融市场竞争激烈，许多机构追求规模效应和成本效益，倾向于提供标准化的产品和服务。这导致了大量金融产品在特点和功能上的相似性，缺乏个性化的创新。此外，数字普惠金融机构对客户的了解有限。虽然大数据和人工智能技术可以提供丰富的客户信息，但在实践中，许多机构并未充分利用这些信息来了解客户的个性化需求。另外，数字普惠金融机构往往面临技术和资源的限制。发展个性化的金融产品和服务需要投入大量的人力、技术和资金。然而，许多机构可能在这方面存在局限性，无法承担高成本和高风险的创新实践。因此，他们倾向于采用成熟的模式和产品，以降低开发和运营的风险。

最后，金融科技力量分布不均，导致数字普惠金融发展在不同层级的银行中存在差异。大型国有银行由于其规模和资源优势，能够投入更多的人力和技术支持金融科技创新。这些银行通常设立专门的金融科技研发中心，拥有庞大而专业的团队，可以进行大规模的研发和创新。相比之下，其他商业银行在金融科技力量方面相对较弱，往往依赖总行的支持和资源。这种差异导致了金融科技创新在不同银行之间的不平衡。不均衡的金融科技力量分布限制了将当地特色金融需求转化为相匹配的金融产品的能力。基层行更接近客户，对当地的金融需求和市场情况有更深入的了解。然而，由于缺乏足够的金融科技力量，他们难以迅速有效地将这些需求转化为创新的金融产品和服务。这可能导致基层行与客户之间的差距，并限制了金融科技创新在基层行的推广和应用。

## 三、金融科技人才培养不足

目前，金融科技人才的短缺是我国数字普惠金融发展机构和企业普遍面临的问题。金融科技人才的不足导致新技术投入不足，数据挖掘和应用能力不足，制约了我国数字普惠金融的数字化能力提升。

中国互联网金融协会等机构的联合调研结果显示，2019 年，我国银行业的数字化能力平均得分为 3.01 分（总分为 5 分），而地方中小银行的得分仅为 2.75 分。2020 年北京立言金融与发展研究院的调研数据显示，超过 90% 的银行存在金融科技专业人才缺口，银行业金融科技人员占比低于 5%。《中国金融科技人才培养与发展问卷调研》的数据显示，2021 年，96.8% 的调研机构存在金融科技人才缺口。超过一半的金融机构在招聘金融科技人才时面临入职人员金融科技能力不足等问题。超过 60% 的受访机构表示其业务场景技术人员占比低于 5%。此外，80% 的调研机构的金融科技人才平均薪酬在 1 万元以下，其中约一半的调研机构的金融科技人才薪酬水平与其他岗位持平。

这些数据表明，金融科技人才的缺乏严重限制了我国数字普惠金融的发展。为了推动数字普惠金融的数字化能力提升，需要采取措施培养和吸引更多的金融科技人才，并提供合理的薪酬和职业发展机会，以满足行业的需求。

## 四、监督管理体系不够完善

尽管数字技术的融入显著提升了数字普惠金融产品和服务的创新和便利

程度，但监管难度也随之提升。数字普惠金融监管体系的不完善和监管能力的不足已经成为一个日益突出的问题。在深化数字普惠金融建设过程中，完善的法律法规和征信体系是基础。

首先，当前在我国数字普惠金融监管方面存在一定的法律法规缺失，尤其是在涉及数字普惠金融引起隐私泄露问题的法律依据方面。这给隐私泄露问题的取证和惩罚带来了一些困难，也对个人信息安全保护构成了一定的不利因素。尽管我国已经出台了一系列相关的法律法规和行业标准，但仍需进一步完善相关规定，以应对不断增长的数字普惠金融风险。目前我国已实施的法律法规包括《网络安全法》和《民法典》等，这些法律法规为信息安全和个人权益保护提供了一定的框架。此外，金融监管部门还发布了《个人金融信息保护技术规范》和《金融数据安全分级指南》等行业标准，对个人信息的保护和数据安全进行了规范。这些法规和标准的出台是对数字普惠金融风险的重视，对推动行业的合规发展起到了积极的作用。然而，需要指出的是，这些规定的针对性和执行力还需要进一步观察和评估。随着技术的快速发展和金融创新的不断涌现，隐私泄露问题也不断演变和增多。因此，监管部门和立法机构应密切关注行业的变化，及时调整和完善法律法规，以适应新形势下的数字普惠金融监管需求。

其次，我国征信体系尚不完善，金融数据要素融合方面仍在探索阶段。我国的征信体系在金融数据要素融合方面仍存在一些不完善之处，并且处于不断探索和改进的阶段。虽然已经建立了多个征信机构和征信系统，但在数据要素融合方面仍然存在挑战和困难。数据来源的多样性和分散性是一个重要的问题。金融数据要素涉及多个方面，包括个人信用记录、贷款信息、债务信息、支付行为等。这些数据通常散布在不同的金融机构、商业实体和政府部门中，缺乏统一的数据共享平台和标准化的数据格式。在数据要素融合的过程中，确保数据的准确性、完整性和一致性至关重要。然而，由于数据来源的不确定性和数据采集的限制，存在数据不准确、重复、冗余等问题。数据分析和应用能力的提升也是一个重要的方面。融合多个数据要素并不仅仅是将数据整合在一起，还需要进行深入的数据分析和应用。这需要金融机构和金融科技企业具备先进的数据分析技术和工具，并能够充分挖掘数据的价值。

# 第四节 数字普惠金融发展的国际经验与启示

## 一、发达国家数字普惠金融发展经验

美国与英国比较注重数字普惠金融发展，意图借助发达的金融科技为广大客户提供快捷便利的金融服务，促进金融综合服务的逐步发展，并建立起了涵盖数字化支付、网络贷款、数字银行的数字普惠金融体系，拥有较为完善的数据基础设施，以及较为完备的金融监管系统。

### （一）美国

从1998年贝宝推出网络支付服务开始，美国的数字支付市场已经发展了20多年。此后，美国的数字普惠金融市场迅速发展，涌现出Square、Stripe、Venmo、Robinhood等一大批金融科技公司，通过推出创新的产品和服务为消费者带来全新的金融体验。

美国的数字普惠金融发展在很大程度上得益于其先进的数字基础设施建设。这些基础设施包括广泛的互联网覆盖、高速宽带网络、电子支付系统和先进的数据中心等。首先，美国拥有广泛的移动网络覆盖和高速宽带连接，使得人们可以随时随地使用移动支付应用进行交易。这些应用程序允许用户通过智能手机或其他移动设备进行在线购物、转账和支付账单等操作。例如，像PayPal、Venmo和Square Cash这样的移动支付平台在美国非常流行，使得用户可以方便、快捷地进行电子支付。这为广大人民提供了更多金融服务的便利性和灵活性。其次，美国的数字基础设施建设使得在线借贷平台如Lending Club和Prosper等得以迅速兴起。这些平台利用先进的数字技术和数据分析来连接借款人和贷款人，实现了更高效的借贷过程。借款人可以通过在线申请表格提交贷款申请，并通过在线验证和审核流程获得快速决策。贷款人可以通过平台浏览和选择合适的借款项目，并通过电子支付方式提供资金。这种数字化的借贷过程提高了金融包容性，使得更多的人能够获得贷款服务。此外，美国的数字基础设施还支持了大规模数据处理和分析，这对于金融机构和监管机构来说非常重要。金融机构可以利用先进的数据中心和云计算技术来存储和处理大量的金融数据，进行风险评估、反欺诈和市场分析等工作。监管机构可以通过数字基础设施获取和监控金融市场的数据，更好地了解市场动态并采取相应的监管措施。

美国金融科技公司在数字普惠金融的发展中发挥了关键作用。在美国的数字普惠金融发展中，许多创新金融科技公司发挥了关键作用。这些创新金融科技公司通过引入新的技术、简化金融流程、降低成本和提供更好的用户体验，推动了数字普惠金融的发展。Square 是一家总部位于美国的金融科技公司，提供了一系列数字支付和金融服务。他们的主要产品是 Square 支付系统，它使商户能够通过智能手机或平板电脑接受信用卡支付。Square 的服务对小型企业和个体经营者尤其有吸引力，因为它们提供了简化的支付解决方案，并且减少了传统银行系统的烦琐手续和高昂费用。PayPal 是一家领先的在线支付公司，为个人用户和商户提供了安全、方便的电子支付解决方案。它通过提供数字钱包和在线支付平台，使用户能够在全球范围内进行电子商务交易。PayPal 的平台使得个人和小型企业可以轻松接受在线付款，扩大了他们的市场和客户群。Lending Club 是一家 P2P 借贷平台，连接了需要贷款的个人借款人和寻求投资机会的投资人。通过其在线平台，Lending Club 提供了一种快速和便捷的借贷方式，为那些在传统金融体系中难以获得贷款的人群提供了机会。这种创新的借贷模式使得资金更加流动，促进了金融包容性。Betterment 是一家数字化投资顾问公司，提供智能投资组合管理和金融规划服务。他们利用算法和自动化技术，为用户提供个性化的投资建议和定制的投资组合。通过降低投资门槛和提供低成本的投资服务，Betterment 使更多的人能够参与到投资活动中，实现财务增长和金融包容。

美国政府高度重视数字普惠金融的监管，采取了一系列措施来确保金融市场的稳定和消费者的保护。消费者金融保护局（CFPB）是由美国政府设立的独立机构，专门负责监管和保护消费者在金融产品和服务中的权益。CFPB 制定了一系列规定和标准，以确保消费者在数字金融领域受到公平对待，防止欺诈和不当行为的发生。美国国家货币监察署（OCC）是负责监管国内和国际银行业务的机构之一。OCC 监管数字金融机构，确保其符合法规和规定，维护金融体系的稳定性和安全性。制定了针对数字普惠金融的监管政策，并对数字支付、在线借贷等领域进行监管。美国证券交易委员会（SEC）负责监管证券市场和保护投资者的利益。随着数字普惠金融的发展，许多创新金融科技公司涉足投资领域。SEC制定了相应的监管框架和规定，确保数字金融产品和服务的合规性和透明度。美国财政部下属的金融犯罪执法网络（FinCEN）通过监管和合规措施，加强了对数字金融机构的反洗钱和反恐怖融资监管。这些监管机构和政府部门确保数字普惠金融在合规和法规框架下运营，保护消费者的权益，维护金融市场的稳定性。它们持续关注数字金融领域的创新和发展，制定相应的监管政策和规定，以适应不断变化的金融科技环境。

数据和分析技术在美国的数字普惠金融中发挥了重要作用。数据和分析技术被广泛用于信用评分和风险评估，帮助金融机构更准确地评估个人或企业的信用。例如，FICO信用评分模型使用个人的信用历史和其他相关数据，计算出一个代表其信用风险的分数。这种评分模型使得金融机构能够更好地了解借款人的信用风险，为他们提供更合适的贷款产品和利率。数据和分析技术使得金融机构能够更好地了解客户的需求和偏好，并提供个性化的产品和服务。通过分析用户的消费行为、交易记录和其他相关数据，金融机构可以为客户量身定制产品推荐、投资建议和财务规划。这种个性化的服务有助于提高客户满意度，并增强数字普惠金融的吸引力。数据和分析技术在数字普惠金融中起到了重要的欺诈检测和风险管理的作用。金融机构使用机器学习和人工智能算法，分析大量的数据来识别潜在的欺诈行为。例如，系统可以检测到异常的交易模式、不寻常的活动或身份盗窃等风险信号，并采取相应的措施来减轻风险和保护用户的资金安全。数据和分析技术使得金融机构能够实现智能自动化和流程优化，提高效率和降低成本。通过自动化处理和分析海量数据，金融机构可以更快速、准确地进行贷款审批、账户开设、支付处理等操作。这不仅提高了用户体验，还减少了人力资源的需求和运营成本。数据和分析技术在美国的数字普惠金融中发挥了重要的作用，为金融机构提供了更好的决策支持、风险管理和客户服务能力。它们有助于提高金融体系的效率和可靠性，并为用户提供更加个性化和便捷的金融服务。

## （二）英国

为了应对金融市场的挑战，英国政府决定培育金融科技（FinTech）产业，以提升现有金融市场的竞争力，并进一步增强消费者的便利性。得益于庞大的金融业规模和政府的积极培育政策，英国的金融科技产业以迅猛的速度增长。

首先，英国政府采取了积极的立法和监管措施，以促进数字普惠金融的发展。2017 年《支付服务法案》生效，该法案鼓励创新和竞争，并推动了开放银行倡议的实施。它要求银行开放客户数据给第三方金融科技公司，促进数字支付和账户聚合服务的发展，增加消费者选择和便利性。2021 年《金融市场行为法案》生效，旨在加强对加密资产和数字资产的监管。它确立了对加密货币交易所和数字资产服务提供商的反洗钱和反恐怖融资控制措施，并推动了更全面的数字资产监管框架的建立。2018 年《数据保护法》生效，将欧洲通用数据保护条例（GDPR）的规定纳入英国法律体系。该法案强化了对个人数据的保护，并规定了金融机构和科技公司在处理用户数据方面的义务和责任。这为数字普惠金融服务提供了安全和隐私保护的框架。此外，金融行为监管局通过其创新计划（Innovation Hub）和监管沙盒（Regulatory Sandbox）鼓励金融科技创新。创新计划为金融科技公司提供指导和支持，帮助他们理解监管要求并获得合规性。监管沙盒允许金融科技公司在受到一定监管宽松的环境中进行实验和创新。

其次，英国积极培育创新生态系统，鼓励初创企业和金融科技公司的发展。政府支持孵化器和加速器，提供初创企业所需的资金、导师和资源，并建立了与大学和研究机构的合作框架，促进科技创新的转化。伦敦成为众多金融科技孵化器和加速器的中心，如 Level39、FinTech Innovation Lab 和 Barclays Accelerator 等。这些机构为金融科技初创企业提供办公空间、资金支持、导师指导和市场准入等资源，帮助他们发展创新的数字金融产品和服务。孵化器和加速器的存在为初创企业提供了有利的生态系统和创业支持。英国政府成立了创新金融服务和金融创新小组，旨在支持金融科技创新。这些组织通过与创新企业和金融机构合作，推动金融科技领域的发展，并为创新企业提供咨询、政策支持和市场准入等资源。英国政府积极鼓励风险投资和私募股权投资，在金融科技领域提供资金支持。例如，英国科技投资基金（UK Future Fund）和金融技术创新基金（FinTech Growth Fund）旨在为金融科技初创企业提供资金，帮助他们扩大业务和创新发展。同时，英国数字普惠金融的成功得益于各利益相关方之间的合作伙伴关系。政府、金融机构、科技公司、学术界和社会企业等不同领域的参与者紧密合作，共同推动数字普惠金融的发展，并解决其中的挑战。此外，英国政府通过减税和监管优惠等政策鼓励创新和初创企业的发展。其中包括创业者和初创企业的税收减免、创业签证、监管宽松的环境等，为初创企业和金融科技公司提供更有利的发展条件。

再次，英国拥有全面且可靠的数字化基础设施，促进了金融服务的普及和可及性。英国一直致力于建立全面的数字化基础设施，包括广泛的互联网接入、高速移动网络和先进的支付系统。这为数字普惠金融的发展提供了坚实的技术基础，并促进了金融服务的普及和可及性。英国政府一直在推动全国范围内的高速宽带覆盖。通过项目如“超级快速宽带计划”和“全光纤计划”，英国不断提升宽带网络的速度和覆盖范围，以满足不同地区和人们对互联网的需求。英国是世界上最早推出商用5G网络的国家之一。从2019年开始，英国各大电信运营商陆续推出5G服务，为人们提供更快速、更可靠的无线网络连接，支持大规模数据传输和物联网应用。英国是电子支付和电子商务的领先国家之一。人们可以使用手机支付、电子钱包或银行卡进行在线购物和交易。此外，英国的电子商务平台和市场，如亚马逊、eBay和ASOS等，在全球范围内享有很高的声誉。英国政府通过推动数字化转型，提供更多在线服务，方便民众和企业办理政务事务。例如，公民可以通过在线平台申请护照、税务报表等，企业可以在线注册、申请许可证等。这些数字政府服务简化了流程，提高了效率。

最后，英国注重用户教育和培训，提高公众对数字金融服务的认知和理解。英国的金融机构，如银行、保险公司和投资机构，定期组织各种教育活动，旨在向公众传授有关数字金融服务的知识和技能。这些活动可以是面对面的研讨会、工作坊或在线培训课程，涵盖各种主题，包括在线银行服务、投资理财和网络安全等。英国政府通过官方网站和在线平台提供数字教育资源，帮助公众了解数字金融服务和相关的风险与机会。这些资源可以包括信息手册、指南和在线工具，旨在提供用户友好的信息，帮助公众作出明智的金融决策。英国金融监管机构，如金融行为监管局（FCA），在数字金融服务领域发挥着重要作用。他们定期发布有关数字金融的指导文件和建议，以帮助公众了解金融产品和服务的特点、风险和权益。这些指导文件可以是书面材料、信息图表或在线视频，提供用户友好的解释和建议。英国的金融科技公司（Fintech）通常也注重用户教育。他们经常提供关于他们的产品和服务的详细信息，并通过网站、博客和社交媒体等渠道向用户提供教育资源。这些资源可以是文章、视频教程或常见问题解答，帮助用户更好地了解和使用数字金融工具。

## 二、发展中国家数字普惠金融发展经验

为促进普惠金融发展，力求金融服务惠及所有民众，印度与肯尼亚等发展中国家也在积极推动数字普惠金融发展，并取得显著进步，有力地促进了普惠金融的发展。

### （一）肯尼亚

肯尼亚是非洲数字普惠金融发展的先驱之一，其经验与启示对其他国家也具有借鉴意义。以下是肯尼亚数字普惠金融发展的经验：

简单易用的移动支付系统。肯尼亚的M－Pesa是全球最成功的移动支付平台之一。M－Pesa使移动电话成为了银行账户和支付工具，使数百万没有传统银行账户的人能够进行安全、方便的电子支付。该模式的成功在于创造了简单易用的移动支付系统，提供了便宜、快速、安全的金融服务。M－Pesa的注册过程非常简单，用户只需前往M－Pesa代理商处，提供身份证明并填写申请表即可开通账户。使用M－Pesa也非常简单，用户只需在手机上拨打特定的USSD码，然后按照指示进行操作，如输入收款人的手机号码和转账金额等。M－Pesa在肯尼亚拥有广泛的代理商网络，用户可以在各个城镇和农村地区找到M－Pesa代理商进行存款、取款和转账等操作。M－Pesa使用安全的技术和协议，保护用户的交易和个人信息安全。所有的交易都是实时处理的，用户可以立即收到转账和支付的确认信息，提供了方便和快捷的

服务体验。此外，M - Pesa 不仅是一个转账和支付平台，还提供了其他金融服务，如存款、取款、借贷、保险和储蓄等。用户可以通过 M - Pesa 进行存款和取款，申请小额贷款，购买保险产品，以及进行储蓄和理财等操作。

强化不同领域的合作与创新，肯尼亚数字普惠金融的发展受益于不同领域的合作与创新。肯尼亚的移动支付系统 M - Pesa 就是移动网络运营商 Safaricom 与肯尼亚商业银行之间的合作创新。Safaricom 提供移动支付技术和网络基础设施，而肯尼亚商业银行负责管理用户的资金和账户。这种跨界合作使得 M - Pesa 能够快速推出并扩大覆盖范围，为肯尼亚人民提供了广泛的金融服务。M - Shwari 是一种数字借贷服务，通过移动支付和通信技术，为用户提供快速、方便的小额贷款。Tala 和 Branch 等创新公司利用移动电话数据和分析技术，提供个性化的信用评估和贷款服务。这些创新的金融产品和服务满足了人们的特定需求，推动了数字普惠金融的发展。肯尼亚的数字普惠金融也在农业领域展现了合作与创新的力量。例如，肯尼亚商业银行和农业科技公司合作推出了农业数字金融产品，为农民提供贷款和保险服务，帮助他们改善农业生产和管理风险。这种跨界合作结合了金融和科技的力量，为农民提供了更多机会和支持。肯尼亚政府积极参与数字普惠金融发展，并与私营部门合作推动创新。政府制定了相关的政策和法规，鼓励数字金融创新并提供支持。例如，政府成立了数字金融服务局（Digital Financial Services Agency），与各方合作推动数字金融的普及和发展。政府与私营部门的合作为数字普惠金融提供了良好的发展环境。

便捷的身份验证和信用评估。肯尼亚采用了创新的身份验证和信用评估方式，降低数字普惠金融的准入门槛。在肯尼亚，人们可以使用自己的移动电话号码作为身份验证的方式。当注册移动支付服务或申请金融产品时，用户只需提供自己的移动电话号码，并通过手机接收验证码来验证身份。这种方式简化了身份验证过程，避免了传统的身份证明和复杂的文件提交。肯尼亚的数字普惠金融中，还采用了替代数据进行信用评估。传统的信用评估通常依赖于银行记录和传统的信用报告，但很多肯尼亚人并没有这些传统信用记录。因此，一些创新公司利用替代数据，如电话记录、移动支付历史和社交媒体数据等来评估个人的信用风险。这些替代数据提供了更全面的信息，帮助评估个人的还款能力和信用状况。肯尼亚的金融科技公司推出了一些创新的解决方案，利用先进的技术来进行身份验证和信用评估。例如，一些公司使用人工智能和机器学习技术，通过分析用户的行为和消费模式来评估其信用风险。这种技术驱动的解决方案可以更准确地评估个人的信用能力，为没有传统信用记录的人提供融资机会。

肯尼亚政府积极支持数字普惠金融发展，并制定了相应的政策和监管框架。政府通过推动数字金融创新、简化监管程序、鼓励合作等方式，为数字普惠金融提供了良好的环境。为促进移动支付的发展，2009 年肯尼亚央行发布了移动支付指南，规范了移动支付运营商和金融机构的业务运作。政府还鼓励金融机构和移动网络运营商之间的合作，以推动移动支付的普及和发展。为了促进金融科技创新，肯尼亚政府制定了相应的监管框架。2018 年，肯尼亚央行成立了金融技术创新监管沙盒，允许金融科技公司在监管的框架下进行创新试点。这为金融科技创新提供了试验的空间，并促进了数字普惠金融的发展。肯尼亚政府成立了数字金融服务局（Digital Financial Services Agency），旨在推动数字金融的普及和发展。该机构与各方合作，促进数字金融创新、提供政策支持和监管指导，为数字普惠金融提供良好的环境。肯尼亚政府致力于提高金融包容水平，使更多人能够获得金融服务。政府推出了一系列政策和项目，如国家金融包容战略、金融教育计划和金融访问点计划等，以促进金融服务的普及和可及性。

## （二）印度

建设全球最大的生物识别身份认证系统。Aadhaar 系统在印度的数字普惠金融发展中发挥了关键作用。通过基于生物识别技术的身份认证，Aadhaar 系统简化了身份验证过程，促进了金融服务的普及和便利性。它为金融包容、社会福利发放、数字支付和金融创新等方面提供了基础，推动了印度的数字普惠金融发展，并对社会经济领域产生了深远影响。Aadhaar 系统旨在为每个印度公民提供一个独一无二的身份识别号码。该号码与个人的生物特征数据相关联，如指纹、虹膜和面部识别等。通过这种身份认证方式，Aadhaar 系统可以有效地防止身份冒用和欺诈行为，确保金融服务的安全性和可靠性。Aadhaar 系统致力于实现全面覆盖，Aadhaar 号码与银行账户、手机号码等关联，实现了身份验证和金融服务的整合。通过 Aadhaar 号码，用户可以方便地进行身份验证，开设银行账户、申请贷款、领取福利金等。这种整合促进了金融服务的普及和便利性，尤其是在没有传统银行账户的人群中。Aadhaar 系统为数字支付和金融创新提供了基础。通过 Aadhaar 号码和生物识别认证，用户可以轻松进行数字支付，无须依赖传统的银行卡和现金交易。此外，Aadhaar 号码还被金融科技公司用于开展创新的金融产品和服务，如电子钱包、在线借贷和保险等，推动了金融创新发展。

推动支付银行和支付系统。印度引入了支付银行模式，通过允许非银行机构以数字形式提供金融服务，支付银行模式扩大了金融服务的覆盖范围，推动了数字支付的普及和使用，鼓励了更多的金融科技公司参与数字普惠金融领域的竞争和创新。Paytm 是印度领先的数字支付平台，于 2017 年获得了支付银行牌照。作为支付银行，Paytm 可以向用户提供数字化的金融服务，包括电子钱包、支付账户、储蓄账户和借记卡等。用户可以通过 Paytm 应用程序进行移动支付、转账和在线购物等，享受便捷的金融服务。印度的电信公司 Airtel 也获得了支付银行牌照，并推出了 Airtel 支付银行。Airtel 支付银行为用户提供了数字钱包、转账、充值和支付等服务。用户可以通过 Airtel 支付银行应用程序进行移动支付、支付账单和购买商品等。印度邮政部门也参与了支付银行模式，推出了 India Post 支付银行。这个支付银行利用印度邮政网络的广泛覆盖，为用户提供数字支付、储蓄账户和转账等服务。用户可以在邮局办理账户开设和充值，通过 India Post 支付银行应用程序进行移动支付和转账。

金融科技创新和数字化金融服务。印度在金融科技创新和数字化金融服务方面取得了显著进展。印度推出的实时支付系统 UPI 是一项重要的金融科技创新。UPI 允许用户通过手机应用程序直接进行实时的银行转账，无论是向个人发送付款还是向商家付款。这种简便的支付方式改变了传统的支付模式，推动了数字支付的普及和便利性。作为 UPI 的推广平台，BHIM 是一个简单易用的手机应用程序，让用户能够轻松地进行数字支付。BHIM 应用程序整合了多个银行和支付平台，用户可以使用单一的应用程序进行支付和收款，无须担心不同银行账户的兼容性问题。AEPS 利用 Aadhaar 身份认证系统，使用户能够通过指纹或虹膜扫描进行安全的支付和金融交易。这种身份认证技术提高了支付的安全性和便利性，并为无银行账户的人群提供了数字金融服务的准入机会。印度的金融科技公司推出了多个数字钱包应用程序，如 Paytm、PhonePe 和 Google Pay 等。这些数字钱包应用程序允许用户将资金存储在电子钱包中，并通过应用程序进行移动支付、转账和在线购物等。这种数字钱包的便捷性和广泛接受度为消费者提供了更多的支付选择和便利。印度的金融科技公司也积极推动 P2P 借贷平台的发展，通过在线平台将借款人和出借人直接连接起来。这种创新的借贷模式提供了更快速和便捷的借贷服务，尤其是对于那些传统金融机构难以覆盖的个人和中小型企业。通过引入实时支付系统、数字钱包应用程序和 P2P 借贷平台等创新解决方案，印度加速了数字金融服务的普及和发展。

金融教育和数字包容培训。为了提高金融素养和数字技能，印度开展了广泛的金融教育和数字包容培训活动。印度金融市场发展委员会（Securities and Exchange Board of India，SEBI）推动金融教育计划，旨在提高公众对投资和金融市场的认识和理解。印度央行（Reserve Bank of India）通过推出各种金融教育倡议，包括制定在线教育课程和资源，帮助公众了解银行、贷款和个人理财等方面的知识。印度政府在学校教育课程中加入了金融教育内容，以提高年青一代的金融素养。除此之外，印度政府推动数字印度计划，旨在推广数字技术的普及和使用。该计划涉及培训和意识提高活动，以帮助边缘化社区的人们掌握数字技能，并充分利用数字技术。印度电子政务国家中心（National e－Governance Division）提供在线培训课程，致力于培养人们在数字领域的技能，包括数字支付、数字身份验证等。政府还通过各种数字包容计划，为农村地区和边远地区的人们提供互联网接入和数字技术培训，以帮助他们融入数字经济。这些举措旨在提高印度公众的金融素养和数字技能，使他们能够更好地参与金融市场和数字经济，并从中获益。

## 三、经验启示

通过国外先进经验分析可知，进一步推动我国数字普惠金融发展，需要政府与业界共同支持与推进，需要消弭“数字鸿沟”、完善数字基础设施建设、健全金融监管法律法规、强化数字普惠金融人才培养。

**1. 消弭数字普惠金融的“数字鸿沟”**

为了使更多的人能够承担得起数字金融服务，金融机构应深入调研，从低收入群体和老年群体的实际需求出发，提供针对性更强的产品和服务，以确保金融服务的公平性和普惠性。政府可以考虑减少数字金融服务的税收和手续费，或者提供补贴和激励措施，鼓励金融机构为低收入人群提供廉价或免费的服务。确保数字普惠金融服务适应农村居民、低收入人群、残障人士和老年人等不同群体的需求，这意味着提供多种语言支持、简化用户界面、加强客户支持等，以确保任何人都能够轻松使用数字金融服务。提供广泛的数字素养培训，以确保人们了解数字技术的基本知识和使用方法。培训可以在学校、社区和工作场所进行，政府可以与教育机构、企业和非政府组织合作开展培训计划。

**2. 完善数字普惠金融的基础设施建设**

建立完善的数字普惠金融基础设施是推动发展的基本保证。网络运营商应提升4G和5G网络在农村地区的覆盖范围。同时，加强硬件设施的开发、检测和维修，推动移动终端如智能手机和平板电脑的普及化。政府可以通过出台优惠政策和改善营商环境来促进金融科技公司的发展，降低数字普惠金融基础设施的完善成本，开发易于使用和安全的移动应用程序。此外，为了满足不同人群的需求，应提供多种语言和易于理解的界面。政府、金融机构和科技公司之间的合作至关重要。通过合作，可以开发创新的数字金融解决方案，提供安全、可靠且易于使用的服务。公私合作还可以促进信息共享、技术支持和市场拓展，以扩大数字普惠金融的覆盖范围。

**3. 健全数字普惠金融监管体系**

加强数据隐私和安全措施，建立可信的数字金融生态系统。这包括制定严格的数据保护法规、推动数据安全技术研发和加强监管机构的监督和审查。由于数字普惠金融与传统金融存在差异，需要制定相关法律法规来适应数字普惠金融的业务模式和风险管理需求。建立健全的监管体系应包括制定适用于数字普惠金融的监管规定，明确监管部门的权责范围，解决重复监管和监管不足等问题，为数字普惠金融健康发展提供有力支持。此外，政府和金融机构应制定严格的数据保护法规，并采取必要的措施，保护用户的个人和金融信息免受滥用和侵犯。

**4. 促进技术创新与应用**

促进金融科技的创新，包括人工智能、大数据分析、区块链等技术的应用。通过引入新技术和创新模式，数字普惠金融可以提升金融服务的效率和质量。数字普惠金融可以利用大数据分析技术对用户数据进行挖掘和分析，从而更准确地评估用户的信用风险和还款能力。这有助于提高风险管理的准确性和效率，降低贷款违约风险。数字普惠金融可以通过推广移动支付和电子化服务，提供便捷的金融服务体验。数字普惠金融可以结合人工智能技术，开发智能投顾和智能合约等工具。智能投顾可以根据用户的风险偏好和投资目标，提供个性化的投资建议和组合优化；智能合约可以实现自动化的合约执行和资金流转，提高交易的效率和安全性。可以利用大数据分析技术和人工智能算法，监测异常交易和洗钱行为，加强金融市场的监管和稳定。

**5. 强化数字普惠金融专业人才培养**

培养金融科技人才是推动数字普惠金融发展的关键。加强金融教育，提高公众对金融产品和服务的理解和认知。这可以通过在学校课程中加入金融教育内容、举办金融知识普及活动和提供在线金融教育资源来实现。金融机构、监管机构和非营利组织可以合作开展这些教育计划。首先，可以在高校设立金融科技专业，培养具备数字技术和金融知识的人才。其次，金融机构可以优化组织结构和激励机制，吸引金融科技人才加入，并提供培训和发展机会。此外，定期开展员工培训，提升现有员工的专业能力，适应数字普惠金融发展的需求。

**6. 注重数字普惠金融国际合作**

各国可以加强政策对话和协调，建立数字普惠金融发展的国际合作机制。通过政策沟通和协调，促进跨境数据流动、技术标准的统一以及监管政策的协调，降低跨境交易的成本和风险，为数字普惠金融的国际合作提供支持和保障。国际组织、金融机构和科技企业可以共同建立数字普惠金融的合作平台，搭建交流与合作的桥梁。通过这些平台，各方可以分享经验、探讨最佳实践，共同推进数字普惠金融的发展和应用。各国可以共同开展科研项目、成立联合实验室，共享研发成果和技术资源，加快技术创新和应用的进程。人才是数字普惠金融发展的重要支撑。各国可以加强人才培训和交流合作，开展专业培训项目、举办国际研讨会和学术交流活动，提升数字普惠金融领域的专业人才素质和能力。

# 第五章

# 我国经济高质量发展与测度

## 第一节　经济高质量发展历程与发展现状

### 一、经济高质量发展历程回顾

#### （一）萌芽期（2013—2016年）

中国特色社会主义进入新时代，随着中国经济的发展与调整，对中国经济的判断与理论分析也发生重要变化，经济高质量发展在此背景下应运而生。

2013年10月，习近平总书记在亚太经合组织工商领导人峰会上的讲话标志着中国经济进入了新的发展阶段。他强调，中国经济正处于深刻的方式转变和结构调整之中，不再简单以国内生产总值增长率作为唯一的衡量标准，而是注重提高经济增长的质量和效益。习近平总书记的讲话反映了对中国经济当前状况的准确判断。在同年12月的中央经济工作会议上，他进一步指出了中国经济面临的挑战，特别是"三期叠加"状况。这意味着中国经济正处于增长速度换挡期、结构调整阵痛期和前期刺激政策消化期的交叉阶段。

中国经济增长速度换挡期的意义在于，过去几十年中国经济保持了较高的增长速度，但随着经济规模的扩大和发展环境的变化，维持高速增长变得越来越困难。因此，中国经济需要转变增长方式，注重质量和效益的提升，实现更加可持续的发展。同时，中国经济也面临着结构调整的阵痛期。过去，中国经济的发展主要依靠投资驱动和出口导向，但这种模式导致了资源浪费、环境破坏和产能过剩等问题。为了实现经济的可持续发展，中国需要进行产业结构的优化和升级，加强创新能力，推动更加均衡、可持续和高效的发展。此外，中国经济还需要应对前期刺激政策消化期所带来的挑战。为了应对全球金融危机的冲击，中国政府采取了一系列刺激措施，推动经济增长。然而，这些刺激政策也带来了一些问题，如过度依赖债务和不合理的资本配置。因此，中国需要逐步消化这些问题，推动经济发展走向更加健康和可持续的轨道。总的来说，2013 年，习近平总书记的讲话和判断为中国经济的转型升级提供了重要指导。中国经济进入了注重质量和效益的发展阶段，需要通过深化经济转型和结构调整，提高创新能力和科技水平，优化产业结构，加强环境保护等措施来推动经济高质量发展。

2014 年 5 月，习近平总书记在河南考察期间明确提出了“新常态”的重要论断，意味着我国经济发展进入了一个新阶段。他强调要根据当前我国经济发展的阶段性特征，适应新常态并保持战略上的平常心态。随后，习近平总书记在多次讲话中对“新常态”进行了深入阐述，揭示了其含义和影响。尤其是在 2014 年 12 月的中央经济工作会议上，他从多个方面分析了我国经济发展新常态带来的趋势性变化。

首先，习近平总书记强调了消费需求的重要性。他指出，我国经济发展需要更多依靠内需，促进消费升级，提高人民群众的生活质量。这意味着要从出口驱动型经济转变为以内需为主导的经济增长模式。其次，习近平总书记关注投资需求的变化。他强调要优化投资结构，加强基础设施建设，推动投资从规模扩张向质量效益转变。这体现了经济发展从过度依赖投资驱动向以创新和提升效率为核心的发展模式转变。习近平总书记还指出了出口和国际收支的调整。他强调要提升企业的国际竞争力，加强对外贸易的质量和创新能力，促进贸易平衡。这反映了我国经济发展要更加注重开放合作，积极适应全球经济格局的变化。此外，习近平总书记还提及了生产能力和产业组织方式、生产要素相对优势、市场竞争特点、资源环境约束、经济风险积累和化解、资源配置模式和宏观调控方式等方面的变化。他强调要推动供给侧结构性改革，加强创新驱动，提高资源利用效率，增强经济的抗风险能力。总的来说，习近平总书记对我国经济发展新常态的分析，提出了相应的应对策略和措施。在新常态下，我国经济发展将更加注重质量、效益和可持续性，推动经济结构优化、创新驱动和开放合作，实现更加可持续的发展。

2015年10月，习近平总书记在党的十八届五中全会上提出了创新、协调、绿色、开放、共享的新发展理念，为中国经济的发展提供了根本遵循。这一新发展理念旨在引领中国经济进入高质量发展的新阶段。

第一，创新被视为推动经济发展的主要动力。习近平总书记强调创新的重要性，要求加强科技创新、自主创新和创新驱动发展。通过加强科技研发、提高知识产权保护、促进产学研合作等举措，鼓励创新创业，培育新的经济增长点，推动产业升级和经济结构优化。第二，协调发展是促进经济平衡和可持续发展的重要方面。习近平总书记强调要坚持协调发展，推动城乡区域发展协调，推进经济、社会和环境的协同发展。这意味着在发展过程中要处理好不同利益主体之间的关系，注重解决发展不平衡不充分问题，实现全面发展和共同富裕。第三，绿色发展是可持续发展的必然选择。习近平总书记强调要坚持绿色发展，加强环境保护，推动节能减排，发展循环经济，建设生态文明。通过加强环境治理、推动绿色技术创新、促进资源有效利用等举措，实现经济发展与生态环境的良性互动，为子孙后代留下一个美丽的家园。第四，开放发展是推动中国经济繁荣的重要方向。习近平总书记强调要积极推动开放型经济发展，加强与世界各国的合作，推动贸易投资自由化便利化，积极参与全球经济治理，建设开放型世界经济。这意味着要扩大开放，促进国际合作，共享全球发展机遇，实现互利共赢。第五，共享发展是社会主义核心价值观的要求。习近平总书记强调要促进社会公平正义，加强社会保障体系建设，推动教育、医疗、养老等公共服务的均等化，推动收入分配更加公平，实现经济发展成果的广泛共享。这意味着要关注民生福祉，加强社会保障制度建设，促进教育公平，提高医疗资源供给水平，加强就业创业支持，让人民群众共享经济发展的成果。

习近平总书记提出的创新、协调、绿色、开放、共享的新发展理念，是对中国经济发展新阶段的科学总结和战略指导。这一理念为经济发展提供了明确的方向，要求以创新为动力，实现协调平衡发展，注重生态环境保护，积极参与全球开放合作，促进社会公平正义。在实践中，中国将不断探索适应新时代需求的经济发展路径，推动经济高质量发展，实现全面建设社会主义现代化国家的目标。

### （二）成长期（2017—2019年）

2017年10月，在党的十九大报告中首次提出了“经济高质量发展”的概念。习近平总书记在报告中明确指出，我国经济已经从高速增长阶段转向高质量发展阶段，并正处于转变发展方式、优化经济结构、转换增长动力的攻关期。

这一重要论断反映了中国经济发展的新阶段和新目标。习近平总书记强调，高质量发展是经济发展的根本要求，要注重提高经济发展的质量、效益和可持续性，而不是简单追求速度和规模。这意味着要推动创新驱动发展，培育新的增长动力；加强供给侧结构性改革，优化产业结构和布局；加强环境保护，推动绿色发展；加强开放合作，促进国内外市场的互利共赢；加强人力资源开发和教育培训，提高劳动生产率和人力资本质量。经济高质量发展是中国经济发展的新目标和方向，对于实现全面建设社会主义现代化国家的目标具有重要意义。在新时代下，中国将继续坚持创新、协调、绿色、开放、共享的新发展理念，不断深化改革，扩大开放，促进经济发展的质的飞跃，为人民群众创造更加美好的生活。

随后，2017年12月，在中央经济工作会议上，习近平总书记进一步阐述了经济高质量发展的重要性。他指出，我国经济发展进入了新时代，其中一个基本特征就是我国经济已经从高速增长阶段转向高质量发展阶段。推动高质量发展是遵循经济发展规律、保持经济健康可持续发展的必然要求，同时也是应对我国社会主要矛盾变化和全面建设社会主义现代化国家的必然要求。

习近平总书记强调，高质量发展要求以供给侧结构性改革为主线，加快推进创新驱动发展，增强实体经济特别是制造业的核心竞争力，推动产业升级和优化，提高劳动生产率和全要素生产率。同时，还要坚持绿色发展，保护生态环境，推动绿色技术和绿色产业的发展，实现经济增长与环境保护的良性互动。此外，还需要加强对外开放，推进国际合作，实现更高水平的对外开放，提升我国经济的竞争力和国际影响力。习近平总书记的讲话表明，经济高质量发展已经成为我国经济发展的新方向和目标。在新时代下，中国将进一步深化供给侧结构性改革，推动创新驱动发展，加强环境保护和绿色发展，积极参与全球经济合作与竞争，不断提高经济发展的质量、效益和可持续性，实现经济持续健康发展，为全面建设社会主义现代化国家作出更大贡献。

在2018年的政府工作报告中，为了全面开创高质量发展的新局面，政府作出了战略性的部署。这些战略举措包括：

第一，深入推进供给侧结构性改革。通过减少无效供给、增加有效供给，加强创新驱动和提高生产力，推动经济结构的优化和升级。第二，加快建设创新型国家。鼓励创新创业，加大科技研发投入，加强知识产权保护，培育壮大新兴产业和战略性新兴产业，提升我国在科技创新领域的国际竞争力。第三，深化基础性关键领域改革。加快改革步伐，推动重要领域和关键环节的改革，提高市场化、法治化、国际化水平，增强经济发展的动力和活力。第四，坚决打好防范化解重大风险、精准脱贫、污染防治三大攻坚战。加强金融风险防控，加大扶贫力度，推动环境保护和生态文明建设，努力解决人民群众关切的突出问题。第五，大力实施乡村振兴战略。推动农业现代化，加强农村基础设施建设，促进农民增收，提高农村发展质量和水平，实现城乡发展的协调和一体化。第六，扎实推进区域协调发展战略。加强区域协调发展规划，促进东中西部地区协同发展，推动区域发展差距的缩小，实现全国区域发展的均衡和协调。第七，积极扩大消费和促进有效投资。加强消费引导，改善消费环境，增加居民收入，提高消费能力，同时加大有效投资，培育投资新增长点，推动投资结构的优化和升级。第八，推动形成全面开放新格局。加强对外开放合作，促进贸易便利化，扩大对外投资，提升国际竞争力，加强国际合作，推动形成全面开放的新格局。这些战略部署的实施将为中国经济提供更为坚实的基础，推动经济高质量发展，实现经济的可持续繁荣和人民的幸福生活。

### （三）成熟期（2020年至今）

2020年4月，习近平总书记在中央财经委员会第七次会议上提出了构建双循环发展格局的重要战略思想。这一思想强调了经济发展的重点和关键，以及实现高质量发展的路径。构建双循环发展格局意味着以内循环为主，内外循环相互促进的经济模式。内循环注重提升国内经济的自主创新能力和自给自足能力，加大科技创新和进口替代力度，推动产业链、供应链的本土化和优化。同时，外循环强调加强对外开放，积极参与全球合作与竞争，借助国际市场和资源的优势，实现更高水平的互利共赢。这一双循环发展格局的构建旨在提高中国经济的韧性和适应性，同时推动经济高质量发展。加大科技创新和进口替代力度将促进技术进步和产业升级，提升中国经济的核心竞争力。通过深化供给侧结构性改革，优化资源配置，增强供给体系的灵活性和适应性，推动经济结构的优化和转型升级。构建双循环发展格局的战略思想，为中国经济的未来发展提供了重要的指导和战略方向。它将为经济高质量发展提供坚实的基础，推动中国经济在全球经济中的更加积极和稳定的角色。

2020 年 8 月，习近平总书记主持召开经济社会领域专家座谈会，对我国经济发展进入新的阶段提出了重要指导意见。他强调，我国将进入新发展阶段，并明确指出立足新发展阶段、贯彻新发展理念、构建新发展格局成为经济发展的核心主题，也是实现经济高质量发展的必然路径。这一指示意味着中国经济正面临着全新的发展机遇和挑战。新发展阶段要求我们站在新的历史起点上，深入贯彻新发展理念，以创新、协调、绿色、开放、共享的新发展理念为指导，推动经济发展方式的转变和优化。构建新发展格局是经济发展的关键任务之一。这一新发展格局强调以内需为主体、国内国际双循环相互促进，通过扩大国内市场需求、提高生产要素的配置效率，实现经济增长质量的提升和可持续发展的目标。构建新发展格局将促进经济的内外联动，加强国内市场的韧性和竞争力，同时充分利用全球市场和资源的机遇，提高我国在国际经济格局中的地位和影响力。这一重要指示为推动我国经济进一步迈向高质量发展提供了明确的指引和战略布局。通过立足新发展阶段、贯彻新发展理念、构建新发展格局，我们将不断推动经济结构的升级和转型，优化资源配置，提高科技创新能力，推动可持续发展，实现经济高质量发展的目标。

2020 年 10 月，党的十九届五中全会提出了贯彻新发展理念以推动高质量发展的重要要求。会议指出，当前我国经济长期向好且韧性强，但同时也存在发展不平衡不充分的问题，需要在科技创新、农业、区域发展、收入分配、生态环保、民生保障和社会治理等方面进一步加强。这一重要提法意味着在推进经济发展的同时，必须更加注重质量和效益，着力解决发展中的不平衡和不充分问题。贯彻新发展理念是指在推动经济发展的过程中，坚持创新、协调、绿色、开放、共享的新发展理念，通过提高创新能力、推动产业升级、保护生态环境、加强社会保障等方面的努力，实现经济发展的高质量和可持续性。科技创新是实现高质量发展的重要支撑。加强科技创新能力的培育和发展，推动科技与经济深度融合，将为经济结构的优化升级和增长动力的转换提供重要支撑。农业是国民经济的基础和重要支柱。加强农业现代化建设，提高农业生产效率和质量，促进农村经济发展，是实现高质量发展的重要方向。区域发展的不平衡是当前发展中的重要问题之一。要加强区域协调发展，推动各地区经济发展的均衡性和协同性，使发展成果更加普惠和可持续。收入分配是社会公平和稳定的重要方面。要加强收入分配制度建设，缩小收入差距，提高中低收入群体的收入水平，实现共享发展。生态环保是经济发展的重要前提和保障。要加强生态文明建设，推动绿色发展，保护生态环境，实现经济发展和环境保护的良性互动。民生保障和社会治理是实现社会稳定与和谐发展的重要保障。要加强基本民生服务，提高人民群众的获得感和幸福感，加强社会治理体系建设，保障社会大局稳定和安全。这些举措的提出，表明中国高层对经济发展的战略部署和重要决策，致力于推动经济从数量扩张向质量提升转变，注重解决不平衡、不充分的问题，并将经济发展与创新、协调、绿色、开放、共享的新发展理念相结合，以实现经济高质量发展为目标。

在2021年11月召开的党的十九届六中全会中，进一步强调了全面贯彻新发展理念和构建新发展格局的重要性。报告指出，中国经济保持了较好的发展势头，科技自立取得积极进展，改革开放不断深化，脱贫攻坚战如期取得胜利，民生保障得到有效改善，社会大局保持了稳定。这一论述反映了中国高层对经济发展的全面考量。继续贯彻新发展理念和构建新发展格局，将进一步推动经济的高质量发展，注重科技创新、改革开放、脱贫攻坚和民生保障等方面的工作。同时，保持社会稳定和民生改善，为人民群众创造更好的生活条件，是中国发展的重要目标。通过全面贯彻新发展理念和构建新发展格局，中国将继续朝着实现现代化建设和全面建设社会主义现代化国家的目标迈进。

党的二十大报告指出，高质量发展是全面建设社会主义现代化国家的首要任务。党的二十大强调了完整、准确、全面贯彻新发展理念的重要性，坚持社会主义市场经济改革方向，以及坚持高水平对外开放。同时提出，加快构建以国内大循环为主体、国内国际双循环相互促进的新发展格局。这些战略方向的确立表明了中国坚定推动经济高质量发展的决心。通过全面贯彻新发展理念，中国将在经济发展中注重质量、效益和可持续性，推动创新、改革和开放，并加强国内市场的建设和国际合作，以实现国内外循环的良性互动。这样的发展格局将进一步提升中国经济的稳定性、竞争力和可持续发展能力，为实现全面建设社会主义现代化国家的目标奠定坚实基础。

在 2023 年全国两会期间，习近平总书记再次强调了高质量发展作为首要任务的重要性。他强调必须全面、完整地贯彻新发展理念，这意味着在经济发展的全过程中注重质量和效益，并将可持续发展放在重要位置上。同时，必须更好地统筹协调质的有效提升和量的合理增长，以实现经济发展的整体优化。习近平总书记强调了深化改革开放的重要性，要坚定不移地转变发展方式，积极推进改革开放进程。他指出，加快实现高水平科技自力更生是推动高质量发展的必要途径，加速构建新的发展格局是推动高质量发展的战略基石。此外，推进农业现代化、保障人民的幸福安康也是实现高质量发展的重要要求和最终目标。习近平总书记还强调了党的全面领导和全面从严治党的重要性，指出推动高质量发展必须坚持和加强党的全面领导，确保发展方向正确、政策执行有力、发展环境良好。这些重要讲话和指示再次凸显了高质量发展在中国经济发展中的关键地位，为推动经济实现可持续、高质量发展提供了战略指导和行动纲领。

## 二、经济高质量发展现状

从 2015 年新发展理念的提出到 2017 年经济高质量发展理念正式出台，我国经济高质量发展取得显著成效。

## （一）在创新发展方面

2011—2020年，我国研发经费支出占GDP比重从1.78%增加到2.40%（见表5-1）。这表明政府和企业对科技创新的重视程度不断提升。同时，R&D人员全时当量也显著增加，从2011年的288.3万人/年增加到2020年的523.5万人/年。这意味着科研队伍的规模扩大，为创新提供了更充足的人力资源。

表5-1 2011—2020年我国经济创新发展状况

| 指标 | 2011年 | 2013年 | 2015年 | 2017年 | 2019年 | 2020年 |
|---|---|---|---|---|---|---|
| 技术市场成交额/GDP（%） | 0.97 | 1.25 | 1.43 | 1.61 | 2.27 | 2.78 |
| R&D支出/GDP（%） | 1.78 | 1.99 | 2.07 | 2.12 | 2.24 | 2.40 |
| R&D人员全时当量（万人年） | 288.3 | 353.3 | 375.9 | 403.4 | 480.1 | 523.5 |
| 国内专利申请数量（件） | 1633347 | 2377061 | 2798500 | 3697845 | 4380468 | 5194154 |
| 国内专利授权数量（件） | 960513 | 1313000 | 1718192 | 1836434 | 2591607 | 3639268 |

数据来源：各年份国家统计年鉴。

除了投入的增加，中国在专利申请和授权方面也取得了显著的成就。专利是科技创新成果的重要体现，数据显示，中国的专利申请和授权数量在过去几年持续增加。2011—2020年，专利申请数量从1633347件增加到5194154件，专利授权数量从960513件增加到3639268件。这显示了中国在科技领域的创新活动不断增强，取得了更多的专利保护和认可。

此外，技术市场的发展也是中国创新发展的重要指标之一。技术市场成交额占GDP比重的增加，从2011年的0.97%上升到2020年的2.78%，显示了技术市场的活跃程度在不断提升。这意味着创新成果得以更好地转化为实际应用和商业化产品，为经济增长注入了新动力。

综上所述，从科技经费投入、研发人员数量、专利申请与授权数量以及技术市场成交额等方面来看，中国在创新发展方面取得了显著进展。这些数据表明，中国正在朝着成为创新驱动的国家迈进，科技创新对于推动经济高质量发展起到了重要的推动作用。

## （二）在协调发展方面

相关数据显示（见表5－2），2011—2020年，我国城镇居民和农村居民的人均可支配收入之比逐渐减少，从3.13%降低到2.56%。这说明近年来我国城乡收入差距在缩小，城乡居民收入水平逐渐趋于平衡，体现了城乡协调发展的稳步推进。

表5－2　　2011—2020年我国经济协调发展状况

| 指标 | 2011年 | 2013年 | 2015年 | 2017年 | 2019年 | 2020年 |
| --- | --- | --- | --- | --- | --- | --- |
| 城镇居民人均可支配收入/农村居民人均可支配收入（%） | 3.13 | 3.03 | 2.73 | 2.71 | 2.64 | 2.56 |
| 城镇化率：城镇人口占总人口的比重（%） | 51.83 | 54.49 | 57.33 | 60.24 | 62.71 | 63.89 |
| 第三产业产值/GDP（%） | 44.3 | 46.9 | 50.8 | 52.7 | 54.3 | 54.5 |

数据来源：各年份国家统计年鉴。

与此同时，城镇化进程也取得了显著成果。城镇人口占总人口比重从2011年的51.83%增加到2020年的63.89%，城镇化程度不断提高。这表明越来越多的人口从农村迁往城镇，城市人口的增长速度超过了农村人口。这种城镇化的趋势有助于优化资源配置，推动城乡间的平衡发展。

另外，第三产业在国内生产总值（GDP）中所占比重也逐渐增加。从2011年的44.3%增加到2020年的54.5%，显示出产业结构逐渐优化的趋势。第三产业包括服务业、金融业、信息技术等领域，其增长对经济发展起到重要的推动作用。这一变化表明中国经济正在从传统的制造业导向向服务业和创新驱动型经济转型，实现了产业结构的协调发展。

综上所述，中国在协调发展方面取得了显著进展。城乡居民收入差距逐渐缩小，城镇化进程加快，第三产业在经济中的比重逐渐增加，都反映出中国经济的协调发展趋势。这些变化表明中国正朝着实现经济、社会和地区协调发展的目标迈进，为经济高质量发展提供了有力支撑。

## （三）在绿色发展方面

统计数据显示（见表5－3），截至2020年，我国森林覆盖率从2011年的20.36%增加到22.96%，森林面积持续扩大。同时，建成区绿化覆盖率从2011年的38.6%增加到2020年的42.1%，城市绿地面积不断增加。人均绿地面积也有所提高，从11.8平方米/人增加到14.78平方米/人。这些数据反映出中国对绿地保护和绿化建设的高度重视。

**表5-3　　2011—2020年我国经济绿色发展状况**

| 指标 | 2011年 | 2013年 | 2015年 | 2017年 | 2019年 | 2020年 |
| --- | --- | --- | --- | --- | --- | --- |
| 森林覆盖率（%） | 20.36 | 20.36 | 21.63 | 21.63 | 22.96 | 22.96 |
| 建成区绿化覆盖率（%） | 38.6 | 39.6 | 40.2 | 40.3 | 41.1 | 42.1 |
| 人均公园绿地面积（平方米/人） | 11.8 | 12.64 | 13.35 | 14.01 | 14.36 | 14.78 |
| 能源消费总量/GDP（吨/万元） | 0.86 | 0.79 | 0.72 | 0.6 | 0.56 | 0.55 |
| 生活垃圾无害化处理率（%） | 79.7 | 89.3 | 94.1 | 97.7 | 99.2 | 99.7 |

数据来源：各年份国家统计年鉴。

另外，中国在污染物排放方面也取得了显著的成果。能源消费总量占GDP比重从2011年的0.86吨/万元降低到0.55吨/万元，表明单位产值的能源消耗量在减少。生活垃圾无害化处理率也显著提高，从79.7%增加到99.7%，说明废物处理和垃圾分类工作得到了有效推进。

总体而言，中国在绿色发展方面的成就是显著的。通过增加绿地面积和改善环境质量，中国积极推动可持续发展和生态保护。同时，降低能源消耗和提高废物处理率也有助于减少污染物排放和资源浪费，促进绿色经济的发展。

### （四）在开放发展方面

海关发布的数据显示，2011年中国的外贸进出口总值为36420.6亿美元，其中出口额达到18986亿美元，进口额为17434.6亿美元。而到了2020年，中国的货物贸易进出口总值达到32.16万亿元，其中出口额为17.93万亿元，进口额为14.23万亿元。这一数据变化反映了中国积极推动贸易自由化和经济全球化的努力。中国不断扩大对外贸易，提升出口和进口规模，成为全球最大的货物贸易国之一。中国的出口产品覆盖范围广泛，包括电子产品、机械设备、纺织品、汽车等多个领域，为世界各国提供了大量优质产品。

同时，中国也致力于吸引外商投资，为此采取了一系列措施。外商投资企业投资总额占 GDP 比重从 2011 年的 0.40% 增加到 2022 年的 0.93%，表明外商对中国市场的兴趣和信心不断增强。中国为外商投资提供了更加开放、公平、透明的营商环境，通过降低市场准入门槛、加强知识产权保护等举措，吸引了众多外资企业的入驻和投资。这些开放发展的举措对中国经济的发展起到了积极的推动作用。通过与各国开展贸易往来和吸引外资，中国不仅实现了经济的增长和就业的提升，还促进了技术、资金和管理经验的引进，推动了产业结构的升级和创新能力的提升。同时，开放发展也为中国与世界各国的合作交流提供了广阔的平台，促进了全球经济的繁荣和稳定。

总的来说，中国在开放发展方面取得了显著进展。通过扩大对外贸易和吸引外商投资，中国不断提升了自身的国际竞争力和影响力，为经济的高质量发展奠定了坚实基础。未来，中国将继续坚持开放的发展战略，进一步加强与各国的经贸合作，推动全球经济的繁荣和可持续发展。

### （五）在共享发展方面

统计数据显示（见表 5－4），每万人拥有医师数量由 2011 年的 18.2 人增至 2020 年的 29 人；每万人医疗机构床位数由 38.4 张增至 64.6 张；参加职工基本医疗保险人数由 2011 年的 25227.1 万人增长至 2020 年的 34455.1 万人。这些数据变化反映了中国在医疗卫生领域的发展和改善。中国加大了对医疗资源的投入，提高了医疗服务的覆盖范围和质量水平。每万人拥有的医师数量和医疗机构床位数的增加，为人民提供更加便捷和优质的医疗服务，有助于提高全民的健康水平和生活质量。

**表 5－4　　2011—2020 年我国经济共享发展状况**

| 指标 | 2011 年 | 2013 年 | 2015 年 | 2017 年 | 2019 年 | 2020 年 |
|---|---|---|---|---|---|---|
| 每万人拥有医师数（人） | 18.2 | 20.4 | 22.2 | 24.4 | 27.7 | 29 |
| 每万人医疗机构床位数（张） | 38.4 | 45.5 | 51.1 | 57.22 | 63 | 64.6 |
| 城镇职工基本医疗年末参保人数（万人） | 25227.1 | 27443.1 | 28893.1 | 30322.7 | 32924.7 | 34455.1 |

续表

| 指标 | 2011 年 | 2013 年 | 2015 年 | 2017 年 | 2019 年 | 2020 年 |
|---|---|---|---|---|---|---|
| 移动手机用户（万户） | 98625.3 | 141748.7 | 160134.5 | 141748.7 | 160134.5 | 159407 |
| 互联网普及率（%） | 38.3 | 45.8 | 50.3 | 55.8 | 64.5 | 70.4 |
| 每万人在校大学生人数（人） | 225.3 | 241.8 | 252.4 | 257.6 | 285.7 | 312.6 |
| 单位面积公路里程（$km/km^2$） | 0.43 | 0.45 | 0.48 | 0.50 | 0.52 | 0.54 |

数据来源：各年份国家统计年鉴。

同时，移动手机用户和互联网普及率也取得了显著提高。移动手机用户从2011年的98625.3万户增至2020年的159407万户，互联网普及率从2011年的38.3%增至2020年的70.4%。这表明中国在信息通信技术领域的发展迅速，人们的信息获取和沟通方式发生了巨大的变化。移动互联网的普及为人们提供了更广阔的信息渠道和便利的服务体验，推动了数字化社会的快速发展。

此外，单位面积公路里程的增加和大学生人数的增长也是共享发展的重要指标。单位面积公路里程从2011年的0.43$km/km^2$增至2020年的0.54$km/km^2$，显示出中国基础设施建设的不断完善，为人民提供更便捷的交通条件。每万人在校大学生人数从2011年的225.3人增长至2020年的312.6人，体现出中国高等教育的普及和扩大，为年青一代提供了更多接受高等教育的机会。

这些数据变化反映了中国在共享发展方面取得的积极成果。通过加大医疗卫生、信息通信、基础设施和教育等领域的投入，中国不断提高人民的福利水平，促进社会的公平与包容。中国将继续致力于共享发展，不断提升人民的获得感和幸福感，实现全面小康社会的目标。

## 第二节　经济高质量发展指标体系构建

### 一、构建原则

经济高质量发展内涵丰富，采用单一指标进行衡量难以揭示其全貌。有鉴于此，本章尝试构建多维评价体系对其进行综合评价。综合评价体系中必然涵盖多个指标，这就要求构建经济高质量发展指标体系，在选取指标时应遵循科学性、代表性、全面性、可行性以及可比性原则。

综合性原则：所构建的指标体系要能够全面反映经济发展的各个方面和层面。不仅要覆盖各个产业和行业，还要包括经济结构、就业状况、科技创新、环境保护、社会福利等多个领域的指标，不能过分强调某个方面而忽视其他重要因素，需要综合权衡不同指标之间的关系和权重。

科学性原则：确保指标的科学性，包括指标来源、获取方式、定义、测算方法和计算口径等方面。指标应基于科学依据，并能客观反映经济高质量发展水平，尽可能全面地提供信息。评价指标体系应遵循经济学和相关学科的研究成果，确保指标具有合理性和可信度。

代表性原则：选取能够综合反映评价对象的指标，具有典型性特征。指标设计应考虑经济高质量发展的综合情况，能够客观全面地评价研究对象。在指标选择过程中，要适度控制指标的数量，选择代表性强的指标，避免指标之间的相关性，以避免多重共线性对分析造成干扰。

全面性原则：综合考虑经济高质量发展的各个方面和层面。评价指标体系应涵盖经济增长、质量和效益、结构调整、可持续发展等多个维度，以全面反映经济的高质量发展水平。不应过于偏重某个特定方面，而是需要综合考虑经济的多个维度。

可行性原则：确保指标的可操作性和可测量性。选取的指标应具备可行性，能够进行实际测量和数据获取，以便进行定量分析和评价。指标的数据来源应可靠，数据的采集和处理过程应具备可行性，以确保评价体系的实际可行性和可操作性。

可比性原则：确保指标的可比较性和一致性。选取的指标应具备可比较性，能够进行跨地区、跨时间的比较。计算方法和计量单位应具备一致性，以确保指标的比较结果具有可信度和可比性。

## 二、指标体系构建

在深入理解中国经济高质量发展内涵的基础上，本节以《中共中央 国务院关于推动高质量发展的意见》等文件以及相关重要讲话精神为指导，同时为确保其与国际接轨，充分借鉴国内外经典测度指标体系，并秉持全面性、代表性、可操作性等基本原则出发，构建了中国省域经济高质量发展测度体系。该测度体系旨在通过重点考察各地的发展成果和成效，来客观评估中国经济高质量发展的实际成效和水平。在设定测度体系和选取指标时，注重选择那些能够准确反映高质量发展成果的结果指标，以实现测度研究目的。通过这一测度体系，我们可以更加客观地衡量当前中国经济的高质量发展水平，为改进和推动经济发展提供指导和参考。

经济高质量发展的核心在于解决人民日益增长的美好生活需要和不平衡不充分的发展之间的矛盾，尤其注重经济效益、质量效益、社会效益和生态效益的包容性发展。根据对经济高质量发展内涵及其“创新、协调、绿色、开放、共享”新发展理念的理解，秉持科学性、代表性、全面性、可行性和可比性的指标选取原则，从创新发展、协调发展、绿色发展、开放发展、共享发展五个维度，共计选取了27个二级指标（见表5－5），用以对我国经济高质量发展状况进行综合评价。具体指标构建如下：

**表5－5　　经济高质量发展指标体系**

| 一级指标 | 二级指标 | 计算方法 | 效用 |
|---|---|---|---|
| 创新发展 | 技术市场成交额占比 | 技术市场成交额/GDP | + |
| | R&D经费投入强度 | 规模以上工业企业R&D经费/GDP | + |
| | R&D人员全时当量 | R&D人员全时当量 | + |
| | 专利授权数量 | 国内专利申请授权数量 | + |
| 协调发展 | 城乡收入差距 | 城镇居民人均可支配收入/农村居民人均可支配收入 | - |
| | 城乡结构 | 城镇化率：城镇人口占总人口的比重 | + |
| | 产业结构 | 第三产业产值/GDP | + |
| 绿色发展 | 森林覆盖率 | 森林覆盖率 | + |
| | 建成区绿化覆盖率 | 建成区绿化覆盖率 | + |
| | 绿地面积 | 人均公园绿地面积 | + |
| | 水资源量 | 人均水资源量 | + |
| | 单位GDP能源消耗 | 能源消费总量/GDP | - |
| | 污染治理 | 生活垃圾无害化处理率 | + |

续表

| 一级指标 | 二级指标 | 计算方法 | 效用 |
| --- | --- | --- | --- |
| 开放发展 | 对外贸易依存度 | 进出口总额/GDP | + |
| | 外商投资比重 | 外商投资企业投资总额/GDP | + |
| 共享发展 | 医疗 | 每万人拥有医师数 | + |
| | | 每万人医疗机构床位数 | + |
| | | 城镇职工基本医疗年末参保人数占比 | + |
| | 图书馆 | 每万人拥有图书馆馆藏书数 | + |
| | 互联网基础设施 | 移动手机普及率、每万人互联网宽带接入用户 | + |
| | 教育 | 人均受教育年限 | + |
| | | 每万人在校大学生人数 | + |
| | | 高等学校生师比 | - |
| | 交通 | 单位面积公路里程 | + |
| | 就业 | 城镇失业登记率 | - |
| | 收入 | 工资增长率与 GDP 增长率比 | + |

**1. 创新发展维度**

创新发展理念在经济高质量发展中扮演着重要角色。它强调通过不断推动科技创新、技术进步和创新创业，实现经济结构的转型升级，提高产业竞争力和创造力，推动经济增长质量的提升，为实现可持续发展和建设现代化经济强国提供了重要路径和支撑。

创新发展理念强调科技创新的重要性。通过加大科研投入、优化创新环境、提升人才培养和引进机制，推动科技成果的转化和应用，促进技术创新在各个领域的广泛应用，实现经济的技术进步和产业的升级。创新发展理念倡导创新创业精神。鼓励和支持企业和个人大胆创新、勇于探索新领域、新业态，通过创业创新激发经济的活力和动力，培育新的经济增长点和竞争优势，推动经济的可持续发展。创新发展理念还注重构建创新驱动的发展模式。通过优化创新体系、加强知识产权保护、加强产学研用深度融合等措施，促进创新资源的集聚和优化配置，打造具有国际竞争力的创新型经济体系，实现经济增长的质的飞跃。有鉴于此，本章从技术市场成交额占比、R&D 经费投入强度、R&D 人员全时当量以及专利授权数量四个维度，分别衡量政府对于创新发展的支持力度以及创新的产出成果。其中，创新资金投入用人均 R&D 经费投入强度来反映，创新人才投入用 R&D 人员全时当量衡量。创新产出成果是各地区创新能力强弱的直接体现，本章用专利授权数、技术市场成交额与 GDP 的比值两个指标衡量。

**2. 协调发展维度**

协调发展理念是经济高质量发展的重要内容，它强调在经济发展过程中实现各方面的协调和平衡。协调发展理念在经济高质量发展中强调各个方面的协调与平衡，旨在构建一个稳定、协调、可持续的经济发展模式。通过协调发展，可以促进经济各要素的有机结合，提升经济整体效益和社会综合效益，实现经济的持续、健康、可持续发展。

协调发展理念要求不同地区之间的经济发展协调一致，避免区域之间的发展差距扩大。通过促进资源的合理配置、优化产业布局、加强基础设施建设等措施，实现区域发展的协调性，促进全国范围内经济发展的均衡和一体化。协调发展理念强调产业之间的协调和协同发展。它倡导构建产业链、供应链和价值链的协同体系，促进不同产业之间的良性互动和协作，推动产业的协调升级，实现经济结构的优化和协调发展。协调发展理念要求科技创新与经济发展的协调。通过加强科技创新的引领作用，推动技术与经济的深度融合，实现科技进步对经济发展的支撑和引领，促进经济的高质量增长。协调发展理念强调经济发展与社会进步的协调。它要求在经济增长的过程中关注民生改善、社会公平和社会稳定，通过发展就业、加强社会保障、提高收入分配公平等措施，实现经济发展与社会进步的协调和共同发展。我们选取城乡收入差距、城乡结构以及产业结构来表示协调发展程度。为了反映城乡之间的收入差距，我们采用城镇居民人均可支配收入与农村居民人均可支配收入之比作为指标。这一差距反映了城乡居民在收入方面的差异，可以用来评估城乡经济发展的均衡性和社会公平性。城镇化率是衡量城乡二元结构的指标，它反映了城乡发展差异以及城市化对地区整体发展的影响。此外，为了衡量区域的产业结构协调程度，我们使用第三产业的产业增加值与 GDP 的比值。第三产业在现代经济中扮演着重要角色，它包括服务业、文化创意产业和创新型产业等。通过计算第三产业的产业增加值占 GDP 的比例，可以评估区域经济结构中服务业的比重，从而了解产业结构的协调性和现代化水平。

**3. 绿色发展维度**

绿色发展理念在经济高质量发展中强调经济与环境的协调和可持续性，旨在实现经济的绿色转型和可持续发展。通过绿色发展，可以减少环境污染和资源浪费，促进生态系统健康和人民的福祉，同时为企业创造新的增长机遇和竞争优势。

绿色发展理念要求经济活动在尊重生态环境的前提下进行，减少对自然资源的消耗和环境的污染。它倡导节约资源、循环利用、降低碳排放等环保措施，促进经济发展与环境保护的协调。绿色发展理念鼓励采用清洁生产技术和绿色能源，降低生产过程中的污染物排放和能源消耗。通过提升生产效率、推动技术创新和改进生产工艺，实现经济增长与资源节约、环境友好的相互促进。绿色发展理念注重保护生态系统的完整性和稳定性。它强调建设生态文明，保护生态环境，推动生态修复和生物多样性保护，以确保经济发展与生态环境的可持续性和共生性。绿色发展理念强调建立健全的环境治理体系，加强环境监测、执法和管理。它要求企业、政府和公众共同参与环境治理，推动环境治理能力的提升，确保经济发展在环境保护的前提下实现。因此，我们选择了森林覆盖率、建成区绿化覆盖率、绿地面积、水资源量、单位 GDP 能源消耗以及污染治理六个指标来衡量绿色发展。这些指标可以综合评估地区的生态环境状况、资源利用效率以及环境污染治理情况。单位 GDP 能耗是一个重要的指标，用以反映能源消费水平和节能降耗状况。通过计算折算成标准煤的能源消费总量与国内生产总值（GDP）的比率，可以评估地区的能源利用效率。城市单位 GDP 能耗越高，说明能源利用效率越低。人均耗电量是反映地区对电能消耗的指标。它可以揭示地区的能源消费情况，进而评估能源利用的情况。森林覆盖率是衡量生态环境健康程度的重要指标。通常使用森林面积占地区总面积之比来表示。较高的森林覆盖率意味着较好的环境质量和生态平衡。此外，建成区绿化覆盖率和绿地面积也是评估绿色发展的关键指标。建成区绿化覆盖率反映了城市绿化程度，而绿地面积则表示城市中的公共绿地和绿化空间。这些指标可以反映城市的生态环境质量和人居环境舒适程度。最后，水资源量作为衡量绿色发展的指标之一，可以评估地区的水资源状况和可持续利用能力。

**4. 开放发展维度**

开放发展理念在经济高质量发展中强调与世界各国开展广泛的合作与交流，实现资源的优化配置、技术的创新与传播、市场的扩大与多元化。通过开放发展，国家可以借助外部资源和市场的支持，提升自身竞争力和经济发展水平，推动经济结构的升级与转型，实现更加稳定、可持续的发展。

开放发展理念倡导自由、公平、有序的国际贸易和投资环境。它鼓励国内企业积极参与国际市场竞争，推动贸易自由化和投资便利化，促进经济资源的有效配置和优化利用。开放发展理念注重加强国际经济合作，通过多边和双边合作机制，推动不同国家和地区的经济互补性和合作潜力的发掘，实现互利共赢。它强调共同开发市场、共享经济发展机遇，推动全球经济繁荣和稳定。开放发展理念强调区域一体化合作，通过建立区域性经济合作组织和自由贸易区，促进区域内国家间的经济融合和资源优化配置，推动经济一体化和共同发展。开放发展理念要求制定积极的对外开放政策，降低贸易壁垒，吸引外商投资，提供公平竞争的市场环境。它鼓励国内企业走出去，积极参与全球供应链和价值链，推动国内经济与国际市场的深度融合。因此，本章用外贸依存度、外资依存度来反映对外开放情况。其中，外贸依存度是进出口总额与 GDP 的比值，外资依存度是实际利用外商直接投资与 GDP 的比值。

**5. 共享发展维度**

共享发展理念是经济高质量发展的一个重要方面，它强调实现经济发展成果的普惠性、公平性和可持续性，注重人的全面发展和幸福感的提升，使更多的人共享发展成果，推动社会的和谐稳定和经济的可持续增长。

共享发展理念追求经济发展的共同繁荣，不仅关注经济的整体增长，更注重确保发展成果惠及广大人民。它倡导实现收入分配的合理性，减少贫困和不平等现象，让社会各个阶层都能分享到经济发展带来的好处。共享发展理念强调社会公平与正义，致力于消除贫困、缩小贫富差距，确保社会资源的公平分配。它关注弱势群体的利益保护，推动教育、医疗、社会保障等公共服务的普及，促进社会的全面发展。共享发展理念鼓励创新和创业，促进经济发展的包容性。共享发展理念强调社会各界的参与与合作。它倡导政府、企业、社会组织以及个人之间的合作与协调，形成共同推动发展的合力。通过建立良好的社会治理机制和伙伴关系，鼓励各方面共同努力，实现共同发展。

鉴于共享包含的层面较多，我们从医疗、图书馆、互联网基础设施、教育、交通、就业与收入等方面来衡量共享发展的情况。人均图书馆馆藏反映了地区对文化的重视程度。图书馆是提供基本市民文化服务的重要场所，人均馆藏量可以反映地区的文化资源储备和公共文化服务水平。每万人医院病床数和每万人医生数反映了地区医疗资源的充裕程度。特别对于人口众多、人口结构老龄化的国家如中国而言，足够的医疗人力和物力资源储备是获得高质量医疗服务的重要保障。每万人医院病床数和每万人医生数的指标可以揭示地区的医疗资源供给情况。移动手机普及率衡量移动通信技术在社会中的普及程度，反映了信息传播和互联互通的程度。每万人互联网宽带接入用户反映了互联网基础设施的普及程度，衡量了人们接入互联网的便利性。人均受教育年限反映了人们接受教育的程度和质量，对人力资源的素质提升和社会发展具有重要意义。每万人在校大学生人数衡量高等教育资源的供给情况，反映了地区的教育发展水平和培养人才的能力。高等学校生师比衡量高等教育资源的配置情况，对保障教学质量和提高师生互动的效果具有重要作用。单位面积公路里程反映了交通基础设施的发展水平和覆盖程度，对地区的交通便利性和经济发展具有重要影响。城镇失业登记率衡量就业市场的状况，反映了就业机会的供给和劳动力市场的稳定性。工资增长率与 GDP 增长率比衡量劳动者的收入水平相对于经济增长的变化，反映了经济发展成果是否能够惠及广大劳动者。

## 第三节　经济高质量发展水平测算

### 一、测算方法与数据来源

#### （一）测算方法选择

在研究指标体系的评价方法中，有两种主要方法：客观赋权法和主观赋权法。主观赋权法包括德尔菲法、层次分析法和相对指数法等；而客观赋权法则包括熵值法、主成分分析法和因子分析法等。由于选择的方法不同，会导致不同的评价结果，因此，在指标体系评价中选择适当的方法非常重要。目前，主成分分析法与熵值法是学者们较常使用的方法。

综合来看，这两种方法各有优劣。其中，熵值法是通过计算各指标的相对变动幅度来确定权重，具体是通过计算各指标的信息熵来实现的。信息熵越小，表示该指标数据的离散程度越大，相应的权重也就越大。相比于主观赋权法，熵值法更加精准和客观，能够通过实际数据获得指标的最优权重，更能反映指标信息熵的价值。然而，熵值法存在一个局限，即它只考虑了指标的熵值，无法解决指标之间的相关性。这时，可以使用主成分分析法来处理多个相关指标。主成分分析法通过降维，将多个相关指标转换为几个互不相关的主成分，从而得出综合得分。这种方法在减少信息损失的前提下实现了多指标的综合评价。尽管如此，主成分分析法也存在主观因素过强的弊端，在运用过程中较为依赖研究者的学识和判断水平。因此，在使用主成分分析法时需要谨慎，需要研究者具备相应的专业知识和判断能力。

有鉴于此，本章拟采用主成分分析法来确定指标体系的合理性，在此基础上采用客观赋值法中的熵值法来对经济高质量发展指数进行综合测算。

### （二）测算方法介绍

#### 1. 主成分分析法

（1）主要思想。

主成分分析法（Principal Component Analysis，PCA）是一种常用的多变量数据分析方法，其基本思想是通过降维将原有的大量客观指标减少为几个无相关关系的主要指标，以有效地反映原始数据的信息。

在主成分分析中，通过线性变换将原始指标投影到新的坐标系中，新坐标系的选择是以保留尽可能多的原始数据方差为目标。这些新的坐标轴被称为主成分，每个主成分是原始指标的线性组合，且彼此之间无相关关系。主成分的提取是按照其对原始数据方差的贡献程度排序的，前几个主成分能够尽可能多地解释原始数据的方差。原始指标对主成分的贡献程度可以用因子载荷值表示，载荷值表示了每个原始指标在主成分中的权重或影响力。因子载荷值的绝对值越大，表示该原始指标在相应主成分中的重要性越高。需要注意的是，在确定原始指标对主成分的载荷情况时，考虑到各个指标之间的相关关系，一般需要考虑交叉载荷情况，即每个原始指标会在每个主成分上都有一定的载荷。

主成分分析的目的是简化多变量数据分析过程，通过提取少数几个主成分，可以用更少的变量来描述原始数据，从而减少数据的维度，去除冗余信息，同时尽可能地保留原始数据的主要信息。总结起来，主成分分析的基本思想是通过降维将原始指标减少为无相关关系的主要指标，简化分析过程，并尽可能地保留原始数据的主要信息。

（2）基本原理。

主成分分析方法是一种数理统计上的统计分析方法，用于对原始数据进行降维。其基本思路是通过统计分析，将原来具有较强关联性的 P 个指标（$X_1$，$X_2$，…，$X_P$）进行线性组合，得到关联性较弱的几个二阶指标，然后通过加权的方式构建新的综合指标。如果使用 F 表示主成分分析法提取出的主成分，那么第一主成分 $F_1$ 由原始指标产生的线性组合形式可以表示为：

$$F_1 = a_{11}X_1 + a_{21}X_2 + \cdots + a_{p1}X_p$$

对于提取出的第一个主成分 $F_1$，其方差解释百分比 Var($F_1$) 往往是最大的，因此，在其对应的原始指标 $X_1$，$X_2$，…，$X_P$ 的线性组合中，它对原始数据的信息解释量是最大的。只有当提取出的第一个主成分仍不足以解释 $X_1$，$X_2$，…，$X_P$ 这些指标的信息时，主成分分析会继续提取出第二个主成分 $F_2$，用以有效地解释除 $F_1$ 解释过了的剩余的原信息，即 $F_2$ 应该是 $F_1$ 之后能够解释剩下的信息池中最大信息量的主成分，同时，$F_1$ 代表的 $X_1$，$X_2$，…，$X_P$ 线性组合应与 $F_2$ 的是相互独立的，即它们之间的协方差 Cov($F_1$，$F_2$) 应该等于 0。根据统计分析原理，依次可逐步提取出的 $F_1$，$F_2$，…，$F_m$ 主成分构成新的指标体系，一直提取，直到提取最后一个特征值大于 1 的成分为止。这些线性组合可以表示为：

$$\begin{cases} F_1 = a_{11}X_1 + a_{12}X_2 + \cdots + a_{1p}X_p \\ F_2 = a_{21}X_1 + a_{22}X_2 + \cdots + a_{2p}X_p \\ \cdots\cdots \\ F_m = a_{m1}X_1 + a_{m2}X_2 + \cdots + a_{mp}X_p \end{cases}$$

根据分析可知：

第一，$F_i$与$F_j$不具有关联性，即$Cov(F_i, F_j)=0(i\neq j)$；

第二，$F_1$可以最大限度地解释初始指标$X_1$，$X_2$，…，$X_p$的最大方差百分比；$F_2$可以最大限度地解释除$F_1$已经解释了的初始指标$X_1$，$X_2$，…，$X_p$的最大方差百分比，而且$F_1$与$F_2$互不相关；……$F_n$是与$F_1$，$F_2$，…，$F_{n-1}$都不具有相关性的可解释$X_1$，$X_2$，…，$X_p$的最大方差百分比的最后一个主成分（一般情况下，$n<p$）。

第三，$F_1$，$F_2$，…，$F_n(n\leq p)$ 是在原始指标$X_1$，$X_2$，…，$X_p$基础上构造起来的新的指标体系，而且从$F_1$到$F_n$，它们可解释的方差比例是逐渐减小的。

因此，学界一般认为主成分分析主要有以下三个任务：

第一，利用社会学统计软件包分析出原始指标序列的主成分；

第二，根据主成分矩阵，建立主成分与原始指标之间的数学表达式，即确定$F_i$与$X_j$之间的主成分表达式（$i\leq j$）；

第三，根据上述表达式，考察$X_j$在$F_i$上的载荷系数值，以分析原始指标在主成分上的解释权重。

**2. 熵值法**

熵值法是一种客观赋权的方法，通过计算指标的熵值来确定各个指标的权重。熵值越小的指标在综合评价中具有较大的影响力；反之，熵值越大的指标在综合评价中具有较小的影响力。这种方法在多指标评价、决策分析等领域中得到广泛应用。

熵值法的基本原理是，通过计算每个指标的熵值，来衡量各个指标在整体评价中的重要性。具体而言，熵值的计算是基于指标的变异程度。当一个指标的取值相对稳定、变异程度小时，其熵值较低，表示该指标提供了相对较多的信息，对综合评价结果产生较大的影响。相反，当一个指标的取值变化较大、变异程度较高时，其熵值较高，表示该指标提供的信息较少，对综合评价结果产生的影响较小。假设有 n 个样本，m 个指标，具体计算步骤如下：

第一步：指标的标准化处理。由于各项指标的计量单位并不统一，因此，在计算综合指标前，先要对指标进行标准化处理。具体方法如下：

正向指标：$x_{ij}' = \left[\frac{x_{ij} - \min(x_{1j}, x_{2j}, \cdots, x_{nj})}{\max(x_{1j}, x_{2j}, \cdots, x_{nj}) - \min(x_{1j}, x_{2j}, \cdots, x_{nj})}\right] \times 100$

负向指标：$x_{ij}' = \left[\frac{\max(x_{1j}, x_{2j}, \cdots, x_{nj}) - x_{ij}}{\max(x_{1j}, x_{2j}, \cdots, x_{nj}) - \min(x_{1j}, x_{2j}, \cdots, x_{nj})}\right] \times 100$

$x_{ij}'$为第 i 个样本的第 j 个指标的数值。为了方便起见，后续仍记 $x_{ij}' = x_{ij}$。

第二步：计算第 j 项指标下第 i 个样本占该指标的比重：

$$p_{ij} = \frac{X_{ij}}{\sum_{i=1}^{n} X_{ij}}, (i = 1,2,\cdots,n, j = 1,2,\cdots,m)$$

第三步：计算第 j 项指标的熵值。

$$e_j = -k\sum_{i=1}^{n} p_{ij}\ln(p_{ij})，其中，k > 0, k = 1/\ln(n), e_j \geqslant 0$$

第四步：计算第 j 项指标的差异系数。对第 j 项指标，指标值的差异越大，对方案评价的左右就越大，熵值就越小，定义差异系数：

$$g_j = \frac{1 - e_j}{m - E_e}，式中 E_e = \sum_{j=1}^{m} e_j，0 \leqslant g_i \leqslant 1，\sum_{j=1}^{m} g_j = 1$$

第五步：计算权重：$w_j = \frac{g_j}{\sum_{j=1}^{m} g_j}(1 \leqslant j \leqslant m)$

第六步：计算各样本的综合得分：$s_i = \sum_{j=1}^{m} w_j \cdot p_{ij}(i = 1,2,\cdots,n)$

### （三）指标数据来源

本部分选取我国 30 个省（自治区、直辖市）的相关数据，并基于样本数据的获取情况将考察的时间跨度限定为 2011—2020 年，即系统考察 2011 年以来我国各省份的经济高质量发展情况。由于西藏地区数据缺失较为严重，台湾、香港、澳门地区的统计口径不一致，因此未纳入研究范围。本部分所有数据来自《中国统计年鉴》《中经网产业数据库》《中国科技统计年鉴》《中国环境统计年鉴》、各省的统计年鉴以及国泰安（CSMAR）数据库。

## 二、指标体系的确定

### （一）数据标准化处理

鉴于获得的原始数据单位不一致，存在着量纲差异，这会导致不同指标之间的数值差异较大，影响到后续的数据分析和建模。所以，在进行主成分分析评价之前，对原始数据进行标准化处理，以消除数据之间的量纲差异，使得不同指标的值在同一数值范围内进行比较和分析。具体的操作方法为：

首先，需要找出该指标的最大值（Xmax）和最小值（Xmin），并计算极差（R = Xmax - Xmin），然后用该变量的每一个观察值（X）减去最小值（Xmin），再除以极差（R），即：

$$X' = (X - X\min)/(X\max - X\min)$$

### （二）KMO 和 Bartlett 检验

KMO（Kaiser - Meyer - Olkin）检验和 Bartlett 检验是在因子分析中常用的两种统计检验方法，它们用于评估数据的适合性和可用性，以确定是否适合应用主成分分析。KMO 检验用于评估数据的抽样合理性和样本的适应度，以确定进行主成分分析是否合适。KMO 检验的结果是一个介于 0 和 1 的值，通常在 0.5 到 1 被认为是可接受的。较高的 KMO 值表明数据适合进行主成分分析，因为变量之间存在较高的共同度和相关性。Bartlett 检验用于检验数据集中的变量是否存在显著的相关性。Bartlett 检验的结果通常以显著性水平（p - value）来表示，如果 p - value 小于设定的显著性水平（通常为 0.05），则可以拒绝原假设，即可以认为数据具有显著的相关性，适合进行主成分分析。

本章根据表 5 - 5 所构建的经济高质量发展指标体系，将 2011—2020 年 30 个省（自治区、直辖市）的数据按照全局主成分分析原理进行整理，得到分析结果如表 5 - 6 所示。由表 5 - 6 可知，全样本的 Kaiser - Meyer - Olkin 度量值为 0.778，大于临界值 0.5，说明各变量之间存在较好的相关性，适合用来进行主成分分析。样本 Bartlett 球形检验的近似卡方值很大，为

8199.189，得到的P值为0.000，在0.001的置信水平下显著。这表明本研究27个指标，能够充分体现经济高质量发展的执行情况，满足研究的需要。

**表5-6　　KMO检验和Bartlett的检验**

| KMO值 | | 0.778 |
|---|---|---|
| Bartlett球形检验 | 近似卡方 | 8199.189 |
| | df | 351 |
| | P | 0.000*** |

注：***、**、*分别代表1%、5%、10%的显著性水平。

## 三、经济高质量发展水平测度

### （一）指标权重确定

熵值法是一种多指标权重确定方法，用于确定各个指标在综合评价中的权重。它基于信息熵的概念，通过计算指标数据的相对变动幅度来确定各指标的权重。熵值法的优点在于它可以利用实际数据计算出指标的权重，具有较高的客观性和精确度。本节利用2011—2020年的相关数据，对具体数据进行标准化处理之后，运用熵值法对指标进行赋权。通过使用熵权法，测得的各指标的权重如表5-7所示。

**表5-7　　权重计算结果**

| 指标名称 | 信息熵值e | 信息效用值d | 权重（%） |
|---|---|---|---|
| 技术市场成交额占比 | 0.821 | 0.179 | 12.884 |
| R&D经费投入强度 | 0.889 | 0.111 | 8.018 |
| R&D人员全时当量 | 0.882 | 0.118 | 8.5 |
| 专利授权数量 | 0.872 | 0.128 | 9.236 |
| 城乡收入差距 | 0.987 | 0.013 | 0.931 |
| 城乡结构 | 0.977 | 0.023 | 1.625 |
| 产业结构 | 0.993 | 0.007 | 0.513 |
| 森林覆盖率 | 0.962 | 0.038 | 2.75 |
| 建成区绿化覆盖率 | 0.991 | 0.009 | 0.654 |

续表

| 指标名称 | 信息熵值 e | 信息效用值 d | 权重（%） |
|---|---|---|---|
| 绿地面积 | 0.981 | 0.019 | 1.378 |
| 水资源量 | 0.906 | 0.094 | 6.768 |
| 单位 GDP 能源消耗量 | 0.999 | 0.001 | 0.082 |
| 污染治理 | 0.994 | 0.006 | 0.458 |
| 对外贸易依存度 | 0.913 | 0.087 | 6.273 |
| 外商投资比重 | 0.795 | 0.205 | 14.789 |
| 每万人拥有医师数 | 0.988 | 0.012 | 0.855 |
| 每万人医疗机构床位数 | 0.98 | 0.02 | 1.419 |
| 城镇职工基本医疗年末参保人数占比 | 0.932 | 0.068 | 4.914 |
| 每万人拥有图书馆馆藏书数 | 0.932 | 0.068 | 4.872 |
| 移动手机普及率 | 0.976 | 0.024 | 1.755 |
| 每万人互联网宽带接入用户 | 0.968 | 0.032 | 2.311 |
| 人均受教育年限 | 0.978 | 0.022 | 1.609 |
| 每万人在校大学生人数 | 0.978 | 0.022 | 1.572 |
| 高等学校生师比 | 0.995 | 0.005 | 0.354 |
| 单位面积公路里程 | 0.964 | 0.036 | 2.564 |
| 城镇失业登记率 | 0.98 | 0.02 | 1.439 |
| 工资增长率与 GDP 增长率之比 | 0.979 | 0.021 | 1.477 |

### （二）综合指标测度结果

基于以上方法，得出了2011—2020年中国各省份的经济高质量发展的综合指数，如表5-8所示。

**表5-8　2011—2020年中国各省份经济高质量发展水平**

| 省份 | 2011年 | 2012年 | 2013年 | 2014年 | 2015年 | 2016年 | 2017年 | 2018年 | 2019年 | 2020年 | 平均 |
|---|---|---|---|---|---|---|---|---|---|---|---|
| 北京 | 0.2907 | 0.3110 | 0.3232 | 0.3370 | 0.3396 | 0.3507 | 0.3723 | 0.3945 | 0.4147 | 0.4313 | 0.3565 |
| 广东 | 0.2491 | 0.2791 | 0.2956 | 0.2985 | 0.3187 | 0.3304 | 0.3595 | 0.4253 | 0.4576 | 0.5184 | 0.3532 |
| 江苏 | 0.2252 | 0.2545 | 0.2669 | 0.2734 | 0.2966 | 0.3081 | 0.3238 | 0.4130 | 0.3795 | 0.4341 | 0.3175 |
| 上海 | 0.2625 | 0.2697 | 0.2668 | 0.2712 | 0.2790 | 0.2861 | 0.2952 | 0.3134 | 0.3244 | 0.3486 | 0.2917 |
| 浙江 | 0.2077 | 0.2373 | 0.2474 | 0.2569 | 0.2807 | 0.2886 | 0.3016 | 0.3345 | 0.3637 | 0.3950 | 0.2913 |
| 山东 | 0.1558 | 0.1731 | 0.1862 | 0.1938 | 0.2078 | 0.2190 | 0.2319 | 0.2488 | 0.2474 | 0.3000 | 0.2164 |

续表

| 省份 | 2011 年 | 2012 年 | 2013 年 | 2014 年 | 2015 年 | 2016 年 | 2017 年 | 2018 年 | 2019 年 | 2020 年 | 平均 |
|---|---|---|---|---|---|---|---|---|---|---|---|
| 天津 | 0. 1680 | 0. 1762 | 0. 1777 | 0. 1915 | 0. 1920 | 0. 1979 | 0. 2024 | 0. 2053 | 0. 2205 | 0. 2397 | 0. 1971 |
| 福建 | 0. 1445 | 0. 1667 | 0. 1695 | 0. 1763 | 0. 1827 | 0. 1949 | 0. 1942 | 0. 2077 | 0. 2234 | 0. 2353 | 0. 1895 |
| 辽宁 | 0. 1456 | 0. 1598 | 0. 1614 | 0. 1627 | 0. 1639 | 0. 1762 | 0. 1791 | 0. 1952 | 0. 1915 | 0. 2136 | 0. 1749 |
| 湖北 | 0. 1119 | 0. 1248 | 0. 1385 | 0. 1514 | 0. 1664 | 0. 1787 | 0. 1859 | 0. 1963 | 0. 2110 | 0. 2402 | 0. 1705 |
| 海南 | 0. 1346 | 0. 1399 | 0. 1402 | 0. 1349 | 0. 1310 | 0. 1494 | 0. 1512 | 0. 1719 | 0. 1611 | 0. 3151 | 0. 1629 |
| 重庆 | 0. 1227 | 0. 1327 | 0. 1407 | 0. 1491 | 0. 1550 | 0. 1623 | 0. 1718 | 0. 1878 | 0. 1936 | 0. 2044 | 0. 1620 |
| 陕西 | 0. 1049 | 0. 1158 | 0. 1284 | 0. 1328 | 0. 1441 | 0. 1518 | 0. 1611 | 0. 1713 | 0. 1872 | 0. 2037 | 0. 1501 |
| 江西 | 0. 1075 | 0. 1232 | 0. 1217 | 0. 1265 | 0. 1388 | 0. 1454 | 0. 1502 | 0. 1610 | 0. 1852 | 0. 1987 | 0. 1458 |
| 四川 | 0. 0910 | 0. 1083 | 0. 1123 | 0. 1183 | 0. 1288 | 0. 1372 | 0. 1510 | 0. 1827 | 0. 1960 | 0. 2134 | 0. 1439 |
| 湖南 | 0. 0958 | 0. 1094 | 0. 1130 | 0. 1224 | 0. 1320 | 0. 1409 | 0. 1531 | 0. 1649 | 0. 1891 | 0. 2128 | 0. 1433 |
| 安徽 | 0. 0872 | 0. 1020 | 0. 1113 | 0. 1206 | 0. 1333 | 0. 1412 | 0. 1502 | 0. 1668 | 0. 1794 | 0. 2113 | 0. 1403 |
| 河南 | 0. 0898 | 0. 1005 | 0. 1109 | 0. 1198 | 0. 1263 | 0. 1342 | 0. 1449 | 0. 1583 | 0. 1691 | 0. 1934 | 0. 1347 |
| 黑龙江 | 0. 1056 | 0. 1130 | 0. 1235 | 0. 1219 | 0. 1228 | 0. 1277 | 0. 1319 | 0. 1430 | 0. 1598 | 0. 1787 | 0. 1328 |
| 吉林 | 0. 1010 | 0. 1101 | 0. 1165 | 0. 1197 | 0. 1231 | 0. 1326 | 0. 1347 | 0. 1475 | 0. 1558 | 0. 1711 | 0. 1312 |
| 青海 | 0. 1002 | 0. 1178 | 0. 1038 | 0. 1203 | 0. 1088 | 0. 1161 | 0. 1345 | 0. 1545 | 0. 1582 | 0. 1786 | 0. 1293 |
| 广西 | 0. 0900 | 0. 1025 | 0. 1065 | 0. 1135 | 0. 1206 | 0. 1235 | 0. 1368 | 0. 1662 | 0. 1489 | 0. 1634 | 0. 1272 |
| 河北 | 0. 0876 | 0. 0950 | 0. 1046 | 0. 1112 | 0. 1180 | 0. 1222 | 0. 1317 | 0. 1509 | 0. 1556 | 0. 1765 | 0. 1253 |
| 内蒙古 | 0. 0842 | 0. 0962 | 0. 1082 | 0. 1081 | 0. 1115 | 0. 1169 | 0. 1217 | 0. 1293 | 0. 1344 | 0. 1580 | 0. 1169 |
| 山西 | 0. 0850 | 0. 0935 | 0. 1002 | 0. 1028 | 0. 1069 | 0. 1103 | 0. 1178 | 0. 1241 | 0. 1335 | 0. 1470 | 0. 1121 |
| 云南 | 0. 0739 | 0. 0837 | 0. 0865 | 0. 0919 | 0. 0977 | 0. 1073 | 0. 1181 | 0. 1257 | 0. 1279 | 0. 1411 | 0. 1054 |
| 新疆 | 0. 0852 | 0. 0899 | 0. 0928 | 0. 0923 | 0. 0989 | 0. 1074 | 0. 1132 | 0. 1181 | 0. 1246 | 0. 1306 | 0. 1053 |
| 宁夏 | 0. 0704 | 0. 0763 | 0. 0874 | 0. 0958 | 0. 0979 | 0. 1046 | 0. 1174 | 0. 1238 | 0. 1310 | 0. 1403 | 0. 1045 |
| 贵州 | 0. 0659 | 0. 0797 | 0. 0870 | 0. 0976 | 0. 0961 | 0. 1012 | 0. 1120 | 0. 1198 | 0. 1315 | 0. 1458 | 0. 1036 |
| 甘肃 | 0. 0442 | 0. 0537 | 0. 0640 | 0. 0697 | 0. 0744 | 0. 0816 | 0. 0945 | 0. 1020 | 0. 1092 | 0. 1202 | 0. 0813 |

## 第四节　经济高质量发展测算结果分析

### 一、我国经济高质量发展水平整体性分析

从全国层面来看，2011—2020 年，全国经济高质量发展保持稳步增长态

势（见图5－1），全国经济高质量发展水平由2011年的0.1262上升到2020年的0.2320，提高了近1倍，但是仍然处于较低水平，全国经济尚未完全从高速发展转型为高质量发展。

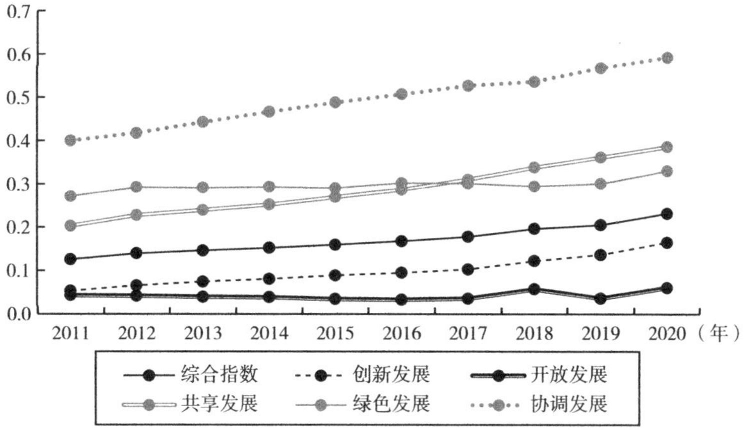


**图5－1　2011—2020年我国经济高质量发展趋势**

数据来源：笔者根据计算结果整理所得。

与此同时，创新发展、协调发展、绿色发展、开放发展与共享发展整体亦处于稳步提升状态，由图5－1可以看出，协调发展水平、绿色发展水平与共享发展水平显著高于高质量发展综合水平。其中，协调发展水平由0.4011增至0.5937，绿色发展水平由0.2722增至0.3312，共享发展水平由0.2036增至0.3869。创新发展与开放发展水平低于高质量发展综合水平，分别由0.0535、0.0434增至0.1651、0.0603，处于较低水平，亟须加大投入与扶持力度。

由此可知，虽然我国经济高质量发展水平总体处于上升态势，有效推动了经济的协调、绿色以及共享发展，但是，与此同时，开放发展与创新发展水平提升明显不足，一定程度上制约着我国经济高质量发展水平的整体发展性提升。

## （一）从各省份经济高质量发展水平横向比较

排名前5位的省（市）分别为北京市、广东省、江苏省、上海市与浙江省，经济高质量发展水平均值为0.3220，这5个省（市）大多集中于沿海地区或是政治中心，具有先天发展优势。这5个省（市）位于我国的经济发达地带，拥有良好的地理位置和交通网络，便利的市场接入和资源配置，使其具备了较好的区位优势。这些地区拥有较为完善的产业体系，涵盖了高技术产业、制造业、金融服务、现代服务业等多个领域。产业结构的多样化和高附加值产业的比重较高，促进了经济的高质量发展。此外，这些地区拥有丰富的人力资源和高素质的人才储备，包括技术人才、管理人才和创新人才等。人力资源优势提供了有利条件，推动了经济高质量发展。在科技创新和研发投入方面也具有较强的能力，拥有大量的高科技企业和研发机构。创新能力的提升推动了技术进步和产业升级，有助于经济高质量发展。

排名后5位省（市）分别是位于西部地区的云南、宁夏、贵州、新疆与甘肃，经济高质量发展水平均值为0.1101，仅为前5位的1/3。这5个省（市）地理位置相对较为偏远，交通不便，地理条件对经济发展产生了一定的制约。缺乏良好的区位优势，市场接入和资源配置相对较为困难。与其他省（市）相比，这些地区的经济基础相对薄弱，产业结构相对简单，主要以传统产业和资源型产业为主。缺乏高技术产业和现代服务业等高附加值产业的支撑，经济增长较为有限。由于经济相对滞后和就业机会相对不足，这些地区存在人口和人才流失的问题。优秀的人才倾向于向经济发达地区流动，导致了人力资源的匮乏和人才培养的困难。另外，这些地区在技术创新和研发投入方面相对欠缺，科技创新能力相对较弱。缺乏创新驱动的发展模式，限制了经济高质量发展的动力和竞争力。

### （二）从各省份的排序名次变化幅度比较（见表5-9）

2011—2020年，我国各省（市）经济高质量发展水平综合评价指数位次提速较快的是安徽省（↑9）、四川省（↑7）与湖南省（↑5）。近年来，此三省积极推动供给侧结构性改革，加快推进经济转型升级。通过淘汰落后产能、推动科技创新、促进产业升级等措施，优化了产业结构。通过推进科技研发、引进人才、搭建创新平台等举措，推动了科技创新与经济发展的紧密结合，提高了经济增长的质量和效益。此外，持续改善营商环境，推动简政放权、放管结合、优化服务。通过简化行政审批程序、优化政府服务、降低市场准入门槛等举措，吸引了越来越多的企业投资和创新创业，促进了经济发展的提速。积极开展对外开放合作，拓宽了市场空间和合作领域。通过积极参与国际合作、加强与其他地区的经贸交流，扩大市场影响力和合作机会，促进了经济高质量发展的提升。

排名下降较多的省市，包括吉林（↓6）、新疆（↓5）与黑龙江（↓5）。需要指出的是，尽管这3个地区的经济高质量发展水平相较于其他快速发展的省区有所落后，但其经济高质量发展综合指数在2011—2020年均取得了较大提高。由各指标均值可知，吉林、新疆与黑龙江三地在协调发展、绿色发展及共享发展方面处于全国平均水平，但创新发展与开放发展水平偏低。究其原因，可能是这三个省份经济结构依赖传统产业、人才流失严重、基础设施滞后，以及文化不够开放等因素共同作用的结果。

**表5-9　2011—2020年排名变化较大省份经济高质量发展均值**

| 省份 | 创新发展 | 协调发展 | 绿色发展 | 开放发展 | 共享发展 | 综合指数 | 排名变化 |
|---|---|---|---|---|---|---|---|
| 安徽 | 0.0958 | 0.4401 | 0.2592 | 0.0184 | 0.2171 | 0.1403 | +9 |
| 四川 | 0.088 | 0.4048 | 0.3323 | 0.0186 | 0.2123 | 0.1439 | +7 |
| 湖南 | 0.0838 | 0.4162 | 0.3433 | 0.011 | 0.2162 | 0.1433 | +5 |
| 吉林 | 0.0239 | 0.5414 | 0.2747 | 0.019 | 0.2709 | 0.1312 | -6 |
| 新疆 | 0.0067 | 0.3773 | 0.2281 | 0.0173 | 0.2383 | 0.1053 | -5 |
| 黑龙江 | 0.0289 | 0.5625 | 0.3189 | 0.0205 | 0.2445 | 0.1328 | -5 |

## 二、异质性分析

### （一）不同维度

由表5-10可以看出，不同维度经济高质量发展水平各省市间的差距较大。

**表5-10　我国各省份经济高质量发展状况**

| 排名 | 创新发展 | | 协调发展 | | 绿色发展 | | 开放发展 | | 共享发展 | |
|---|---|---|---|---|---|---|---|---|---|---|
| 1 | 广东 | 0.4546 | 上海 | 0.8898 | 青海 | 0.5319 | 上海 | 0.1508 | 上海 | 0.6618 |
| 2 | 江苏 | 0.4055 | 北京 | 0.8433 | 江西 | 0.4695 | 北京 | 0.1306 | 北京 | 0.6422 |

续表

| 排名 | 创新发展 | | 协调发展 | | 绿色发展 | | 开放发展 | | 共享发展 | |
|---|---|---|---|---|---|---|---|---|---|---|
| 3 | 浙江 | 0.2777 | 天津 | 0.8424 | 福建 | 0.4582 | 海南 | 0.1167 | 天津 | 0.4152 |
| 4 | 北京 | 0.2742 | 浙江 | 0.667 | 广西 | 0.4479 | 广东 | 0.1159 | 浙江 | 0.405 |
| 5 | 山东 | 0.2384 | 江苏 | 0.6245 | 海南 | 0.4377 | 江苏 | 0.1041 | 江苏 | 0.3818 |
| 6 | 上海 | 0.1373 | 广东 | 0.6068 | 广东 | 0.3969 | 天津 | 0.0952 | 辽宁 | 0.3568 |
| 7 | 湖北 | 0.1239 | 辽宁 | 0.5737 | 云南 | 0.3959 | 浙江 | 0.0675 | 广东 | 0.3443 |
| 8 | 河南 | 0.0977 | 福建 | 0.5655 | 浙江 | 0.3931 | 福建 | 0.0527 | 重庆 | 0.3036 |
| 9 | 安徽 | 0.0958 | 黑龙江 | 0.5625 | 重庆 | 0.3534 | 辽宁 | 0.0509 | 山东 | 0.2955 |
| 10 | 福建 | 0.0925 | 吉林 | 0.5414 | 贵州 | 0.3511 | 山东 | 0.0418 | 湖北 | 0.2799 |
| 11 | 四川 | 0.088 | 重庆 | 0.5323 | 湖南 | 0.3433 | 广西 | 0.0392 | 福建 | 0.2781 |
| 12 | 天津 | 0.0847 | 湖北 | 0.527 | 四川 | 0.3323 | 重庆 | 0.0351 | 海南 | 0.2766 |
| 13 | 湖南 | 0.0838 | 海南 | 0.4946 | 黑龙江 | 0.3189 | 江西 | 0.0215 | 陕西 | 0.2744 |
| 14 | 陕西 | 0.0837 | 山东 | 0.4884 | 北京 | 0.2954 | 黑龙江 | 0.0205 | 吉林 | 0.2709 |
| 15 | 辽宁 | 0.0682 | 内蒙古 | 0.4745 | 内蒙古 | 0.2873 | 河北 | 0.0202 | 山西 | 0.2601 |
| 16 | 河北 | 0.0678 | 江西 | 0.4627 | 陕西 | 0.2822 | 吉林 | 0.019 | 宁夏 | 0.2501 |
| 17 | 重庆 | 0.0498 | 河北 | 0.4576 | 湖北 | 0.2761 | 四川 | 0.0186 | 黑龙江 | 0.2445 |
| 18 | 江西 | 0.0451 | 宁夏 | 0.4489 | 吉林 | 0.2747 | 安徽 | 0.0184 | 新疆 | 0.2383 |
| 19 | 黑龙江 | 0.0289 | 山西 | 0.4464 | 安徽 | 0.2592 | 新疆 | 0.0173 | 河南 | 0.2372 |
| 20 | 山西 | 0.0259 | 安徽 | 0.4401 | 辽宁 | 0.2526 | 陕西 | 0.015 | 内蒙古 | 0.2319 |
| 21 | 吉林 | 0.0239 | 河南 | 0.4167 | 新疆 | 0.2281 | 云南 | 0.0145 | 安徽 | 0.2171 |
| 22 | 广西 | 0.0192 | 湖南 | 0.4162 | 河北 | 0.2215 | 河南 | 0.0135 | 湖南 | 0.2162 |
| 23 | 内蒙古 | 0.0189 | 四川 | 0.4048 | 山东省 | 0.2166 | 宁夏 | 0.0131 | 河北 | 0.2149 |
| 24 | 云南 | 0.0188 | 新疆 | 0.3773 | 江苏 | 0.1965 | 湖北 | 0.0128 | 四川 | 0.2123 |
| 25 | 贵州 | 0.0185 | 陕西 | 0.3745 | 宁夏 | 0.1932 | 山西 | 0.0119 | 江西 | 0.2104 |
| 26 | 甘肃 | 0.0165 | 青海 | 0.3488 | 河南 | 0.1793 | 湖南 | 0.011 | 青海 | 0.2062 |
| 27 | 新疆 | 0.0067 | 广西 | 0.3483 | 山西 | 0.1696 | 内蒙古 | 0.0093 | 甘肃 | 0.1966 |
| 28 | 宁夏 | 0.0045 | 云南 | 0.2575 | 甘肃 | 0.1405 | 甘肃 | 0.009 | 广西 | 0.1857 |
| 29 | 青海 | 0.0031 | 贵州 | 0.2252 | 天津 | 0.1168 | 贵州 | 0.0067 | 贵州 | 0.1819 |
| 30 | 海南 | 0.0018 | 甘肃 | 0.2168 | 上海 | 0.1089 | 青海 | 0.0057 | 云南 | 0.1564 |

**1. 创新发展方面**

广东省、江苏省、浙江省、北京市与山东省的创新发展水平超过0.2，居前5位。其中，排名前两位的广东与江苏两省的创新发展水平分别为

0.4546、0.4055，显著高于排名第3、第4、第5位的浙江（0.2777）、北京（0.2742）与山东（0.2384）。创新发展水平为后5位的省份分别为甘肃（0.0165）、新疆（0.0067）、宁夏（0.0045）、青海（0.0031）与海南（0.0018），创新发展水平处于较低水平。

广东省、江苏省、浙江省、北京市和山东省都具备完善的创新生态系统，其中包括高校、科研机构、企业孵化器和创新平台等。这些机构和平台为创新活动提供了良好的科研环境和创新支持，推动了创新的发展。这些地区拥有多元化的产业结构，为创新提供了广阔的应用场景和市场需求。例如，广东省在制造业、电子信息、生物医药等领域具有较强的实力，江苏省在新材料、新能源、高端装备制造等领域具有优势，浙江省在互联网、文化创意、服装等领域具备突出优势，北京市在科技创新、人工智能、金融科技等领域具有较强的创新能力，山东省在能源化工、现代农业、海洋经济等领域拥有丰富的创新资源。因此，这些地区的创新生态系统为科学研究、技术创新和创业创新提供了良好的支持和合作平台。高校和科研机构提供了人才培养和科学研究的基础，企业孵化器和创新平台则为创业者和创新团队提供了资源支持、技术转化和市场拓展的机会。

甘肃、新疆、宁夏、青海和海南的经济结构相对单一，以传统产业或资源型产业为主，这限制了这些地区的创新能力和创新活动的开展。传统产业往往依赖于传统技术和市场需求，缺乏创新的驱动力和多样化的发展机会。同时，这些地区的资源型产业主要依赖于自然资源的开采和加工，缺乏技术创新和附加值的提升。除了经济结构的限制，这些地区也面临着创新资源的相对匮乏。创新资源包括科研机构、高校、技术人才、研发资金等。相对较少的科研机构和高校，以及有限的研发资金，限制了创新活动的开展。同时，缺乏技术人才和创新团队的引进，使得创新能力的提升面临一定的挑战。另一个问题是创新环境相对薄弱。创新环境包括政策支持、创新平台、科技成果转化等方面。这些地区在政策支持、科技成果转化和创新平台方面相对滞后，缺乏对创新的全面支持和配套服务。这使得创新活动面临着市场推广、融资支持等方面的困难。由于创新资源和环境的相对不足，这些地区普遍面临人才流失和引进不足的问题。优秀的人才倾向于向经济发达地区流动，寻求更多的发展机会和创新环境。这加剧了这些地区留住和吸引人才的难题。缺乏高素质人才对于创新能力和创新活动的发展造成了制约。

**2. 协调发展方面**

排名前3位的上海（0.8898）、北京（0.8433）、天津（0.8424）协调发展水平超过0.8，处于较高发展水平。排名第4、第5位的浙江与江苏两省分别为0.667、0.6245。排名后5位的青海（0.3488）、广西（0.3483）、云南（0.2575）、贵州（0.2252）与甘肃（0.2168）的协调发展水平低于0.4，存在较大提升空间。

上海、北京、天津、浙江和江苏作为我国经济发达地区或沿海地区，具有得天独厚的区位条件和广阔的市场规模。这些地区已经建立起良好的产业生态系统和完善的产业链，企业之间的合作和交流更加紧密，创新资源的共享和流动更加便利，这为产业的快速发展和升级提供了有力支持。这些地区注重通过创新创业来提升贫困地区的产业竞争力和创造力，促进经济发展和贫困地区的脱贫致富。通过引进创新技术、知识和资本，以及提供创业支持和培训，这些地区助力贫困地区发展新兴产业、培育新的经济增长点，推动贫困地区的经济结构优化和转型升级。此外，这5个省份注重社会保障体系的建设，通过实施扶贫政策和社会救助制度，促进了贫困地区的脱贫致富。在贫困地区，这些地区通过提供基本医疗保障、教育支持、住房保障等社会保障措施，帮助贫困人口改善生活条件，提升社会福利水平。

青海、广西、云南、贵州和甘肃的经济基础相对薄弱，主要依赖传统的农业和资源型产业。这种单一的产业结构使得产业转型升级面临较大的困难，无法为经济增长和贫困地区提供足够的支撑。同时，这些地区的创新能力和创业氛围相对不足，限制了新兴产业的发展和创业创新的活力，导致经济结构相对滞后，贫困地区的脱贫面临困难。另外，这些地区的地理环境复杂，交通条件相对落后，对资源的开发和利用效率产生了影响。相对较差的交通基础设施限制了资源的流通和市场的拓展，加大了经济发展的成本和难度。同时，复杂的地理环境也增加了资源开发和环境保护的挑战，需要更多的技术和资金投入。

**3. 绿色发展方面**

青海（0.5319）、江西（0.4695）、福建（0.4582）、广西（0.4479）与海

南（0.4377）居前5位。河南（0.1793）、山西（0.1696）、甘肃（0.1405）、天津（0.1168）与上海（0.1089）居后5位，得分均低于0.2。说明其绿色发展水平较低。

青海、江西、福建、广西和海南在绿色发展方面取得了显著成就。以福建为例，其森林覆盖率在全国名列前茅，海南则享有全国最好的环境空气质量综合指数，广西的各项绿色指标也表现出色。这些地区拥有丰富的自然资源，包括水资源和森林资源等。他们注重保护和合理利用这些资源，推动绿色发展。同时，这些地区的独特自然环境也为绿色产业和生态旅游提供了良好的基础。通过发展绿色产业，如可再生能源、清洁技术和生态农业等，这些地区能够实现经济增长与环境保护的良好平衡。此外，生态旅游的发展也为当地经济注入了活力，同时促进了环境保护和可持续发展。这些地区的政府高度重视绿色发展，积极出台绿色政策和措施。通过调整能源结构、加强环境保护、推动低碳发展等方面的工作，政府为绿色发展提供了政策引导和支持。同时，鼓励企业和社会各界参与绿色发展，促进绿色技术创新和环境意识的提升。

河南、山西、甘肃和天津等地的产业结构主要以传统的资源密集型和高污染排放的行业为主导，如重工业和煤炭等。这种产业结构导致了环境负荷的增加，难以实现绿色发展的目标。这些地区的能源结构也过于依赖传统的化石燃料，清洁能源的比例相对较低，因此，在降低碳排放和实现绿色能源转型方面面临一定的挑战。同时，这些地区的公众对环境保护和绿色发展的认知度和重视程度相对较低。由于环保意识的薄弱，一些居民和企业可能对环境问题缺乏足够的关注，对环境的破坏行为较为普遍。另外，这些地区环境保护法规的执行力度不足，导致企业和居民在环境保护方面的行为不规范，因此，存在一些企业不合规排放污染物或者违反环境保护法规的情况，而相关执法力度不足则会加剧环境问题的存在。

尽管上海已经进行了产业结构调整和转型升级，但仍然存在一些高能耗和高排放的行业，如钢铁、化工和汽车制造等。这些行业对环境造成的压力较大，限制了绿色发展的进程。为了实现更加可持续的发展，上海需要进一步加强对这些行业的监管，推动其向清洁生产和低碳技术转型。上海作为一个高度城市化的地区，城市建设和发展过程中消耗了大量资源和能源，同时也带来了环境污染和生态破坏等问题。为了解决这些问题，上海需要加强资源管理，加大对绿地和自然保护区的建设和保护力度，提高城市生态系统的稳定性和健康度。此外，上海是一个人口密集的城市，交通拥堵和空气污染问题比较突出。高车辆密度和交通拥堵不仅导致能源消耗增加，还对空气质量造成负面影响。为减少空气污染，上海要加强交通管理，优化道路布局，提高交通运输效率。

**4. 开放发展方面**

上海（0.1508）、北京（0.1306）、海南（0.1167）、广东（0.1159）、江苏（0.1041）居前5位，得分均低于0.2；湖南（0.011）、内蒙古（0.0093）、甘肃（0.009）、贵州（0.0067）、青海（0.0057）居后5位，得分均不及0.02，由此可知，在开放发展方面，各省份均处于较低水平，且存在较大差距。

上海、北京、海南、广东和江苏位于中国的沿海地带，具有便利的海陆交通网络和优良的港口设施，使得它们与国内外市场的联系更为紧密。这为吸引外商投资、开展国际贸易和实施开放政策提供了有利条件。同时，这些地区作为中国的经济中心和国际化城市，拥有丰富的国际资源和国际交流合作平台。这些地区吸引了大量的国际企业、机构和人才，促进了与国际市场的深入对接和合作。它们成为国际企业进入中国市场的重要门户和合作伙伴。这种国际化的交流与合作，为本地企业提供了更广阔的发展空间，推动了经济的繁荣和创新的兴起。同时，上海、北京、海南、广东和江苏都秉持着开放的发展思路和创新的精神。它们积极推动改革开放，鼓励创新创业，注重引进和培育高新技术产业和创新型企业，不断提升自身的竞争力和发展水平。这些地区积极吸纳国内外先进的科技和创新资源，推动科技创新的转化应用，并为创新型企业提供良好的创业环境和政策支持。上海、北京、海南、广东和江苏还通过建设自由贸易试验区、开展自贸港建设等措施，推动贸易和投资自由化便利化，吸引更多的国际资源和资本。这些举措为本地企业提供了更广阔的发展机遇，并促进了与国际市场的融合和互利合作。

湖南、内蒙古、甘肃、贵州和青海作为中国的内陆地带，与沿海地区相比，面临着一些特殊的挑战和限制。首先，这些地区的交通条件相对较为困难，物流成本较高，不便于与国内外市场进行快速连接和交流。这使得它们在开放发展方面的竞争力受到一定的制约。其次，这些地区的经济结构相对单一，主要依赖传统产业或资源型产业，缺乏多元化和具有国际竞争力的产业集群和核心企业。这导致它们在全球化竞争中的地位相对较弱，难以吸引国内外的投资和合作。再次，这些地区在基础设施建设和公共服务水平方面相对滞后，市场规模较小，消费能力相对不足。这使得外部投资和开放合作的机会受限，限制了这些地区在开放发展中的发展潜力。最后，相对于经济发展较好的地区，这些地区的政府对外开放和引进外资的政策支持力度相对较弱，对产业转型升级和创新创业的扶持力度不够充分。缺乏明确的政策导向和全面的支持措施，限制了这些地区在开放发展中的动力和潜力。

**5. 共享发展方面**

上海（0.6618）、北京（0.6422）、天津（0.4152）、浙江（0.405）与江苏（0.3818）居前5位。与此同时，青海（0.2062）、甘肃（0.1966）、广西（0.1857）、贵州（0.1819）与云南（0.1564）居后5位。得分最高的上海得分，约为得分最低的云南的4倍。

上海、北京、天津、浙江和江苏是中国的经济重要地区，它们具备发达的经济体系和先进的产业结构，同时拥有较强的创新能力和竞争力。这些地区的优势为共享经济提供了丰富的资源和广阔的市场空间。首先，这些地区拥有先进的通信网络、互联网技术和数字化基础设施，为共享经济的发展提供了有利条件和良好的平台。这为共享交通、共享住宿、共享办公等领域的企业和平台提供了稳定的网络环境和便捷的用户体验。其次，这些地区注重创新创业，建设了优良的创新创业环境。创新创业园区、科技孵化器等创业服务平台纷纷涌现，为创业者提供资源支持、人才培训和资金扶持等方面的帮助。政府还出台了一系列支持创新创业的政策和激励措施，鼓励企业和个人在共享经济领域进行创新实践。再次，这些地区具有较为开放和包容的社会文化氛围。人们对新兴经济形态持有较高的接受度和支持度。社会各界对共享经济持开放态度，愿意尝试新的商业模式和服务方式。这种开放的社会环境为共享经济企业的发展提供了有利条件，也推动了共享经济在这些地区的蓬勃发展。

青海、甘肃、广西、贵州和云南是中国经济规模和产业结构相对较薄弱的地区，创新能力和竞争力相对较弱，缺乏具有竞争力的核心产业和优势企业。在技术和信息基础设施方面，这些地区的发展相对滞后，通信网络、互联网技术和数字化基础设施建设相对薄弱，缺乏先进的科技支撑和高水平的信息化发展。在创新创业环境方面，这些地区的创新创业条件相对不足。在科技研发投入、创新资源和人才引进等方面相对较少投入，缺乏充足的创新创业活动氛围和条件，这对共享经济的发展产生了限制。此外，这些地区的政府在共享经济发展方面的政策支持和规范引导相对不充分。缺乏明确的政策导向和规范引导，限制了共享经济规模和发展速度的提升。

### （二）不同区域

#### 1. 经济高质量发展总水平

由表5－11可知，在样本期间内，东中西部的经济高质量发展水平处于稳步上升状态。其中，东部地区的经济高质量发展水平由0.1883增至0.3280，年均增长率为6.36%；中部地区由0.0980增至0.1941，年均增长率为7.89%；西部地区由0.0848提升至0.1636，年均增长率为7.57%。与此同时，全国经济高质量发展水平由0.1262增至0.2320，年均增长率为7.00%。由此可知，东部地区经济高质量发展水平显著领先于中部与西部地区，且高于全国平均水平。但是，中部与西部地区的增长率已超过东部地区，地区间差距有望缩减。这说明中国地区经济高质量发展水平的非均衡地区差距程度有逐步加强趋势，“俱乐部现象”的动态演进特性并不明显。原因分析如下：

**表5－11　东中西部地区综合指标对比**

| 年份 | 东部地区 | 中部地区 | 西部地区 | 全国 |
|---|---|---|---|---|
| 2011 | 0.1883 | 0.0980 | 0.0848 | 0.1262 |
| 2012 | 0.2057 | 0.1095 | 0.0961 | 0.1398 |
| 2013 | 0.2127 | 0.1169 | 0.1016 | 0.1464 |
| 2014 | 0.2189 | 0.1231 | 0.1081 | 0.1527 |
| 2015 | 0.2282 | 0.1312 | 0.1122 | 0.1598 |

续表

| 年份 | 东部地区 | 中部地区 | 西部地区 | 全国 |
|---|---|---|---|---|
| 2016 | 0. 2385 | 0. 1389 | 0. 1191 | 0. 1681 |
| 2017 | 0. 2494 | 0. 1461 | 0. 1302 | 0. 1781 |
| 2018 | 0. 2782 | 0. 1577 | 0. 1437 | 0. 1968 |
| 2019 | 0. 2854 | 0. 1729 | 0. 1493 | 0. 2055 |
| 2020 | 0. 3280 | 0. 1941 | 0. 1636 | 0. 2320 |
| 年均增长率（%） | 0. 0636 | 0. 0789 | 0. 0757 | 0. 0700 |

数据来源：作者根据测算结果计算整理所得。

我国经济高质量发展存在区域差异的原因确实与东部地区和中西部地区的经济基础、政策支持和区位优势有关。东部地区由于长期的经济金融发展、政策优惠和区位优势等因素，相较于中西部地区在经济高质量发展方面具有明显的先发优势和积累效应。首先，东部地区拥有较为完善的教育、科研和创新体系，积累了丰富的人力资本和产业基础。这为技术创新和产业升级提供了重要支撑，使得东部地区能够更好地适应经济转型和高质量发展的需求。东部地区的高校和科研机构较多，吸引了大量的人才和研发资源，促进技术创新和知识产业的发展。其次，东部地区与国际市场接轨更为紧密，拥有更多的外贸企业和国际经济合作机会。东部地区的地理位置和交通网络便利，使得其与国际市场的联系更加紧密，能够吸引更多的外资和国际企业。东部地区的开放程度较高，能够更好地融入全球产业链和价值链，从而获得更多的经济贸易与合作机会。

然而，近年来中国政府已经意识到中部和西部地区的发展不平衡问题，并采取了一系列政策措施来促进中西部地区的经济发展。为了缩小地区间的发展差距，中国政府实施了西部大开发战略，通过加大对西部地区的投资和支持，促进中西部地区的基础设施建设和产业发展。同时，推进中部地区崛起等政策也旨在加快中部地区的经济增长和发展，鼓励中部地区发挥自身优势，推动产业转型升级和区域经济发展。这些政策的实施有助于缩小地区间的发展差距，促进全国经济的协调发展。通过优化政策环境、加强基础设施建设、培育新兴产业等方面的努力，中部和西部地区逐渐缩小了与东部地区的差距，并展现出强大的发展潜力和活力。

## 2. 各维度发展水平比较

由表 5 – 12 可知，在创新发展、协调发展、开放发展与共享发展方面，东部地区领先于中西部地区。但是，在绿色发展方面，东部地区落后于中西部地区。中部地区在创新发展、协调发展与共享发展方面显著优于西部地区，但是，在绿色发展方面落后于西部地区。在开放发展方面，中西部地区相差不大，西部地区微幅领先于中部地区。

**表 5 – 12　2011—2020 年东中西部经济高质量发展各维度得分情况**

| 维度 | 区域 | 2011 年 | 2012 年 | 2013 年 | 2014 年 | 2015 年 | 2016 年 | 2017 年 | 2018 年 | 2019 年 | 2020 年 | 均值 |
|---|---|---|---|---|---|---|---|---|---|---|---|---|
| 创新发展 | 东部 | 0.1091 | 0.1327 | 0.1474 | 0.1579 | 0.1731 | 0.1838 | 0.1983 | 0.2344 | 0.2594 | 0.3155 | 0.1912 |
| | 中部 | 0.0331 | 0.0402 | 0.0476 | 0.0527 | 0.0583 | 0.0633 | 0.0698 | 0.0816 | 0.0953 | 0.1143 | 0.0656 |
| | 西部 | 0.0128 | 0.0171 | 0.0209 | 0.0237 | 0.0269 | 0.0294 | 0.0316 | 0.0399 | 0.0441 | 0.0515 | 0.0298 |
| 协调发展 | 东部 | 0.5707 | 0.5834 | 0.6032 | 0.6198 | 0.638 | 0.6552 | 0.6672 | 0.6601 | 0.6974 | 0.7173 | 0.6412 |
| | 中部 | 0.3782 | 0.3968 | 0.423 | 0.4481 | 0.4699 | 0.4867 | 0.5058 | 0.5293 | 0.5527 | 0.5758 | 0.4766 |
| | 西部 | 0.2483 | 0.2698 | 0.3003 | 0.3304 | 0.3549 | 0.3778 | 0.4056 | 0.4205 | 0.4537 | 0.4833 | 0.3645 |
| 绿色发展 | 东部 | 0.2681 | 0.283 | 0.2857 | 0.2826 | 0.2806 | 0.2942 | 0.2836 | 0.2711 | 0.274 | 0.29 | 0.2813 |
| | 中部 | 0.247 | 0.2728 | 0.2744 | 0.2761 | 0.2872 | 0.3007 | 0.2874 | 0.2807 | 0.299 | 0.3381 | 0.2863 |
| | 西部 | 0.2946 | 0.3185 | 0.3117 | 0.3183 | 0.3052 | 0.3138 | 0.3308 | 0.3304 | 0.3311 | 0.3674 | 0.3222 |
| 开放发展 | 东部 | 0.0921 | 0.0872 | 0.0809 | 0.0765 | 0.0687 | 0.067 | 0.0701 | 0.1159 | 0.0701 | 0.1318 | 0.0860 |
| | 中部 | 0.0168 | 0.0161 | 0.0158 | 0.0161 | 0.0145 | 0.0136 | 0.0149 | 0.0161 | 0.0167 | 0.0202 | 0.0161 |
| | 西部 | 0.0141 | 0.0149 | 0.0152 | 0.0169 | 0.0149 | 0.0133 | 0.0153 | 0.0282 | 0.016 | 0.018 | 0.0167 |
| 共享发展 | 东部 | 0.3055 | 0.3338 | 0.3406 | 0.3522 | 0.3713 | 0.3886 | 0.4105 | 0.4384 | 0.4609 | 0.4822 | 0.3884 |
| | 中部 | 0.1597 | 0.1808 | 0.1951 | 0.2078 | 0.2245 | 0.2397 | 0.2613 | 0.289 | 0.3159 | 0.3467 | 0.2421 |
| | 西部 | 0.1336 | 0.1572 | 0.1727 | 0.1861 | 0.2023 | 0.2203 | 0.2479 | 0.2766 | 0.2982 | 0.3208 | 0.2216 |

（1）创新发展方面：东部 > 中部 > 西部。

得益于政策优惠支持、良好的经济金融发展基础以及区位优势，东部地区在经济高质量发展方面形成了相对完善的创新生态系统。这一生态系统包括科研机构、孵化器、技术转移中心等，它们之间建立了良好的合作关系，能够为创新企业提供所需的支持和服务。东部地区的金融体系也较为完善，拥有更多的金融资源和投资机会。银行、风险投资机构和股票交易所等金融机构相对集中于东部地区，为创新企业提供了更多的融资渠道和支持。加之，东部地区经济规模较大，市场需求更加旺盛，吸引了更多的投资者和创业者。这种较大的市场规模为创新企业提供了更多的机会和发展空间。同时，东部地区与国际市场的接轨程度较高，容易获取国际先进的技术、管理经验和市场信息，这有利于创新的引进和吸收。另外，东部地区在外向型经济发展方面更具竞争力，与国际企业和跨国公司的合作更加紧密，为创新发展提供了更多机会。

与西部地区相比，中部地区作为东西部经济交会点，拥有便利的交通条件，有利于与东部地区和西部地区的联系与合作。中部地区毗邻沿海港口和内陆河流，便于物流运输和贸易往来，促进了技术、资金和市场的流动与交流。相对于西部地区，中部地区在经济基础和产业结构方面较为均衡。中部地区具备一定规模和较为发达的制造业基础，包括汽车制造、机械制造、电子信息等行业。这为中部地区提供了一定的技术积累和产业基础，有利于创新发展。此外，中部地区人口密集，人力资源较为充足。中部地区拥有一些知名高校和科研机构，培养了大量的科研人才和专业人才。人力资源的充足和较高的教育水平为中部地区的创新发展提供了重要支撑。中部地区的人才储备和科研实力为技术创新和产业升级提供了有力支持。另外，随着中国政府对中部地区的重视，中部地区也在加大力度推进创新驱动发展战略，积极引导科技创新、创业创新和制度创新。中部地区正在加强与东部地区和西部地区的合作交流，推动资源要素的优化配置和协同发展。这些举措有助于中部地区在经济高质量发展中发挥更大的作用，实现更加均衡和可持续的区域发展。

（2）协调发展方面：东部 > 中部 > 西部。

相较于中西部地区，东部地区拥有更为发达的经济基础和多样化的产业结构。在经济发展中，东部地区较早进行了产业结构的优化和转型升级，发展了一些高附加值的产业，如高技术制造业、金融、服务业等。这些新兴产业和服务业的发展为东部地区创造了更多高薪就业机会，有助于提高居民的收入水平和减少贫富差距。同时，东部地区聚集了大量的高等院校、研究机构和创新型企业，形成了较为完善的创新生态系统。这种创新生态系统为东部地区提供了创新要素的集聚和创新活动的有利环境，促进了创新能力的提升以及产业转型升级。丰富的教育资源极大地提升了东部地区居民的素质，使他们具备更好的就业竞争力和创业能力，增加了他们获得高薪工作机会的可能性。此外，相对于中西部地区，东部地区的城市化水平更高，城市发展更为迅速。城市化过程中，东部地区的城市提供了更多工作机会和更好的生活条件，吸引了大量农村人口进入城市就业。这有助于减少农村地区的贫困率和贫富差距，推动经济社会的均衡发展。

与西部地区相比，中部地区位于全国中心地带，与东部和西部地区交通联系更加便捷。这使得中部地区更容易获得外部投资、技术和市场信息，进而促进产业合作和发展。中部地区基础设施相对较好，交通网络发达。这有助于提高物流效率，增强地区内外部分工合作的能力。政府在推动中部地区的协调发展方面采取了积极的政策措施，包括财政支持、产业引导等，促使中部地区更好地融入全国经济体系。中部地区在过去几十年中积极推动产业转型升级，向技术密集型、知识密集型产业发展。这有助于提高创新能力，提升地区的整体竞争力。此外，相较于西部地区，中部地区拥有较高水平的教育资源，吸引了一定数量的高素质人才。人才的聚集进一步推动创新发展与产业升级。最后，政府在推动中部地区城乡协调发展方面采取了一系列推动农村改革、促进乡村振兴的政策措施。这些政策举措带来农村产业升级和农民收入增加，一定程度上缩减了贫富差距。

（3）绿色发展方面：西部 > 中部 > 东部。

相对于东部和中部地区，西部地区的生态环境相对较好，未受到过度工业化和城市化的影响。西部地区拥有广阔的自然生态资源，包括森林、草原、湖泊和河流等。这为西部地区发展绿色产业和生态旅游提供了有利条件。西部地区的自然资源丰富，如水力资源、太阳能资源和风能资源等。这些资源的利用具有较高的潜力和优势，例如发展水电、风电和太阳能发电等可再生能源产业，有利于推动绿色能源的发展。西部地区在产业结构调整方面相对较早。随着环境保护意识的提高，西部地区政府积极推动传统产业向绿色低碳产业转型。中国政府在推动西部大开发战略方面给予了较大的政策支持和投资引导。政府鼓励西部地区发展绿色产业和环境友好型产业，提供财税支持、优惠政策等，促进投资和资源向西部地区的流动。此外，西部地区还具有较为丰富的文化和旅游资源。西部地区拥有丰富的民族文化和历史遗迹，吸引了大量的游客前来观光和体验。政府也通过投资文化旅游基础设施、提升服务水平等方式支持西部地区的旅游业发展，促进当地经济的增长和就业的增加。

与中部地区相比，东部地区的经济发展起步较早，形成了一定规模的传统产业体系，如重工业、石化工业等。然而，这些传统产业在过去的发展中可能没有充分考虑环境影响和可持续性，导致环境污染和资源浪费问题较为突出。为了解决这些问题，东部地区已经加大了环境保护和可持续发展的力度，推动传统产业向绿色低碳方向转型。同时，东部地区的土地资源相对有限，面临较高的人口密集度和城市化压力。这导致土地资源利用效率低下，难以满足绿色发展的需求。然而，东部地区通过城市更新和土地整治等措施，努力提高土地利用效率，促进城市可持续发展。此外，东部地区的能源和水资源相对匮乏，也增加了绿色发展的难度。为了应对这一挑战，东部地区加大了能源节约和资源回收利用的力度，鼓励发展清洁能源和推广节能技术，以降低能源消耗和减少对水资源的需求。

（4）开放发展方面：东部 > 西部 > 中部。

与中西部地区相比，东部地区具有独特的地理位置和经济特点，使其在国际贸易和开放发展方面具备显著的优势。首先，东部地区毗邻国际贸易通道和重要港口，如上海、深圳、广州等，这些港口是中国对外贸易的重要门户，与世界各地的贸易往来频繁。这使得东部地区在进出口贸易、物流运输和供应链管理方面具备了独特的地理优势，能够更好地连接全球市场和资源，吸引国际企业和投资。其次，东部地区的交通基础设施发达，包括高速公路、铁路、航空等，为国内外的物流运输和人员流动提供了便利条件。这使得东部地区能够更快速、高效地与其他地区和国家进行合作和交流，促进了经济的互联互通。高速公路和铁路网络的密集度使得东部地区的城市间联系更加紧密，形成了城市群效应和区域一体化发展。此外，东部地区经济发展起步较早，形成了较为完善的产业体系和产业链。这使得东部地区在制造业、高新技术产业、服务业等方面具备较强的竞争力和创新能力。同时，东部地区的市场环境和法律体系较为成熟，为企业提供了良好的投资和营商环境。这吸引了大量的国内外企业和投资，进一步推动了经济的开放和发展。最后，东部地区政府和企业对外开放的态度也较为积极。他们更加乐于接受外来的技术、资本和商业模式，与国际接轨，促进了经济的创新和转型。同时，东部地区的高等教育机构和科研机构也与国际接轨，吸引了大量的国内外高端人才和研发资源，提高了创新能力和竞争力。

与中部地区相比，西部地区的丰富自然资源是其独特的优势之一。西部地区拥有丰富的能源资源，包括煤炭、油气、水电等，这些资源对于国家能源供应具有重要意义。此外，西部地区还富含各类矿产资源，如铜、锌、铝、稀土等。这些资源的存在为西部地区的工业发展提供了有力支撑，吸引了大量的投资和企业进驻，推动了西部地区的经济增长。西部地区的农业资源也非常丰富，拥有广袤的农田和丰富的水资源。农业是西部地区的重要支柱产业，种植业和畜牧业发达。西部地区的农产品具有一定的竞争优势，在国内外市场上具有一定的影响力。同时，西部地区的农产品也为其他地区提供了重要的农产品供应。西部地区与一些发展中国家和地区接壤，地理位置优势使得西部地区具备更便利的跨境贸易和区域合作机会。西部地区积极参与中国的“一带一路”倡议，推动了区域间的经济合作与互联互通。西部地区的出口贸易逐渐增长，对外开放程度不断提高，为经济发展带来了新的机遇。此外，西部地区还拥有丰富的旅游和文化资源。西部地区的自然风景区、历史文化遗址等吸引了大量的国内外游客。旅游业的发展为西部地区带来了经济增长和就业机会，也促进了当地文化的传承和发展。为促进西部地区的开放发展，中国政府一直在加大对西部地区的支持力度。通过推出一系列优惠政策和投资引导措施，鼓励外资进入西部地区，推动西部地区的产业升级和经济转型。政府还加大了对基础设施建设和公共服务的投资，提升了西部地区的发展基础，为西部地区的经济共享和可持续发展奠定了基础。

（5）共享发展方面：东部 > 中部 > 西部。

与中西部地区相比，东部地区拥有发达的城市群和经济中心，这些城市群在经济发展中发挥着重要的引擎作用，成为吸引国内外高端人才和投资的热点地区，形成了较为完善的产业链条和创新生态系统。东部地区的经济集聚效应较为显著，不仅吸引了大量的企业和产业集群，还形成了密集的创新网络和技术交流平台。这使得东部地区在科技创新、产业升级和新兴产业发展方面具有明显的优势，为经济共享发展提供了有力的支持。在金融和服务业方面，东部地区拥有成熟的金融体系和多样化的服务业，包括银行、证券、保险、商务咨询等。这些金融和服务业的发展为经济共享提供了重要的支持，提供了丰富的融资渠道、资金流动和创业支持，促进了资源和机会的平等分配。金融和服务业的繁荣不仅为企业提供了便利，也为个人和家庭提供了更多的就业机会和消费选择，进一步拉动了经济的发展和共享。此外，东部地区的交通和基础设施相对较为发达，包括高速公路、铁路、航空和港口等。这些优势使得东部地区更容易实现跨区域的资源流动和经济合作，促进了经济共享和区域一体化发展。交通便利性和基础设施的完善为跨地区合作、资源共享和市场开放提供了有力的支撑。东部地区的先进交通网络和现代化港口设施为进出口贸易、物流运输和产业链供应提供了便利条件，推动了经济的发展和区域间的经济合作。

与西部地区相比，中部地区位于中国的内陆地区，地理位置相对处于中心，与东部和西部地区连接较为便利。中部地区通过发达的交通网络，如高速公路、铁路和航空，与周边地区有更紧密的联系，便于资源和资金的流动，促进经济共享发展。中部地区拥有多个大中城市，如武汉、长沙、郑州等，这些城市具有较大的人口规模和较高的城市化水平，吸引了大量的投资和人才流入，形成了较为完善的产业体系和市场规模。这为中部地区实现经济共享提供了基础。相对于西部地区的资源型经济，中部地区的产业结构较为多元化，在经济转型方面较为积极，推动传统产业的升级和发展新兴产业，提高经济的创新能力和附加值。中部地区在产业结构调整和转型升级方面取得了一定的成就，积极引导和培育战略性新兴产业，促进高技术产业和现代服务业的发展，提高经济的竞争力和可持续发展能力。这有利于促进经济共享发展，推动中部地区与东部地区之间的协同发展和资源优势互补。此外，中部地区拥有一些优秀的高等教育机构和科研机构，培养了大量的高素质人才。这些人才储备为中部地区的经济发展提供了智力支持和创新动力，有利于推动技术创新和经济共享。中部地区的科技创新和人才培养为其经济发展提供了重要支撑，吸引了更多的创新型企业和科技项目落户中部地区，进一步推动了经济共享发展的步伐。

## 三、经济高质量发展的聚类分析

依据前述分析可知，不同地区的经济高质量发展水平表现出比较明显的差异。接下来，我们将对经济高质量发展进行聚类分析，以确定各省份的类别归属，并计算每个类别在经济高质量发展子系统上的平均得分。继而，我们可以绘制雷达图，以可视化展示不同类别地区在各个经济高质量发展子系统上的得分情况。

首先，我们以2011—2020年经济高质量发展均值子系统得分数据为基础，使用K－Means聚类分析方法将各省份的经济高质量发展水平划分为四类，并命名为第一梯队、第二梯队、第三梯队和第四梯队。其次，针对每个类别，我们计算其在经济高质量发展子系统上的平均得分。这样可以得到每个类别的特征得分值，用于后续雷达图的绘制。最后，我们利用雷达图来展示不同类别地区在多个维度上的得分情况。雷达图的每个顶点代表一个维度，而各个维度的得分值决定了雷达图上的形状。通过比较不同类别地区的雷达图，我们可以直观地了解它们在各个经济高质量发展子系统上的得分差异和特点。

表5－13展示了定量字段差异性分析的结果，包括均值±标准差的结果、F检验结果、显著性P值，P值为0.000***，$P<0.05$，拒绝原假设，说明变量均值在聚类分析划分的类别之间存在显著性差异。使用K－Means聚类分析方法将各省份经济高质量发展水平划分为四个梯队（见表5－14），在此基础上绘制雷达图（见图5－2）。

**表5－13　字段差异性分析**

| | 聚类类别（平均值±标准差） | | | | F | P |
|---|---|---|---|---|---|---|
| | 类别4（n=11） | 类别1（n=7） | 类别3（n=7） | 类别2（n=5） | | |
| 均值 | 0.137±0.008 | 0.182±0.02 | 0.104±0.011 | 0.322±0.032 | 174.404 | 0.000*** |

注：***、**、*分别代表1%、5%、10%的显著性水平。

**表5－14　各省份类别划分情况**

| 分类 | 省份 | 经济高质量发展均值 |
|---|---|---|
| 第一梯队 | 北京、广东、江苏、上海、浙江 | 0.3220 |
| 第二梯队 | 山东、天津、福建、辽宁、湖北、海南、重庆 | 0.1819 |
| 第三梯队 | 陕西、江西、四川、湖南、安徽、河南、黑龙江、吉林、青海、广西、河北 | 0.1367 |
| 第四梯队 | 内蒙古、山西、云南、新疆、宁夏、贵州、甘肃 | 0.1042 |

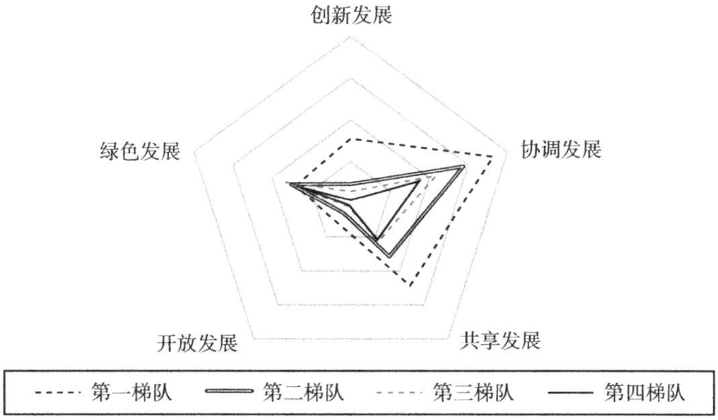


**图5－2　雷达图**

第一梯队：包括北京、广东、江苏、上海和浙江，它们在经济高质量发展方面展现出较高水平。这5个省（市）的经济高质量发展均值为0.3220，远高于第二梯队（0.1819）、第三梯队（0.1367）和第四梯队（0.1042）的综合得分。除了绿色发展维度之外，第一梯队地区在创新发展、协调发展、开放发展、共享发展维度的平均得分都高于其他省份。这表明与第二、第三、第四梯队的省市相比，第一梯队5个省（市）基于良好的经济金融发展基础，在发展经济高质量发展方面具备显著的优势。然而，需要指出的是，第一梯队的省市在资源环境和经济稳定性方面尚未形成明显的优势。这可能是因为在经济高速增长的过程中，这些地区面临着资源的紧缺和环境的压力，并且在一定程度上面临着经济波动和风险。

第二梯队：包括山东、天津、福建、辽宁、湖北等7个省（市）。从雷达图中可以看出，这7个省（市）经济高质量发展水平与第一梯队地区还有一定差距。同时，创新发展与开放发展水平相对较低，制约着经济高质量发展综合水平的提升。原因可能在于这些地区的产业结构可能相对传统，依赖于传统的制造业和资源型产业。这些产业相对创新性较低，对技术创新和高附加值产业的需求较小，限制了创新发展的潜力。相对于一些沿海地区和自由贸易试验区，这些地区的开放程度可能较低。缺乏对外开放的机制、政策和资源，限制了外部技术和市场的引入，对创新和开放发展产生了一定的影响。

第三梯队：包括陕西、江西、湖南、四川、安徽、河南、黑龙江、吉林、青海、广西和河北共11个省份，占所研究地区总数的36.67%。这些地区的经济高质量发展水平相对较低，除了绿色发展与开放发展两方面，第三梯队地区在其他方面与第二梯队地区还存在较大差距，而且从雷达图中可以看出，创新发展与开放发展不足同样是制约第三梯队地区经济高质量发展的明显短板。这些地区依赖传统的产业或资源型经济，对新兴产业和高附加值产业的发展相对较弱，经济结构调整和转型升级方面进展较慢，限制了经济高质量发展的潜力。经济高质量发展需要充足的市场需求和消费能力支撑。这些地区与第一、第二梯队的城市相比，市场规模和消费能力相对较弱，经济发展受限。同时，面临人才流失和人力资源短缺问题，导致这些地区的人才储备相对不足，制约了经济高质量发展的推进。

第四梯队：包括内蒙古、山西、新疆、宁夏、云南、贵州、甘肃共7个省份。从雷达图中可以看出，这些地区的绿色发展、开放发展以及共享发展水平与第三梯队地区相近。但是，其创新发展与协调发展水平处于较低水平，低于其他三个梯队的地区。与其他省（市）相比，处于第四梯队的7个省（市）的资源禀赋和自然环境条件相对较为复杂和严峻，基础设施建设（包括交通运输、电力供应、信息通信等）相对滞后。基础设施建设不完善限制了产业转型升级、人才流动和市场拓展，不利于推动经济高质量发展。此外，这些地区的教育水平也相对滞后，科学技术人才和高素质人才培养与供给相对不足，缺乏高质量的人力资源储备，这就导致科技创新能力相对较弱，产业结构转型升级困难，产品附加值较低以及企业的市场竞争力不足，进而制约着经济高质量发展水平的提升。

通过聚类分析结果可知，我国的经济高质量发展在区域间和维度间呈现出明显的差异性。目前，我们没有一个省（市）是“十全十美”的“全优生”，即使处于第一梯队的5个省（市），虽然其经济高质量发展水平相对较高，但在绿色发展方面仍然落后于第二、第三、第四梯队的省（市）。同时，创新发展和开放发展方面的不足严重限制了第二、第三、第四梯队省（市）经济高质量发展水平的提升。这表明，由于我国各省市的经济发展水平和特点存在着显著差异，经济高质量发展面临着不同的问题和挑战，具有不同的发展重心和优先领域。因此，推动我国经济的高质量发展需要“因地施策”，需要根据不同地区的实际情况采取差异化的政策和措施。只有通过量身定制措施，才能更好地推动各地区经济的发展，实现整体上的高质量发展目标。

## 第五节　本章小结

综上所述，从 2017 年党的十九大报告首次提出至今，实践已经证明，高质量发展是引领我国经济“十三五”取得历史性成就的指南针，是“十四五”乃至更长时期我国经济社会发展的主题，关系我国社会主义现代建设全局。由经济高质量发展水平测算结果可知，自经济高质量发展概念提出以来，我国经济高质量发展取得显著提升，但是，仍然处于发展的初级阶段，且存在显著的区域发展不平衡问题。

（1）我国经济高质量发展尚处于初级阶段。2011—2020 年，我国经济高质量发展保持稳步增长态势，经济高质量发展水平从 2011—2020 年提高了近 1 倍，但是整体发展水平低于 0.3，仍然处于较低水平，尚未完全从高速发展转型为高质量发展。

（2）我国经济高质量发展存在显著的区域不平衡。北京、广东、江苏、上海与浙江等省（市），基于良好的经济金融发展基础以及禀赋优势，经济高质量发展水平居全国前 5 位。与之相比，位于西部地区的云南、宁夏、贵州、新疆与甘肃，因受到高新技术企业数量少等因素的制约，经济高质量发展水平居全国后 5 位，其经济高质量发展均值仅为前 5 位省（市）的 1/3。

（3）我国经济高质量不同维度异质性明显。在创新发展方面，居前 5 位的广东、江苏、浙江、北京与山东的创新发展水平超过 0.2，创新发展水平居后 5 位的甘肃、新疆、宁夏、青海与海南其创新发展水平不及 0.02，处于较低水平。在协调发展方面，排名前 5 位的上海、北京、天津、浙江与江苏协调发展水平超过 0.6。排名后 5 位的青海、广西、云南、贵州与甘肃的协调发展水平低于 0.4。在绿色发展方面，青海、江西、福建、广西与海南居前 5 位，得分均超过 0.4。河南、山西、甘肃、天津与上海居后 5 位，得分均低于 0.2。在开放发展方面，上海（0.1508）、北京（0.1306）、海南（0.1167）、广东（0.1159）、江苏（0.1041）居前 5 位，得分显著高于后 5

位，即湖南（0.011）、内蒙古（0.0093）、甘肃（0.009）、贵州（0.0067）、青海（0.0057）。在共享发展方面，排名前5位的上海、北京、天津、浙江与江苏，其共享发展水平是后5位（青海、甘肃、广西、贵州与云南）的4倍。

（4）我国经济高质量不同区域异质性明显。整体来看，东部地区经济高质量发展水平显著领先于中部与西部地区，且高于全国平均水平，呈现出东部是经济高质量发展的“领跑者”，中西部地区是经济高质量发展的“跟跑者”的发展态势。东部地区在创新发展、协调发展、开放发展与共享发展方面优于中西部地区，但在绿色发展方面落后于中西部地区。中部地区在创新发展、协调发展与共享发展方面优于西部地区，但在绿色发展、开放发展方面落后于西部地区。

（5）聚类分析结果表明，北京、广东、江苏、上海、浙江这5个省（市）位于第一梯队；山东、天津、福建、辽宁与湖北等7个省（市）位于第二梯队；陕西、江西、湖南、四川、安徽、河南、黑龙江、吉林、青海、广西和河北位于第三梯队；内蒙古、山西、新疆、宁夏、云南、贵州与甘肃位于第四梯队。通过聚类分析发现，我国经济高质量发展表现出较强的区域异质性以及维度异质性。目前，我国不存在“全优”省市，各梯队省市经济高质量发展面临着不同的问题和挑战，推动我国经济高质量发展，需要根据不同地区的实际情况“因地施策”。

# 第六章

# 数字普惠金融对经济高质量发展影响的实证分析

依据前述分析可知，数字普惠金融影响经济高质量发展，并且这种影响存在非线性以及空间溢出特征。为明确数字普惠金融对经济高质量发展的影响，在所构建的经济高质量发展评价指标体系的基础上，我们首先采用系统GMM方法，进行数字普惠金融影响经济高质量发展的基础分析，并进一步进行门槛效应检验以及空间溢出效应检验。

## 第一节 数字普惠金融对经济高质量发展影响的基准分析

### 一、模型选择

为分析数字普惠金融对省域经济高质量发展水平的基础关系，考虑到当期被解释变量可能还受到上一期的影响，本章拟构建如下动态面板模型：

$$Ehq_{i,t} = \beta_0 + \beta_1 \ln Ehq_{i,t-1} + \beta_2 Dif_{i,t} + \sum \gamma_i X_{i,t} + \varepsilon_{i,t}$$

其中，$Ehq_{i,t}$表示i省（市）t时期的经济高质量发展水平，$Dif_{i,t}$表示i省（市）t时期数字普惠金融发展发展水平，$X_{i,t}$表示控制变量，$\varepsilon_{i,t}$表示随机扰动项。由于解释变量中包含了被解释变量的滞后项，是一个典型的动态面板数据模型。动态面板模型中常常存在个体异质性和序列相关性，这些问题会导致OLS估计的无效性，广义矩估计（GMM）通过使用合适的工具变量和合理的矩条件，可以更好地处理这些问题。有鉴于此，我们采用广义矩估计（GMM）进行分析。

广义矩估计（Generalized Method of Moments，GMM）是一种统计方法，用于估计参数的经济模型。它是由经济学家汉森（Hansen）于1982年提出的，被广泛应用于经济学和金融学领域。广义矩估计的基本思想是通过建立样本矩和理论矩之间的差异，并寻找使得两者差异最小化的参数估计。样本矩是根据观测数据计算得到的经验矩，而理论矩是根据经济模型预测的矩。广义矩估计的优点在于它是一种比较灵活和广泛适用的估计方法。它不需要对数据的分布作出严格的假设，而是利用矩条件提供的信息来进行参数估计。此外，它还可以处理高阶矩的估计，对于涉及多个矩条件的模型具有较好的表现。

广义矩估计可以分为差分广义矩估计（DIF－GMM）和系统广义矩估计（SYS－GMM）。其中，差分广义矩估计（DIF－GMM）是基于面板数据模型的估计方法。在DIF－GMM中，研究者对面板数据进行差分处理，将模型转化为具有差分项的模型，从而消除个体固定效应。差分操作可以通过前向差分、后向差分或差分滞后等方式进行。DIF－GMM通常适用于面板数据模型中存在个体固定效应的情况。与之相比，系统广义矩估计（SYS－GMM）是用于动态面板数据模型的估计方法。在SYS－GMM中，研究者使用仪器变量方法来处理模型中的内生性问题。SYS－GMM通过引入滞后和差分项的仪器变量，同时利用当前和滞后期的内生变量，构建两阶段估计方程。SYS－GMM适用于面板数据模型中存在内生性和动态特征的情况。

在时间维度较短的情况下，SYS－GMM方法通常比DIF－GMM方法更具优势（Bond Stephen et al.，2001）。SYS－GMM方法使用工具变量来解决内生性问题，通过引入合适的工具变量，可以消除内生性引起的估计偏误。在时间维度较短的情况下，变量之间的内生性问题往往更加显著，这使得SYS－GMM方法在处理内生性时表现更好。此外，SYS－GMM方法能够利用动态面板数据模型的特征，通过引入滞后和差分项的工具变量，有效地捕捉变量之间的长期关系和动态调整过程。在时间维度较短的情况下，动态特征对于参数估计的贡献更为重要，因此SYS－GMM方法可以更好地利用这些信息。考虑到本章的研究只有5年的面板数据，因此，以下的计量研究将主要采用SYS－GMM方法来估计。

## 二、变量选取与数据说明

### 1. 变量选择

（1）被解释变量。

本章的被解释变量为经济高质量发展水平（Ehq）。这一变量是通过建立经济高质量发展评价体系并进行测算得出的。表5－5、表5－7详细列出了用于衡量各省份经济高质量发展水平的评价指标和相应的权重。经济高质量发展是指经济在保持稳定增长的同时，更加注重质量、效益和可持续性的发展。该评价体系综合考虑了多个方面的指标，如产业结构、科技创新、资源环境、社会福利等，以全面评估各个地区的经济高质量发展水平。

（2）解释变量。

本章的解释变量为数字普惠金融（Dif）。考虑到数据的可得性与科学性，本章使用北京大学数字金融研究中心2021年发布的2011—2020年省级数字普惠金融指数，以表示各省份数字普惠金融发展情况。该指数指标设计涉及的维度多且范围广，将数字普惠金融分为覆盖广度、使用深度和数字化程度这三个维度。这种设计能够更全面地考虑数字普惠金融服务的各个方面，并提供更详细的评估。

（3）控制变量。

考虑到其他因素对经济高质量发展的影响，为保证本章实证结果的准确性与可靠性，本章选择人均收入水平（Pin）、政府干预（Gov）以及经济发展水平（Pgdp）作为模型的控制变量（见表6－1）。

**表6－1　变量指标选择说明**

| 变量类型 | 变量名称 | 变量命名 |
| --- | --- | --- |
| 因变量 | 经济高质量发展指数 | Ehq |
| 内生变量 | 数字普惠金融指数 | Dif |
| 控制变量 | 人均收入水平 | Pin |
|  | 政府干预 | Gov |
|  | 经济发展水平 | Pgdp |

人均收入水平（Pin）：是衡量一个地区经济发展水平和人民生活水平的重要指标。人均收入水平的提高对于促进经济高质量发展具有关键作用。首先，人均收入水平的增加意味着人民的购买力提高。随着人们可支配收入的增加，他们有更多的能力购买各种商品和服务，从而刺激了地区内的消费需求。这对于推动经济增长至关重要，因为消费是经济增长的重要驱动力之一。地区内的消费需求的增加将带动相关产业的发展，推动产业结构的转变和升级。传统的产业将逐渐向高附加值、知识密集型和创新驱动型产业转型，从而提高经济发展的效率和协调性。其次，人均收入水平的提高有助于改善人民的生活水平。当人们的收入增加时，他们可以更好地满足基本生活需求，如食品、住房、教育和医疗等。这进一步提高了人民的生活质量和福利水平，有利于提升社会的幸福指数和整体社会稳定。此外，较高的人均收入水平还会促进创新和创业精神的培育。当人们有足够的经济支持时，他们更有可能投资于创新和创业活动。这有助于激发创新能力和创造力，推动新兴产业的发展，提高地区的经济活力和竞争力。

政府干预（Gov）：政府在推动经济高质量发展中的干预是十分重要的。通过直接投资、财政补贴和税收减免等政策，政府可以引导资源的流动和产业的分布，从而促进经济的均衡发展。首先，政府的直接投资是一种有效的方式，可以通过投资基础设施建设、科研项目和产业发展等方面来带动经济增长。例如，在欠发达地区，政府可以加大基础设施建设的投资力度，改善交通、能源和通信等基础设施条件，吸引更多的企业和投资资源进入该地区，推动经济发展。其次，财政补贴和税收减免是政府用来支持和鼓励特定行业或地区发展的重要手段。政府可以针对战略性新兴产业、技术创新企业等提供财政补贴和税收优惠政策，鼓励其进行研发投入和技术创新，推动产业升级和转型。同时，政府还可以通过税收政策的调整，降低企业的税负，增加其投资和创新的动力。再次，政府的干预还有助于解决经济中的不平衡问题。不同地区之间存在着发展水平的差距，政府可以通过调整资源配置和产业布局，促进资源的合理流动和优势互补。例如，通过引导企业向落后地区投资，扶持当地的产业发展，实现资源的合理配置和区域的协调发展。最后，政府的干预也可以促进绿色发展。政府可以设立环保基金，用于支持环境保护项目和绿色产业的发展。通过提供经济激励和政策支持，政府可以引导企业采用更加环保和可持续的生产方式，推动经济向着绿色低碳的方向发展。

经济发展水平（Pgdp）：经济发展水平是衡量一个地区经济状况的重要指标，对于推动经济高质量发展起着关键作用。较高的经济发展水平可以为地区带来多方面的积极影响，并促进经济的转型和提升。首先，经济发展水平的提高通常意味着地区的产业结构和经济基础较为健全和多元化。具备多元化的产业结构意味着地区能够降低对单一产业的依赖，减少经济波动风险，提高经济的稳定性和抗风险能力。这样的多元化经济结构有助于提升经济发展的效率和协调性，推动经济向更高质量的方向发展。其次，较高的经济发展水平往往与创新能力和科技水平的提升密切相关。高水平的经济发展为地区创新提供了更多的资源和机会，促进了科技进步和技术创新。通过投资研发、建设科技创新中心等措施，地区可以进一步提升创新能力，推动经济结构的优化和升级，从而实现经济高质量发展。再次，经济发展水平的提高也对人民的生活水平和购买力产生积极影响。随着人均收入的增加，人们的消费能力和需求也相应提升，这将带动地区内部消费市场的扩大和活跃。这对于促进内需、推动经济增长具有重要意义，同时也有助于推动产业结构的优化和升级，实现经济的高质量发展。最后，较高的经济发展水平还可以吸引更多的投资和人才流入地区，促进资源的集聚和创新要素的引进。投资和人才的流入为地区带来更多的发展机遇和创业环境，推动地区经济的发展和创新能力的提升。这将进一步推动经济结构的转型和升级，实现经济高质量发展。

**2. 数据来源**

通过计算得到的30个省份（不包括港澳台与西藏）2011—2020年的经济高质量发展综合指数的数据来源见第五章。数字普惠金融总指数选自北京大学数字金融研究中心发布的《北京大学数字普惠金融指数（2011—2020）》。其余三个控制变量的数据均来自各省市的统计年鉴。为了防止量纲差异对于回归结果的影响，在回归分析时我们进行了标准化处理。

**3. 描述性统计分析**

本章采用Stata15软件对各变量进行描述性统计分析后得到的结果如

表6－2所示，其中均值反映基本情况，标准差反映数据的波动程度。

**表6－2　描述性统计分析结果**

| 变量名 | 标识 | 样本量 | 最大值 | 最小值 | 平均值 | 标准差 |
|---|---|---|---|---|---|---|
| 经济高质量发展 | Ehq | 300 | 0.518 | 0.044 | 0.171 | 0.083 |
| 数字普惠金融 | Dif | 300 | 431.930 | 18.330 | 217.246 | 96.968 |
| 政府干预程度 | Gov | 300 | 0.643 | 0.11 | 0.25 | 0.103 |
| 经济发展强度 | Pgdp | 300 | 164889 | 16024 | 54545.498 | 27062.21 |
| 经济发展水平 | Pin | 300 | 1.744 | 0.687 | 0.961 | 0.245 |

由表6－2可以得出，被解释变量经济高质量发展指标的均值为0.171，最小值为0.044，最大值为0.518，可以看出，目前我国经济高质量发展尽管取得了显著成绩，但是仍处于较低水平。解释变量数字普惠金融指数的均值为217.246，最大值与最小值分别为431.93和18.33，由此可知，不同省市间发展存在较大差距，存在发展不平衡问题。对控制变量指标进行研究，其中，人均收入、政府干预、经济增长水平也有着较大的差异，这都影响着经济高质量发展。

为了直观地感知数字普惠金融与经济高质量发展的相关关系，基于各省份经济高质量发展水平的测度结果，绘制2011年和2020年数字普惠金融指数与经济高质量发展水平的散点拟合图（见图6－1）。通过初步刻画，可以发现，数字普惠金融指数与经济高质量发展水平大致呈正相关关系。总体而言，2011—2020年中国经济高质量发展的平均值为0.1706，年平均增长率

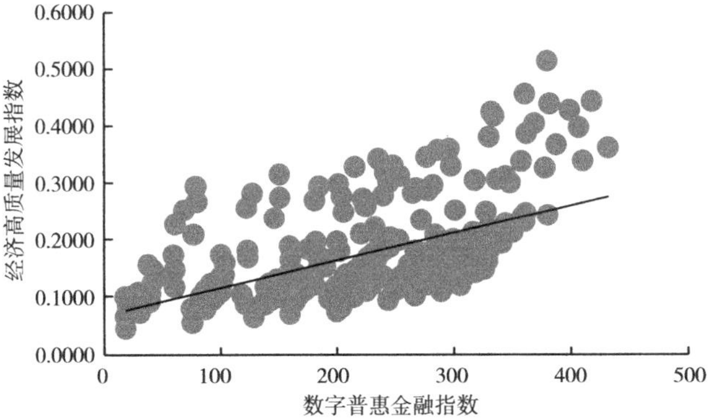


**图6－1　数字普惠金融与经济高质量发展趋势**

为7.00%，意味着数字普惠金融指数的提升有助于经济高质量发展，符合研究的初步预期。

## 三、实证检验与结果分析

表6-3是关于数字普惠金融总指数对经济高质量发展影响的实证结果。表6-3的估计结果显示AR(2)大于0.1，表明残差不存在二阶及以上的自相关；同时，Sargan（0.396，参见表6-4）大于0.1，表明工具变量不存在过度识别。这些结果可以验证本书设定模型的合理性。AR(2)的值大于0.1表示残差在时间上不存在显著的自相关性，即当前的残差与过去两期及更早的残差之间没有相关性。这意味着模型中考虑的自相关项是合理的，并且模型可以较好地捕捉数据的时间动态性。Sargan统计量是用来检验工具变量在拟合模型时是否存在过度识别的问题。当Sargan统计量大于0.1时，表明工具变量不会引起拟合模型的过度识别问题，即工具变量与误差项之间不存在显著的相关性。这意味着使用的工具变量在估计模型时是有效的，可以消除内生性的影响。综合来看，根据表6-3的估计结果，AR(2)大于0.1和Sargan统计量大于0.1的结果表明本文设定的模型是合理的，能够较好地解释数字普惠金融总指数对经济高质量发展的影响，并提高研究的可靠性。

表6-3中的第（1）列为GMM模型检验结果，第（2）列为随机效应模型，第（3）列为固定效应模型，从三个模型的估计结果来看，数字普惠金融对经济高质量发展均存在显著为正的影响，表明数字普惠金融对经济高质量发展具有明显的激励效应的结论是稳健的。依据GMM模型检验结果可知，数字普惠金融的系数为0.3605，并在5%水平上显著，表示数字普惠金融对我国经济高质量发展呈正向促进作用。同时，表6-3中的估计结果显示，AR（1）小于0.1，而AR（2）大于0.1，这意味着残差在时间上不存在二阶及以上的自相关性。这说明模型中考虑的自相关项是合理的，并且模型能够较好地捕捉数据的时间动态性。另外，Hansen检验的P值为0.266，大于0.1的显著性水平。这表明工具变量在模型中是有效的，并且不存在过度识别的问题。过度识别问题会导致估计的无效性，而在研究中，工具变量的有效性和过度识别问题均得到了验证。

表6-3　数字普惠金融对地区经济高质量发展的估计结果

| 解释变量 | GMM模型 | 随机效应模型 | 固定效应模型 |
|---|---|---|---|
| L. Ehq | 1.0673<br>(0.0000)*** | -0.0563<br>(0.2590) | 0.0172<br>(0.7780) |
| Dif | 0.3605<br>(0.0250)** | 0.1735<br>(0.0000)*** | 0.1780<br>(0.0000)*** |
| Gov | 0.0183<br>(0.206) | 0.3342<br>(0.0000)*** | 0.3160<br>(0.0000)*** |
| Pgdp | -0.0679<br>(0.0450)** | 0.1333<br>(0.0200)** | -0.1772<br>(0.0290)** |
| Pin | -0.0531<br>(0.0820)** | 0.1735<br>(0.0000)*** | 0.1780<br>(0.0000)*** |
| AR (1) | 0.068 | — | — |
| AR (2) | 0.179 | — | — |
| Hansen | 22.38<br>(0.266) | — | — |
| 控制变量 | Yes | Yes | Yes |

注：***、**、*分别代表1%、5%、10%的显著性水平。

# 第二节　数字普惠金融对经济高质量发展影响的异质性

本节进一步从异质性视角，对数字普惠金融在不同层面下对经济高质量发展的影响展开探讨。根据回归结果中数字普惠金融指数（Dif）系数的显著性水平和大小确定是否存在异质性。

## 一、维度异质性

由表6-4可知，数字普惠金融的覆盖广度、使用深度以及数字化程度的系数分别为0.1408、0.1622、0.1279，说明覆盖广度、使用深度以及数字化程度均促进经济高质量发展，即覆盖广度越广、使用深度越深、数字化程度越高，经济高质量发展水平越高。

**表6-4 数字普惠金融对地区经济高质量发展的维度异质性检验结果**

| 变量 | 综合指标 | 覆盖广度 | 使用深度 | 数字化程度 |
| --- | --- | --- | --- | --- |
| Dif | 0.3605<br>(0.0250)** | 0.1408<br>(0.000)*** | 0.1622<br>(0.060)* | 0.1279<br>(0.000)*** |
| AR(1) | 0.068 | 0.037 | 0.020 | 0.017 |
| AR(2) | 0.179 | 0.159 | 0.185 | 0.176 |
| Sargan | 0.396 | 0.456 | 0.557 | 0.901 |
| N | 300 | 300 | 300 | 300 |

存在上述状况的原因有以下几点：

第一，从覆盖广度看。数字普惠金融通过利用数字技术创新金融模式，降低金融服务的成本和门槛，将金融服务扩展到原本无法获得传统金融服务的人群和地区，包括农村地区、低收入群体和小微企业等。通过数字支付工具的普及和金融创新，人们可以更方便地进行消费和支付，企业能够更便利地获取融资支持，促进了创新和创业的活动，推动经济结构的升级和技术进步，从而降低了金融服务的不平等现象，有助于减少贫困和不平等现象，促进了社会稳定和包容性发展。

第二，从使用深度看。数字普惠金融的深度增加意味着在拓宽覆盖广度的基础上，进一步提供更加多样化和专业化的金融产品和服务以更好地满足个人和企业的特定需求，进而提升金融服务的质量和包容性。使用深度涉及引入创新的金融工具和技术，如区块链、人工智能、大数据分析等，改变传统金融服务的方式和效率，提供更高效、安全和智能的金融解决方案。随着数字普惠金融的深度增加，有助于缓解融资约束，激发新兴产业的发展和创新能力的提升，促进经济向高附加值和高技术含量的领域转型，推动经济的高速增长和高质量发展。

第三，从数字化程度看。数字化程度提升可以通过数字技术和移动互联网的应用，跨越地理和时间的限制，简化金融服务的流程和操作，提高服务的效率和便利性，进而减少传统金融服务的物理设施设置和人力资源成本，从而降低金融产品和服务的价格。这有助于推动金融服务的普惠性，使更多企业与个人能够负担得起金融服务，进而推动产业转型和创新的发展，缩减贫富差距，促进经济社会共享，推动经济高质量发展。此外，数字化程度提升可以帮助金融机构更准确地评估和管理风险，提高风险防控能力。同时，数字化程度提升也为监管机构提供更好的数据监测和监管手段，增强金融体系的稳定性和安全性。

## 二、区域异质性

表6－5中的估计结果显示AR(2）均大于0.1，这说明残差不存在二阶及以上的自相关性。同时，Sargan统计量均大于0.1，表示工具变量不存在过度识别的问题。这一系列结果验证了本书设定模型的合理性，并增强了模型的可靠性。同时，数字普惠金融（全国）的系数为0.3605，并且在5%的显著性水平上是显著的。这表明数字普惠金融对我国经济高质量发展具有正向促进作用。数字普惠金融在东部、中部和西部地区的系数分别为0.3270、0.0182和0.1099，并且在1%的显著性水平上是显著的。这意味着东部、中部和西部地区的数字普惠金融对经济高质量发展都具有正向促进作用，其中东部地区的促进效果最强，西部地区次之，中部地区的促进效果相对较弱。由此可知，数字普惠金融对经济高质量发展具有正向促进作用，并且在不同地区的影响程度存在差异。原因可能在于：

**表6－5　数字普惠金融对地区经济高质量发展的异质性检验结果**

| 变量 | 全国 | 东部 | 中部 | 西部 |
|---|---|---|---|---|
| Dif | 0.3605<br>(0.0250)** | 0.3270<br>(0.000)*** | 0.0182<br>(0.040)*** | 0.1099<br>(0.000)*** |
| AR(1) | 0.068 | 0.000 | 0.000 | 0.000 |
| AR(2) | 0.179 | 0.376 | 0.556 | 0.449 |
| Sargan | 0.396 | 0.994 | 0.329 | 0.516 |
| N | 300 | 110 | 80 | 110 |

注：* 表示 $p<0.1$，** 表示 $p<0.05$，*** 表示 $p<0.01$，括号内为t统计量，下同。

（1）与中西部地区相比，东部地区数字普惠金融与经济高质量发展的适配性更高。东部地区相对于中西部地区经济发展更为先进和成熟，拥有更高的人均收入和更多的消费能力。这使得东部地区的市场规模更大，对数字普惠金融的需求更高，金融服务的规模和影响力也相应更大。另外，东部地区的城市化水平相对较高，城市人口密度较大，这为数字普惠金融的发展提供了更广阔的市场和更多的商业机会。相比之下，中西部地区的城市化水平相对较低，市场规模较小，数字普惠金融的影响力和渗透度较低。

同时，东部地区的金融体系发展较为成熟，拥有更多的金融机构和金融科技企业，金融服务更多元化且创新能力较强。这为数字普惠金融的发展提供了更多的资源和支持，能够满足不同层次和需求的客户。相比之下，中西部地区的金融体系相对薄弱，金融资源和金融创新能力相对较弱，数字普惠金融的发展相对滞后。东部地区在技术创新和人才储备方面相对较强，拥有更多的技术人才和创新团队。这使得东部地区更具有推动数字普惠金融创新和应用的能力，能够更快地应对市场需求和技术变革。相对而言，中西部地区的技术创新和人才储备相对较少，数字普惠金融的创新能力和应用能力相对较弱。

（2）相对于中部地区，西部地区处于发展的早期阶段，经济基础较弱。数字普惠金融的引入可以促进金融包容，让更多人能够获得金融服务，从而加速西部地区经济的发展。由于西部地区相对于中部地区面临更大的地理挑战和交通不便，这对传统金融机构的布局和覆盖造成一定限制，相对于中部地区，西部地区存在更为明显的金融服务缺失问题。而数字普惠金融能够突破地域限制，通过数字技术提供服务，填补了金融服务缺失这一缺口，为西部地区的居民提供了更便捷、灵活的金融服务，促进了经济高质量发展。因此，与中部地区相比，数字普惠金融在西部地区的影响力更为显著。

此外，与中部地区相比，西部地更加倚重国内合作和内需市场，数字普惠金融的发展可以促进区域合作和国际交流，为西部地区提供更多发展机遇，从而推动经济的高质量发展。数字普惠金融的推广和应用需要依赖大数据、云计算、人工智能等先进的数字技术。近年来，在“东数西算”等政府政策以及投资优惠的扶持下，吸引了越来越多的金融科技企业和投资者进入西部地区，推动数字普惠金融的发展。相较于中部地区，西部地区面临更高的贫困率和经济不平等问题。数字普惠金融的发展可以为贫困人口和中小微企业提供更多金融服务和机会，进而促进经济的高质量发展。

# 第三节　数字普惠金融对经济高质量发展影响的门槛效应

通过前述分析可知，数字普惠金融对经济高质量发展的影响具备非线性特征。这意味着数字普惠金融与经济高质量发展之间存在某种非线性形式的关联。非线性特征可能表明数字普惠金融在某个阈值或临界点上对经济高质量发展产生显著的影响，或者存在不同的影响机制在不同的区间内发挥作用等。为此，本节通过采用门槛效应模型实证分析数字普惠金融对我国经济高质量发展的非线性影响模式。这有助于提供更准确的政策建议和指导，以促进数字普惠金融在实现经济高质量发展方面的最大化效益。

## 一、模型设定

关于普惠金融和经济发展间是单纯的线性关系还是存在门槛特征，部分学者分别从理论与实证方面开展研究，如刘亦文、丁李平和李毅（2018）、李建军、彭俞超和马思超（2020）等，从目前的研究成果来看，大部分学者认为普惠金融和经济发展之间的相互作用是非线性的，存在门槛效应。

为了探究数字普惠金融对省域经济高质量发展的影响是否存在门槛特征，笔者将继续对其进行检验，并参考 Qunyong Wang（2015）的研究方法建立面板门槛模型。由于不知具体门槛数量，故先假定为单一门槛模型，并构建如下门槛模型：

$$Ehq_{it} = a_1 + a_{12}DIFI_{it}(q_i \leqslant r) + a_{13}DIFI_{it}(q_i > r) + \sum_{n=1}^{3} a_{1n}CV_{it} + \gamma_t + n_i + \varepsilon_{it}$$

式中，$q_i$表示门槛变量，r 表示未知门槛值。

## 二、门槛效应检验

为了提高门槛估计的精度，并探究数字普惠金融对经济高质量发展的门槛特征，我们选择使用 Hansen（2000）提出的自举法（Bootstrap）（自举法是一种通过重抽样的方法来评估统计量的精度和稳健性）来检验模型的门槛数，并得到 F 统计量和 P 值。

根据表 6－6 的结果显示，数字普惠金融对经济高质量发展存在单一门槛、双重门槛和三重门槛，并计算得到相应的 P 值。其中，双重门槛效应在统计上非常显著，而三重门槛效应则不显著。因此，数字普惠金融对省域经济高质量发展的影响具有双门槛特征。为了进一步研究数字普惠金融对省域经济高质量发展的非线性影响，本章采用了双门槛效应模型。

**表 6－6　　门槛效果检验：有两个门槛值**

| 门槛 | F 统计量 | P 值 | 10% | 5% | 1% |
|---|---|---|---|---|---|
| Single | 120.58 | 0.0000 | 27.3791 | 33.5789 | 46.0868 |
| Double | 28.19 | 0.0067 | 10.8206 | 13.5476 | 25.9322 |
| Triple | 17.54 | 0.1967 | 28.8388 | 39.5531 | 59.0021 |

通过门槛效应检验之后，对双门槛估计值进行估计和检验，表 6－7 显示了数字普惠金融对经济高质量发展的参数及其 95% 置信区间。门槛估计值为 278.1100、329.9400。这一发现表明，在数字普惠金融的发展过程中，存在着两个临界点或阈值，超过或低于这些门槛值，数字普惠金融对省域经济高质量发展的影响程度可能会有所变化。

**表 6－7　　门槛估计结果**

| 门槛 | 门槛值 | 95% 置信区间 | |
|---|---|---|---|
| 第一门槛 | 278.1100 | 261.0750 | 282.7700 |
| 第二门槛 | 329.9400 | 326.2900 | 332.0300 |

## 三、门槛回归结果

根据表 6－8 的结果显示，数字普惠金融对经济高质量发展的影响通过了双重门槛模型检验。在不同的门槛范围内，数字普惠金融对经济高质量发展的促进作用存在差异。

表 6-8　数字普惠金融与经济高质量发展双重门槛模型参数估计结果

| 变量 | 系数 | 标准误差 | T 值 | P > t | 95% 置信区间 | |
|---|---|---|---|---|---|---|
| Dif≤278.11 | 0.0002442 | 0.0000457 | 5.35 | 0.000 | 0.0001508 | 0.0003377 |
| 278.11 < Dif≤329.94 | 0.0002966 | 0.0000541 | 5.48 | 0.000 | 0.0001859 | 0.0004073 |
| Dif > 329.94 | 0.0004127 | 0.0000752 | 5.49 | 0.000 | 0.0002589 | 0.0005666 |

当 Dif≤278.11 时，数字普惠金融对经济高质量发展呈正向促进作用，并且在 1% 的显著水平上是显著的。每提高数字普惠金融发展水平 1 个单位，将使经济高质量发展水平提高 0.0002442 个单位。这意味着数字普惠金融对经济高质量发展产生积极的影响，因此，在这个范围内促进数字普惠金融的发展有利于经济的高质量发展。

当 278.11 < Dif≤329.94 时，数字普惠金融和经济高质量发展水平在 1% 的显著水平上呈正相关。每提高数字普惠金融发展水平 1 个单位，将使经济高质量发展水平提高 0.0002966 个单位。在这个范围内，数字普惠金融对经济高质量发展的促进作用有所增加。

当 Dif > 329.94 时，数字普惠金融和经济高质量发展水平在 1% 的显著水平上呈正相关。每提高数字普惠金融发展水平 1 个单位，将使经济高质量发展水平提高 0.0004127 个单位。在这个范围内，数字普惠金融对经济高质量发展的促进作用进一步增强。

这些发现有助于进一步理解数字普惠金融对经济的非线性影响机制，并提供有针对性的政策建议，以促进经济的高质量发展。成因分析如下：

首先，在数字普惠金融发展的初级阶段，主要集中在信息基础设施建设和数字普惠金融服务普及。在这个阶段，数字普惠金融的影响主要体现在提供金融服务的可及性和普及性上。通过数字技术的应用，传统金融服务能够扩展到更广泛的人群，包括农村地区、低收入人群以及中小微企业等。数字普惠金融的普及能够为这些人提供更多的金融服务选择，并带来一定的经济影响。

其次，在数字普惠金融的中级阶段，发展的重点开始转移到提高金融包容性和促进经济增长。在这个阶段，数字普惠金融不仅关注服务普及，还注重提高服务质量和金融创新。通过数字技术的运用，创新的金融产品和服务得以推出，满足更多人群的多样化与个性化的金融需求。这种创新能够促进经济增长、创造就业机会，并带来更广泛的社会影响。数字普惠金融在中级阶段对经济高质量发展的影响更为显著。

最后，在数字普惠金融的成熟阶段，发展的重点转向推动金融深化和提升金融效率。在这个阶段，数字普惠金融不仅提供基本金融服务，还涉及更复杂的金融交易和风险管理。数字技术的广泛应用使得金融服务更高效、更便捷，从而为经济发展提供了更多动力。数字普惠金融的发展对于优化金融体系、提升经济效率和促进经济高质量发展的作用越来越显著。

## 第四节　数字普惠金融对经济高质量发展的空间溢出效应

为进一步验证数字普惠金融对经济高质量发展的空间影响机制，本节继续采用空间面板计量模型来验证数字普惠金融是否对经济高质量发展存在空间溢出效应。

### 一、模型构建

#### （一）空间权重矩阵构建

空间依赖是指地理空间上的观测值与其邻近观测值之间存在的相关性或相互影响。它是地理学、城市规划、经济学等领域中重要的概念之一。空间依赖性的存在意味着地理位置上的数据不是独立同分布的，而是受到地理空间因素的影响。为了观测和度量空间依赖性，需要设定适当的空间权重矩阵，以反映不同空间单元位置之间的关系。不同的空间权重矩阵反映了不同的空间相互关系定义和表达方式。常用的空间权重矩阵包括以下几种：

（1）0－1 邻近权重矩阵。0－1 邻近权重矩阵是一种常见的空间权重矩阵，用于表示地理单元之间的二进制邻近关系。该权重矩阵反映了地理单元之间的相邻与否，具体定义如下：对于一个给定的地理单元，如果它与另一个地理单元相邻，则相应的权重为1；如果它与另一个地理单元不相邻，则相应的权重为0。

$$W_{ij}=\begin{cases}1 & \text{当区域 } i \text{ 和区域 } j \text{ 相邻时}\\ 0 & \text{当区域 } i \text{ 和区域 } j \text{ 不相邻时}\end{cases}$$

（2）地理距离权重矩阵。地理距离权重矩阵是一种用于表示地理单元之间距离关系的空间权重矩阵。它基于地理距离的概念，用于度量地理单元之间的接近程度。

$$w_d=\begin{cases}1/d_{ij}, & i\neq j\\ 0, & i=j\end{cases}$$

其中，$W_d$由对应省会城市的经纬度坐标计算得到。本节选择地理距离的倒数构建权重矩阵。此处的$d_{ij}$表示地区i和地区j之间的球面距离，具体表达式为：

$$d_{ij}=arcos[(\sin\phi_i\times\sin\phi_j)+(\cos\phi_i\times\cos\phi_j\times\cos(\Delta\tau))]\times R$$

其中，$\phi_i$和$\phi_j$分别为相应地区的纬度，$\Delta\tau$为两个城市间的经度之差，R为地球半径6378.2千米，通过国家地理信息系统查询各地区的中心经纬度数据即可算出任意两地区间的地理距离。

（3）经济距离权重矩阵。经济距离权重矩阵是一种用于表示不同地区经济之间距离关系的空间权重矩阵。它反映了经济地理单元之间的相对距离，通常使用人均GDP差额的绝对值进行测算。

$$W=\frac{1}{|y_i-y_j|}$$

其中，W表示经济距离权重矩阵，$y_i$表示2011—2020年间区域i的人均GDP，$y_j$表示2011—2020年间区域j的人均GDP。

## （二）空间相关性检验

空间自相关分析是一种用于量化空间依赖程度的方法，通过对整个研究区域的观测值进行测度，以揭示经济现象的空间分布特征和效应。它通常被称为全局自相关分析，旨在分析观测值之间的空间相关性。在文中，莫兰指数（Moran's I）被用作全局自相关分析的指标。莫兰指数的取值范围为-1到1，其绝对值决定了相关性的强弱程度。当莫兰指数大于0时，表示正相关性，即相似的值在空间上彼此相邻；当莫兰指数小于0时，表示负相关性，即相似的值在空间上相距较远；而莫兰指数接近于0则表明无相关性，即空间分布模式是随机的。

$$I = \frac{\sum_{i=1}^{n}\sum_{j=1}^{n} w_{ij}(x_i - \bar{x})(x_j - \bar{x})}{S^2 + \sum_{i=1}^{n}\sum_{j=1}^{n} w_{ij}}$$

其中，地区i与地区j的经济高质量发展指数分别以 $x_i$ 和 $x_j$ 表示，$w_{ij}$ 为地区i与地区j的权重数，$S^2$ 为方差，x为经济高质量发展指数的均值（重复率过高）。

## （三）空间计量模型设定

### 1. 模型设定

在研究区域经济问题时，考虑到样本的空间位置以及研究对象与周围区域的相互作用是至关重要的。传统计量经济学方法忽视了空间因素的影响，而空间计量经济学则考虑了经济现象在空间上的分布和相互依赖关系，通过引入空间权重矩阵和空间自相关模型等工具，可以对经济现象的空间效应进行定量分析。通过空间计量经济学的方法，我们可以探索空间自相关、空间异质性、空间溢出效应等空间特征，揭示经济现象背后的地理关联性和空间依赖关系。相对于传统计量经济学，通过空间计量经济学的分析，我们可以更好地理解经济现象的空间特征和相互作用，为区域发展、城市规划、资源配置等问题提供科学依据。

空间计量模型是一种基于空间统计学理论的回归分析方法，它考虑了地理空间数据之间的空间关联性和自相关性，用以确定变量在不同地理位置之间的关联和影响。相较于静态空间面板模型，动态空间面板模型不仅考虑了变量间的时序关系和空间溢出效应，还可以避免内生性问题。因此，本节采用动态空间面板模型进行实证分析，所构建的模型为：

$$Ehq_{it} = \rho W_{ij} Ehq_{it} + \beta \ln Dif_{it} + \lambda_1 W_{ij} \ln Dif_{it} + \beta_i \sum C_{it} + \lambda_i \sum W_{ij} C_{it} + \alpha_i + \varphi_i + u_{it}$$

$$u_{it} = \delta_{ij} u_{it} + \varepsilon_{it}, \varepsilon_{it} \sim N(0, \delta^2 I_n)$$

其中，Ehq表示经济高质量发展水平，Dif表示数字普惠金融发展指数，$C_{it}$ 表示控制变量。$W_{ij}$ 为空间权重矩阵，$\alpha_i$ 与 $\varphi_i$ 分别为地区和时间固定效应，

$u_{it}$为随机误差项，β 为解释变量系数，$\beta_i$为控制变量系数，i 与 t 分别指代省市与年份。

**2. 模型分类**

目前被广泛用于分析地理空间中变量之间的相互依赖性的空间计量模型主要有三种，分别是空间自回归模型（SAR）、空间误差模型（SEM）以及空间杜宾模型（SDM）。在实际选择模型时，需要进行模型比较和诊断分析，以确保选择的模型能够恰当地解释数据和检验研究假设。下面对这三种模型进行详细介绍：

（1）空间自回归模型（SAR）通过引入被解释变量的空间滞后项来反映样本观测值的空间依赖作用。模型的表达式为：

$$Y = \rho Wy + X\beta + \varepsilon$$

其中，Y 是被解释变量的观测值向量，Wy 是空间权重矩阵，反映了地理区域之间的空间关系，ρ 是空间滞后系数，X 是解释变量的观测值矩阵，β 是解释变量的系数向量，ε 是误差项。SAR 模型考虑了地理空间中的空间相似性和相互依赖关系。

（2）空间误差模型（SEM）：SEM 模型也是一种线性回归模型，但与 SAR 模型不同的是，SEM 模型加入了误差项的空间滞后项，用于测量由于误差造成的空间依赖性。模型的表达式为：

$$Y = \beta X + \lambda Wy + \varepsilon$$

其中，Y 是被解释变量的观测值向量，X 是解释变量的观测值矩阵，β 是解释变量的系数向量，Wy 是空间权重矩阵，反映了地理区域之间的空间关系，λ 是空间滞后系数，ε 是误差项。SEM 模型考虑了地理空间中的误差传播和空间相关性。

（3）空间杜宾模型（SDM）：SDM 模型综合了空间自回归模型和空间误差模型的特点，包含了被解释变量和解释变量的空间滞后项。模型的表达式为：

$$Y = \rho Wy + \beta X + \lambda WyX + \varepsilon$$

其中，Y 是被解释变量的观测值向量，Wy 是空间权重矩阵，X 是解释变量的观测值矩阵，β 是解释变量的系数向量，ρ 和 λ 分别是空间滞后系数，

$\varepsilon$ 是误差项。SDM 模型综合了空间自回归效应和空间误差效应，同时考虑解释变量和被解释变量的空间依赖关系。

## 二、空间溢出效应实证分析

### （一）空间自相关性分析

本节运用经济距离权重矩阵来分析地区数字普惠金融与经济高质量发展之间的空间自相关性，并采用全局 Moran's I 指数量化分析数字普惠金融与经济高质量发展的空间相关性。表 6－9 显示了莫兰指数的计算结果。2011—2020 年，数字普惠金融的莫兰指数统计量均在 0.3 以上，并且通过了 1% 的显著性检验，表明存在较强的空间相关性。从变动趋势来看，2011—2020 年的莫兰指数呈现稳定增加的态势，这说明数字普惠金融存在较强的空间集聚性。与此同时，经济高质量发展的莫兰指数显著为正，意味着各地区的经济高质量发展不是独立的，而是呈现集聚的态势。2011—2016 年，莫兰指数上升趋势，说明作为新提出的概念，在发展的初期集聚性不断增强，2016 年以此后出现下滑状态，这意味着经济高质量发展不断突破传统地理空间的限制，其空间集聚性逐渐减弱，向其他地区延伸。

**表 6－9　莫兰指数（Moran's I）检验结果**

| 年份 | 经济高质量发展 | | | 数字普惠金融 | | |
|---|---|---|---|---|---|---|
| | Moran's I | P | z | Moran's I | P | z |
| 2011 | 0.363 | 0.003 | 3.1949 | 0.455 | 0.003 | 3.9634 |
| 2012 | 0.362 | 0.005 | 3.1803 | 0.459 | 0.003 | 3.9810 |
| 2013 | 0.341 | 0.006 | 3.0134 | 0.436 | 0.002 | 3.8545 |
| 2014 | 0.351 | 0.006 | 3.0915 | 0.431 | 0.003 | 3.8133 |
| 2015 | 0.373 | 0.004 | 3.2620 | 0.383 | 0.005 | 3.4381 |
| 2016 | 0.363 | 0.004 | 3.1768 | 0.418 | 0.001 | 3.7388 |
| 2017 | 0.325 | 0.005 | 2.8818 | 0.479 | 0.001 | 4.2826 |
| 2018 | 0.306 | 0.006 | 2.7533 | 0.527 | 0.001 | 4.6184 |
| 2019 | 0.299 | 0.010 | 2.7208 | 0.531 | 0.001 | 4.6365 |
| 2020 | 0.294 | 0.009 | 2.6775 | 0.553 | 0.001 | 4.8014 |

## （二）整体性分析

### 1. 模型适用性检验

参照 Elhorst 的检验方法，我们对原假设为模型残差不存在空间相关和原假设为模型不存在空间滞后分别进行检验。检验结果如表 6－10 所示，由检验的统计量与 P 值可以看出，模型存在空间效应，并且 SDM 模型分别优于 SAR 模型和 SEM 模型。因此，本节选择 SDM 模型。

表 6－10 模型适用性检验结果

| 检验方法 | 统计量 | P |
|---|---|---|
| LM test no spatial error | 4.5240 | 0.0330 |
| Robust LM test no spatial error | 7.1130 | 0.0080 |
| LM test no spatial lag | 0.8640 | 0.3530 |
| Robust LM test no spatial lag | 3.4540 | 0.0630 |
| SDM 对 SAR 的似然比检验（Likelihood－Ratio test） | 80.6700 | 0.0000 |
| SDM 对 SEM 的似然比检验（Likelihood－Ratio test） | 80.0100 | 0.0000 |
| Hausman 检验 | 42.19 | 0.0000 |

在确定使用面板数据的空间杜宾模型（SDM）后，进行 Hausman 检验以确定模型是固定效应还是随机效应。根据表 6－10 的检验结果，可以观察到 P 值在 1% 的显著性水平下，因此，我们选择固定效应模型。综上所述，根据 Hausman 检验的结果，数字普惠金融对产业结构升级的模型采用固定效应面板数据空间杜宾模型。

### 2. 空间溢出效应分析

由表 6－11 可见，空间溢出效应基准回归系数为负，说明数字普惠金融发展对其他地区的空间溢出作用为负。原因可能在于：变量的描述性统计结果表明（见表 6－2），我国数字普惠金融发展存在显著的区域差异。数字普惠金融集聚性分析也印证了这一判断（见第四章）。得益于优越的区位条件、良好的经济金融发展基础以及相对完善的互联网基础设施建设等发展优势，上海、江苏、浙江等地数字普惠金融发展良好，并逐渐成为数字普惠金融发展中心，进而形成“中心—外围”结构。

表 6 - 11　　空间模型检验结果

| 变量 | 相关系数 | P |
|---|---|---|
| Dif | -0.0008*** | 0.0000 |
| Gov | 0.0291 | 0.8760 |
| Pgdp | 3.54E-06*** | 0.0000 |
| Pin | -0.6595*** | 0.0000 |

上海、江苏、浙江等地作为数字普惠金融发展中心，一方面，对邻近省（市）存在"辐射效应"，即通过地区间信息传递、人才流动、经验与技术交流等途径，辐射带动邻近省（市）数字普惠金融发展，进而推动其经济高质量发展；另一方面，对邻近地区也存在"虹吸效应"，即较高的金融报酬率与较好的发展前景，吸引越来越多人才、资本、技术等要素从周边省（市）涌入，进而拉大与邻近省（市）间发展差距。受到经济金融发展基础薄弱、互联网基础设施建设落后、金融科技人才缺乏、地理位置偏远等因素的制约，邻近省（市）对上海、江苏、浙江等中心省（市）的"辐射效应"承接能力有限，使得"虹吸效应"大于"辐射效应"，进而空间溢出效应整体呈现负值状态。

**3. 稳健性检验**

在前述研究中，我们采用经济距离权重矩阵进行了计算。然而，不同的空间权重矩阵可能会对模型的估计结果产生较大影响。为了验证结果的稳健性，我们进一步采用了另外两个空间权重矩阵进行检验，即基于地理距离的空间权重矩阵和 0 - 1 邻近空间权重矩阵。表 6 - 12 显示了使用这三种空间权重矩阵进行参数估计的结果。通过观察我们可以看到，在使用不同的空间权重矩阵对模型进行参数估计时，尽管估计系数不同，但系数的正负方向和显著性没有发生变化。这表明估计结果是稳健的，不受特定空间权重矩阵的影响。

## （三）异质性分析

因地域位置、资源等因素存在差异，数字普惠金融对经济高质量发展的作用 效果可能不同。因此，将样本省（市）划分为东部、中部、西部地区，再运用空间溢出模型深入分析不同地域数字普惠金融对经济高质量发展的影响。

表 6-12 稳健性检验

| 变量 | 经济距离权重矩阵 | | 地理距离权重矩阵 | | 0-1 权重矩阵 | |
|---|---|---|---|---|---|---|
| | 相关系数 | P | 相关系数 | P | 相关系数 | P |
| 直接效应 | 0.0008*** | 0.0000 | 0.0008*** | 0.0000 | 0.0006*** | 0.0060 |
| 间接效应 | -0.0008*** | 0.0000 | -0.0007*** | 0.0010 | -0.0005** | 0.0180 |
| 控制变量 | 控制 | | 控制 | | 控制 | |
| N | 300 | | 300 | | 300 | |
| $R^2$ | 0.8248 | | 0.7890 | | 0.7758 | |

### 1. 模型适用性检验

从表 6-13 的结果可以看出，LM 诊断表明，模型存在空间效应，并且东部地区与西部地区 SDM 模型分别优于 SAR 模型和 SEM 模型，本节选择 SDM 模型；中部地区 SAR 模型优于 SDM 模型和 SEM 模型，本节选择 SAR 模型。从表 6-13 的检验结果可知，由于 P 值在 1% 水平下显著，因此选择固定效应模型。

表 6-13 模型适用性检验

| 检验方法 | 东部 | 中部 | 西部 |
|---|---|---|---|
| LM test no spatial error | 11.3300<br>(0.0010)*** | 0.2940<br>(0.5880) | 2.3160<br>(0.1280) |
| Robust LM test no spatial error | 1.7550<br>(0.1850) | 3.3480<br>(0.0670)** | 3.6050<br>(0.0580)** |
| LM test no spatial lag | 9.7690<br>(0.0020)*** | 0.9200<br>(0.3370) | 5.5060<br>(0.0190)** |
| Robust LM test no spatial lag | 0.1940<br>(0.6590) | 3.9740<br>(0.0460)** | 6.7950<br>(0.0090)*** |
| SDM 对 SAR 的似然比检验<br>(Likelihood-Ratio test) | 22.8800<br>(0.0001)*** | 3.3100<br>(0.5079) | 13.4000<br>(0.0095)*** |
| SDM 对 SEM 的似然比检验<br>(Likelihood-Ratio test) | 21.5500<br>(0.0002)*** | 16.0500<br>(0.0030)*** | 14.0100<br>(0.0073)*** |
| Hausman 检验 | 11.5200<br>(0.0092)*** | 21.6900<br>(0.0001)*** | 171.7600<br>(0.0000)*** |

### 2. 数字普惠金融对经济高质量发展的空间溢出影响

由在空间杜宾模型中测算得到解释变量的空间效应如表6-14所示，由检验结果可知，在间接效应方面，我国东部与西部地区数字普惠金融对经济高质量发展的空间溢出效应显著为负，然而，中部地区的空间溢出效应并不显著。这说明数字普惠金融对我国经济高质量发展存在区域异质性。空间溢出效应的区域异质性成因，分析如下：

**表6-14　　　　空间模型检验结果**

| 变量 | 东部地区 | | 中部地区 | | 西部地区 | |
|---|---|---|---|---|---|---|
| | 相关系数 | P | 相关系数 | P | 相关系数 | P |
| Dif | -0.0010 | 0.0250** | -0.0001 | 0.1550 | -0.0005 | 0.0040** |
| Gov | 0.0894 | 0.8120 | -0.0188 | 0.3240 | -0.0309 | 0.7950 |
| Pgdp | 3.32E-06 | 0.0000*** | -7.08E-07 | 0.0590** | 1.98E-06 | 0.0000*** |
| Pin | -0.4878 | 0.0030** | -0.0008 | 0.9400 | 0.3477 | 0.0430** |

第一，东部地区拥有较为完善的基础设施和经济环境，数字普惠金融在这里发展较为成熟。然而，与之相比，与其邻近的中西部地区面临信息基础设施不足、经济转型与创新发展相对滞后等问题，导致数字普惠金融的普及和发展受限（见图6-2）。这种区域发展不平衡导致了东部地区数字普惠金融对周边地区的空间溢出效应为负。特别是，地处东部地区的上海、浙江、江苏等省（市）经济金融发展基础良好，且拥有阿里巴巴、腾讯等国内领先互联网企业，在发展数字普惠金融方面占据得天独厚的优势，随着时间的积累，逐渐发展成为数字普惠金融发展“洼地”，对于邻近地区产生较强的“虹吸效应”，吸引越来越多的金融要素以及人财物力等涌入，因此，对邻近省（市）经济高质量发展产生抑制作用。

第二，虽然西部地区数字普惠金融发展水平低于东部与中部地区，但是，近年来政府在实施“东数西算”工程方面给予西部地区大量的政策优惠和资源支持，西部地区逐渐发展成为数字技术政策“洼地”。这些政策包括税收优惠、资金扶持、人才引进等，吸引了大量的企业和投资者，削弱了邻近省（市）在数字技术发展方面的竞争力。随着“东数西算”工程在成渝、内蒙古、贵州、甘肃、宁夏等地相继落地实施，逐渐形成数字技术产业集

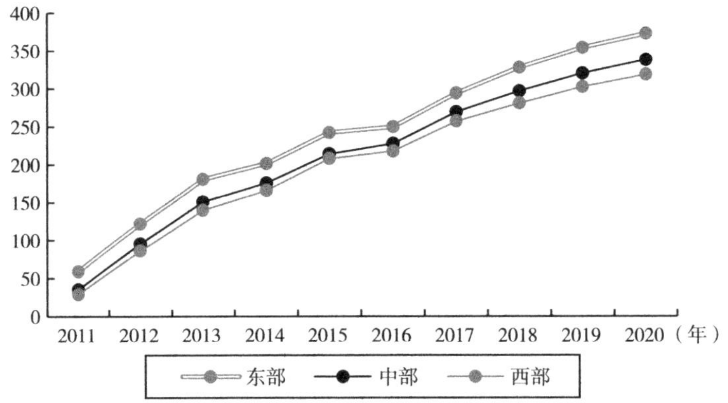


**图 6－2　2011—2020 年东中西部数字普惠金融发展情况**

数据来源：笔者根据《北京大学数字普惠金融指数（2011—2020 年）》计算整理所得。

群，带来技术创新、合作机会和市场规模效应，吸引了越来越多的人才、资金、信息与技术等资源从邻近省（市）入驻，进而产生较强的“虹吸效应”，抑制邻近省（市）经济高质量发展。

第三，与东西部地区相比，中部地区在数字普惠金融发展所需的资源方面相对欠缺，包括人才、资金、技术和市场等方面，这就限制了中部地区数字普惠金融的整体发展水平。同时，政府在政策扶持方面的相对缺乏也使中部地区难以与东部和西部地区竞争，导致资源的分配不均，使其不得不面对东西部地区数字普惠金融发展的“虹吸效应”分流，引致东中部地区数字普惠金融发展所需的资源方面相对欠缺，制约着数字普惠金融的发展。加之，中部地区在创新能力和科技研发方面相对滞后，限制了中部地区数字普惠金融发展的速度和质量。这就导致中部地区数字普惠金融整体发展水平不高，对邻近省（市）的“辐射效应”与“虹吸效应”微弱，对邻近省（市）经济高质量发展空间溢出效应不明显。

综上所述，目前，我国数字普惠金融供给水平与经济高质量发展水平在中东西部地区还未实现完全协调匹配。地区之间数字普惠金融的协调性不足，导致数字普惠金融发展对邻近地区经济高质量发展产生负向消极的溢出效应。

# 第七章

# 研究结论与对策建议

## 第一节 研究结论

数字普惠金融作为一种新兴的金融模式，兼具数字化与普惠性双重特征，在推动我国经济高质量发展方面具有重要意义。研究数字普惠金融对我国经济高质量发展的影响，有助于深入了解其对经济高质量发展的作用机制及其具体影响程度，为政策制定和实践提供指导。本书旨在全面探讨数字普惠金融对经济高质量发展的影响，并为制定相关政策和推动经济发展提供科学依据。为实现研究目标，首先，本书通过综合分析相关文献和理论，对数字普惠金融对经济高质量发展的影响进行整理和总结。这包括数字普惠金融在促进创新创业、提升产业转型升级、促进就业和减少贫困等方面的作用。同时，本书对数字普惠金融和经济高质量发展的概念进行了明确和阐述，确保研究的概念框架清晰。其次，基于相关文献和理论，结合我国的新发展理念，构建了评价经济高质量发展的指标体系。这些指标体系包括经济增长质量、创新能力、产业结构优化、环境保护和社会进步等方面的指标，通过对各省域的数据进行测算，得出了各省域的高质量发展水平。最后，基于面板数据，选择了系统 GMM 方法、门槛效应模型以及空间面板模型等方法进行实证检验。通过这些方法的运用，可以更准确地评估数字普惠金融对经济高质量发展的影响，这些实证分析结果为进一步研究和政策制定提供了有力支持。我们主要得出如下结论：

（1）从数字普惠金融的概况分析来看，近年来我国的数字普惠金融发展水平整体上逐年提升。然而，从区域角度来看，数字普惠金融的发展水平存在明显的区域差异。东部地区的发展水平最高，中部地区次之，而西部地区的发展水平最低。虽然中部和西部地区与东部地区之间的差距逐渐缩小，但仍然存在明显的区域差异。与此同时，我国的数字普惠金融呈现出空间集聚的趋势，中心区域之间的正面辐射能力不断增强，体现了数字普惠金融的普惠性特征。这意味着数字普惠金融的普及性和可及性在中心区域得到了更好的体现，为更多地区和人群提供了金融服务的机会。需要注意的是，尽管数字普惠金融在整体上取得了进展，但仍需进一步加强中部和西部地区的数字普惠金融发展，缩小与东部地区的差距。

（2）基准效应检验的结果显示，数字普惠金融对经济高质量发展的影响效应呈正向促进作用，并存在区域与维度之间的异质性。具体而言，东部地区的数字普惠金融对经济高质量发展的影响程度大于中西部地区，中部地区的影响程度相对最低。这表明东部地区在数字普惠金融发展方面取得了更显著的成效，为经济的高质量发展作出了更大的贡献。此外，数字普惠金融的使用深度对于经济高质量发展的影响程度高于数字普惠金融的覆盖广度与数字化程度。这意味着，目前数字普惠金融的使用深度对我国经济高质量发展有着更为重要的影响。这说明随着数字普惠金融的创新发展，金融服务变得更加精准、高效和安全，民众与企业可以更加有效地利用这些服务进行有益的经济与社会活动，进而推动经济高质量发展。

（3）门槛效应检验结果显示，数字普惠金融对经济高质量发展呈现出双重门槛效应。随着门槛水平的提高，数字普惠金融对经济的促进作用逐渐增强。当 Dif（门槛指标）的值小于等于 278. 11 时，数字普惠金融对经济高质量发展呈现正向促进作用。这意味着在较低的门槛水平下，数字普惠金融的发展可以对经济的高质量发展产生积极影响。当 Dif 的值介于 278. 11—329. 94 时，数字普惠金融的促进作用有所增加。这说明当门槛水平适度提高时，数字普惠金融对经济高质量发展的促进效果进一步增强。值得注意的是，当 Dif 的值超过 329. 94 时，数字普惠金融的促进作用进一步增强。这意味着当门槛水平较高时，数字普惠金融对经济高质量发展的正向促进作用进一步提升。由此可知，在数字普惠金融政策制定中，需要考虑到不同门槛水平的因素，以最大限度地发挥数字普惠金融对经济高质量发展的促进作用。

（4）空间溢出效应结果显示，整体来看，数字普惠金融对我国经济高质量发展存在负向空间溢出效应。这意味着数字普惠金融在某一地区的发展对其他地区的经济高质量发展产生了一定程度的阻碍效应。这可能是因为数字普惠金融在某些地区过度集中，导致其他地区的资源和机会被相对较少地利用。数字普惠金融对我国经济高质量发展的空间溢出效应存在区域异质性。其中，东部地区与西部地区的数字普惠金融对经济高质量发展存在负向溢出效应，而中部地区的数字普惠金融对经济高质量发展的空间溢出效应并不显著。究其原因，主要在于我国数字普惠金融发展的区域协调性不够，在推动经济高质量发展方面，尚未形成各地区的合力和协同效应，导致了空间溢出效应的负向影响。为实现数字普惠金融对经济高质量发展的正向空间溢出效应，需要加强各地区之间的数字普惠金融发展协调，促进区域间的资源共享和合作。

## 第二节 对策建议

通过前述分析可知，目前我国数字普惠金融存在显著的区域发展不平衡问题，在促进经济高质量发展方面，尚未形成合力。为推动我国数字普惠金融区域协调发展，实现其对经济高质量发展的正向空间溢出，需要做好以下几方面工作。

### （一）优化顶层设计，增进数字普惠金融的普及性

优化顶层设计是增进数字普惠金融的普及性的关键一环。通过制定相关政策、法规和制度，可以为数字普惠金融的发展提供有利的环境，促进其在全社会范围内的广泛应用。

**1. 健全数字普惠金融政策法规**

首先，制定明确的数字金融准入规则，鼓励和引导金融机构和科技公司

进入数字普惠金融领域。同时，制定适当的运营规则，确保数字金融服务的合规性和可持续性。其次，建立反垄断机制和监管措施，防止垄断行为和不正当竞争。对存在市场垄断和不正当竞争行为的企业进行监管和处罚，维护市场的竞争秩序，确保市场公平竞争。再次，建立明确的政策和法规框架，明确数字普惠金融的监管责任和权限，包括制定数字金融服务的运营规范、产品设计和销售要求等方面的法律和法规。又次，制定严格的数据安全和隐私保护法规，规范数字金融机构对用户数据的收集、存储、处理和使用。加强对个人敏感信息的保护，明确数据使用的目的和范围，设立数据安全标准和责任追究机制。最后，确保用户在数字普惠金融交易中的权益得到保护。制定相关法规和机制，保障用户的知情权、选择权和申诉权，建立健全的用户投诉处理和纠纷解决机制。

**2. 强化信息基础设施投资建设**

首先，政府和相关机构应加大对宽带网络建设的投资，特别是在偏远地区和农村地区。这包括资金支持、税收优惠和贷款担保等措施，以促进网络基础设施的建设和覆盖范围的扩大。一方面，政府可以设立专项基金，为宽带网络建设提供资金支持；另一方面，政府可以与电信运营商、互联网公司和其他相关利益相关者合作，共同投资和建设宽带网络基础设施。公私合作可以集合资源和专业知识，加速网络建设进度，提高覆盖范围和质量。其次，投资建设高速、稳定的信息基础设施，包括光纤网络、5G 网络等。可以采用光纤网络和 5G 网络等先进技术，提供更高速、更稳定的网络连接，提供更好的网络体验，促进数字化服务的普及。可以在偏远地区和农村地区建设更多的基站，提高无线网络覆盖范围。这可以通过政府的资金支持和政策引导，鼓励电信运营商扩大基站建设，提供广泛的网络覆盖。可以考虑采用卫星通信技术，提供广域覆盖，弥补偏远地区和农村地区的传统基础设施建设难题。卫星通信可以提供全球性的连接，为人们提供互联网接入的选择。

**3. 大力普及数字普惠金融知识**

政府和金融监管机构应制定数字普惠金融知识普及计划，该计划应覆盖不同年龄段和教育水平的人群。首先，建立政府与学校、金融机构、社区组织等的合作伙伴关系，共同开展数字普惠金融知识普及和宣传活动。可以通过组织数字普惠金融的培训课程和讲座等形式，向金融从业人员、学生和公众传授相关知识。也可以通过举办数字普惠金融宣传活动，如主题研讨会、论坛、展览等，吸引媒体和公众的关注，提高公众对数字普惠金融的认知和接受度。其次，利用互联网、社交媒体、电视、广播等多种媒体渠道进行数字普惠金融知识的宣传和普及。制作信息简明易懂的宣传资料、视频和动画，吸引更多人的关注和理解。再次，鼓励成功的数字普惠金融案例进行宣传，以示范的方式推广知识和经验。邀请成功的数字普惠金融企业、项目和个人分享他们的经验和成果，激发公众的兴趣和参与。最后，建立评估机制，定期对数字普惠金融教育和宣传活动的效果进行评估。通过问卷调查、统计数据等方式，了解公众对数字普惠金融知识的掌握程度和态度变化，为进一步改进教育和宣传策略提供依据。

**4. 建立完善数字信用评估系统**

传统金融机构通常依赖传统的贷款评估模型，这对中小企业来说可能不够准确或不具备足够的历史数据。通过建立数字信用评估系统，可以利用大数据、人工智能和机器学习等技术，更准确地评估中小企业的信用风险，降低融资门槛。首先，通过加大对数据中心建设的投资，提升数据中心的规模和技术水平，以确保数据中心在数字化时代具备高度的安全性、可靠性和可扩展性，能够满足不断增长的数据存储和处理需求。同时，关注能源效率和绿色环保，培养人才和与合作伙伴合作，持续改进和优化数据中心的运营，将为组织提供强大的数据支持和竞争优势。其次，使用大数据和机器学习等技术建立数字信用评估模型，以更好地预测信用风险。使用历史数据对建立的模型进行训练，并使用交叉验证等技术来评估模型的性能。如果模型表现不佳，可以调整模型参数、改进特征工程方法或尝试其他算法，以优化模型的性能。在建立完善的信用评估系统后，需要进行实时监测和更新。监测用户的行为和信用数据的变化，并及时更新评估模型，以保持评估的准确性和实时性。

### （二）强化技术创新，推动数字普惠金融纵深发展

强化技术创新是推动数字普惠金融朝向纵深发展的关键。通过不断引入

新技术、探索新模式，可以提高数字普惠金融的效率、扩大服务范围，并为更多人群提供包容性金融服务。

**1. 建立数字普惠金融创新生态系统**

首先，建立金融机构、科技公司、初创企业、学术界和政府之间的紧密合作关系，形成协同创新的合作模式。这可以通过建立创新实验室、孵化器、加速器等机构来推动合作与创新，并提供资源共享、技术支持和市场拓展等机会。其次，鼓励金融机构、科技公司、初创企业、学术界和政府之间的数据共享，以促进创新。建立开放的数据平台，为合作伙伴提供数据接口和共享机制，以便更好地利用数据进行创新和智能化决策。再次，设立专项资金支持数字普惠金融创新，为创新企业提供资金支持和风险投资。同时，改善投资环境，降低投资风险，吸引更多的投资者参与数字普惠金融创新。又次，建立支持数字普惠金融创新的政策框架，并确保监管机构能够协调一致地执行相关政策。政策应鼓励创新、降低准入门槛、提供税收激励，并确保金融创新的合规性和风险控制。最后，建立用户参与和反馈机制，让用户参与数字普惠金融创新的过程。通过调研、用户测试和反馈收集，了解用户需求和体验，优化产品和服务，确保数字普惠金融创新符合用户期望。

**2. 加强数字普惠金融高素质人才培育**

首先，在高等教育机构中设立专门的数字普惠金融课程和学位项目，培养专业人才。这些课程可以包括数字金融、金融科技、金融包容性、数据分析等相关领域的知识和技能。其次，加强产学研合作，搭建实践平台，让学生能够在实际项目中参与并应用数字普惠金融技术和解决方案。建立数字普惠金融领域的导师制度，为学生和初入行业的人才提供指导和支持。导师可以是行业专家、资深从业者或学术教授，通过导师的指导和经验分享，帮助培养人才的专业素养和发展路径。数字普惠金融领域涉及多个学科领域，包括金融、技术、数据分析等。再次，促进与国际高校、研究机构和行业组织的交流与合作，吸引国际优秀人才来华培训和交流，同时也鼓励本地人才到国际知名高校和研究机构深造和交流。举办数字普惠金融的培训和研讨会，为金融从业人员和相关专业人士提供进一步学习和交流的机会。培训内容可以涵盖数字普惠金融的原理、政策、技术应用等方面。最后，建立数字普惠金融领域的人才培养平台，整合行业资源，提供实践机会和职业发展支持。以帮助学生和专业人士建立联系，了解行业最新动态，并提供就业机会和职业指导。

**3. 强化数字普惠金融监管体系创新**

首先，监管机构应积极制定支持数字普惠金融创新的政策和规定，鼓励金融科技公司和创新企业进行实验和试点，推动新技术的应用和创新业务模式的发展。政策应该明确规定监管要求，但同时具有足够的灵活性和适应性，以适应不断变化的数字金融创新。其次，建立监管沙盒机制，允许金融科技公司在一定的监管豁免范围内进行创新试点，以便在真实环境中测试新产品、服务和业务模式的可行性。监管沙盒可以提供更快速的审批流程和灵活的监管要求，同时确保风险控制和消费者保护。再次，监管机构应加强对金融科技的监管能力和技术专业知识的建设。培养监管人员对新兴技术和数字金融创新的了解，建立与金融科技公司和技术专家的紧密合作关系，以便有效监管创新业务和技术风险。最后，加强监管机构之间的合作与信息共享。监管机构应建立定期的沟通和协调机制，分享监管经验和最佳实践，以应对跨境金融科技活动和创新业务的挑战。同时，加强与国际监管组织和标准制定机构的合作，参与国际监管标准的制定和推动。

### （三）制定差别化战略，实现数字普惠金融区域协同发展

针对不同地区的发展特点和发展需求，制定差别化发展战略，可以促进数字普惠金融在各地区的良性发展，并实现区域间的协同效应。

**1. 实施差别化数字普惠金融战略**

根据东中西部地区的数字普惠金融发展特点和经济高质量发展需求差异，制定差别化的金融政策是促进中西部地区经济发展的重要举措。首先，政府可以提供财政补贴、税收优惠等激励措施，吸引金融机构扩大在中西部地区的业务覆盖，提供更多金融支持。政府也可以设立专项基金或提供奖励措施，吸引社会力量参与中西部地区的数字普惠金融发展，推动更多的社会资源和专业知识投入到该领域。其次，在中西部地区，尤其是相对欠发达的地区，需要加强金融基础设施建设。通过提升金融基础设施的覆盖范围和质

量，提高中西部地区居民和企业的金融服务可及性。政府可以在这些地区增加对基础设施建设的投入，并与金融机构和科技公司合作，推动更多的金融服务和技术设施覆盖到较为偏远和欠发达的地区。再次，推动金融科技在中西部地区的应用和发展，提高金融服务的效率和便利性。鼓励金融机构和科技公司利用数字技术，提供在线金融服务、移动支付、智能风控等创新产品和解决方案，满足中西部地区居民和企业的金融需求。最后，加强中西部地区的金融教育和培训工作，提高居民和企业对金融知识的了解和运用能力。通过与金融机构、学术机构和社会组织合作，共同开展金融教育计划，培养更多具备金融知识和技能的人才。通过举办金融知识讲座、开展金融培训课程等活动，提高中西部地区居民和企业的金融素质和金融管理能力。

**2. 强化数字普惠金融跨域合作**

政府部门在政策支持和协调方面发挥重要作用。首先，政府可以制定支持东中西部地区数字普惠金融跨域合作的政策，通过提供专项基金、财政和税收等激励，推动金融机构、科技公司和社会组织的跨域合作。其次，建立东中西部地区数字普惠金融跨域合作的平台或组织，例如区域性的数字金融创新联盟、合作组织或工作组。该平台可以提供交流、分享经验和资源整合的机会，促进不同地区的金融机构、科技公司、政府部门和社会组织之间的合作。再次，开展跨域项目合作，通过共同开发和推进跨域数字金融解决方案，实现东中西部地区资源的互联互通，包括共同研发金融科技产品、建立跨域金融服务平台、共享风险管理模型等。又次，推动东中西部地区的科技公司在数字普惠金融领域进行技术合作。可以通过合作研发、技术共享、人才交流等方式，推动数字金融技术在东中西部地区的传播和应用。最后，建立跨域的数据共享机制，允许东中西部地区的金融机构、科技公司和政府部门之间共享数据。这有助于加强风险评估、提升用户信用评估的准确性，以及推动创新金融产品的开发。同时，也需要确保数据隐私和安全的保护，制定相应的数据共享协议和规范。

**3. 完善数字普惠金融跨域监管**

首先，建立东中西部地区数字普惠金融跨域协同监管的机制，设立协调机构或委员会来协调各地区的监管工作。该机构可以提供指导和政策支持，促进东中西部地区监管机构之间的合作和协调。制定统一的数字普惠金融监管标准和指导原则，确保中西部地区监管的一致性和协同性。其次，建立跨域的信息共享平台，东中西部地区监管机构可以共享监管数据和信息，加强对跨地区数字普惠金融活动的监测和评估。建立定期的合作与交流机制，促进监管机构之间的信息交流、经验分享和合作项目的开展。再次，加强对东中西部地区数字普惠金融跨域合作平台与机构的风险防控和监测机制。监管机构应加强对平台和机构的准入审核，建立风险评估和监测体系，及时发现和应对潜在的风险问题，保护投资者和用户的利益。同时，通过开展培训课程、研讨会和交流活动，提升监管人员的专业知识和技能，加强对新型金融科技和创新模式的监管能力。最后，建立跨地区案例研究和执法合作机制，加强对违法违规行为的打击和处罚。中西部地区监管机构可以共同研究案例，分享执法经验，加强对跨地区违法行为的协作，形成联防联控的合力。

### （四）强化风险防范，建立健全数字普惠金融监管体系

数字普惠金融的创新性和便利性在为广大人群提供了更多金融服务，促进了金融包容和经济发展。然而，数字普惠金融的复杂性也增加了金融监管的困难，带来了新的风险和挑战。因此，监管部门需要加强风险监管和防范，以保障数字普惠金融的安全稳定发展，进而持续助推经济高质量发展。

#### 1. 统一监管准则，强化执法力度

制定统一的数字普惠金融监管准则可以确保监管机构在不同领域和地域的一致性，减少监管的碎片化和不协调性。首先，监管部门可以制定统一的数字普惠金融监管准则和标准，以明确金融机构在数字普惠金融领域的运营要求和风险控制标准。这些准则和标准可以涵盖风险管理、消费者保护、数据隐私、反洗钱等方面，帮助监管部门更好地监管数字普惠金融活动。其次，加强监管合作和信息共享是打击数字普惠金融领域违法违规行为的关键。监管部门之间应加强合作，建立健全的信息共享机制，及时交流有关违法行为的情报和证据。这样可以加强监管部门的执法能力，提高违法行为的发现和处理效率，避免监管漏洞和监管空白。最后，加强执法力度是保护金

融市场秩序和公平竞争的重要措施。监管部门需要加大对数字普惠金融领域违法违规行为的打击力度，采取严厉的法律和监管措施进行惩罚。这包括对欺诈行为、非法集资、洗钱、市场操纵等违法行为进行调查、追责和处罚，增加违法成本，维护市场的公正和透明。

**2. 提升技术能力，加强新型业态监管**

强化数字普惠金融监管技术能力和加强对新型业态的监管是构建多元化数字普惠金融监管体系的重要举措。首先，提升数字普惠金融监管技术能力。监管部门可以利用大数据分析和挖掘技术，处理和分析庞大的金融数据，识别潜在的风险和异常行为；监管部门也可以借助人工智能和机器学习技术，建立风险预警模型和预测模型，识别潜在的风险因素，提前采取措施进行干预和管理；监管部门还可以利用区块链技术建立透明的交易记录和合规框架，确保数字普惠金融活动的合规性和可信度。其次，监管部门需要及时跟踪和了解新兴技术和业态在数字普惠金融领域的应用和影响。通过与科技公司、金融机构和行业协会的合作，监管部门可以获取相关信息和洞察，了解新业态的运作方式、风险特征和潜在影响。最后，监管部门应密切关注新型业态的发展趋势和监管需求，及时修订和完善监管政策和法规。针对新型业态，监管部门可以加强合规审核和监管评估的力度，明确其合规要求和监管期望，以保护市场秩序、防范风险和促进创新发展。

**3. 完善风险披露，加强监管合作与信息共享**

完善风险披露、加强数字普惠金融监管合作和信息共享，对于有效监管数字普惠金融行业、保护投资者利益和维护金融稳定至关重要。首先，完善风险披露制度。监管部门可以制定更加具体、全面的风险披露要求。披露内容可以包括业务模式、风险管理措施、合规状况、财务状况、关联交易、用户权益保护措施等。同时，监管部门可以要求定期披露和实时披露，确保投资者和用户能够及时了解到相关信息。其次，加强国内外监管合作。数字普惠金融的特点是跨境性和互联网属性，因此，国际合作和信息共享对于有效监管至关重要。监管部门应加强与其他国家和地区监管机构的合作，建立跨境监管合作机制，共同应对跨境风险和挑战。合作内容可以包括信息共享、风险评估、监管经验交流等，以提高监管的国际化水平。最后，建立信息共享平台。监管部门可以建立统一的数字普惠金融监管信息共享平台，实现各部门间、各级别监管机构之间的信息共享和协同监管。该平台可以整合各类数据源，包括金融机构和平台的数据、监管数据、市场数据等，为监管部门提供全面、及时的信息支持。同时，该平台应具备信息安全和隐私保护机制，确保敏感信息的安全和合规性。

# 参考文献

[1]安淑新.促进经济高质量发展的路径研究:一个文献综述[J].当代经济管理,2018,40(09):11-17.

[2]白志红.数字普惠金融的扶贫效果及成因分析——以山西省为例[J].上海商业,2020,498(08):95-97.

[3]陈婵妮,岳玉珠.数字普惠金融影响经济增长的路径研究[J].福建行政学院学报,2018,172(06):111-120.

[4]陈慧卿,陈国生,魏晓博,等.数字普惠金融的增收减贫效应——基于省际面板数据的实证分析[J].经济地理,2021(03):184-191.

[5]陈丽姗,傅元海.融资约束条件下技术创新影响企业高质量发展的动态特征[J].中国软科学,2019,348(12):108-128.

[6]陈诗一,陈登科.雾霾污染、政府治理与经济高质量发展[J].经济研究,2018,53(02):20-34.

[7]陈啸,陈鑫.普惠金融数字化对缩小城乡收入差距的空间溢出效应[J].商业研究,2018,496(08):167-176.

[8]褚蓬瑜,郭田勇.互联网金融与商业银行演进研究[J].宏观经济研究,2014,186(05):19-28.

[9]崔恒瑜,王雪,马九杰.数字金融发展能否在农村金融市场发挥"鲶鱼效应"——来自中国农信机构的证据[J].经济理论与经济管理,2021(12):30-41.

[10]董玉峰,陈俊兴,杜崇东.数字普惠金融减贫:理论逻辑、模式构建与推进路径[J].南方金融,2020,522(02):64-73.

[11]董玉峰,赵晓明.负责任的数字普惠金融:缘起、内涵与构建[J].南方金融,2018,497(01):50-56.

[12]封思贤,徐卓.数字金融、金融中介与资本配置效率[J].改革,2021,325

(03):40-55.

[13]冯大威,高梦桃,周利. 数字普惠金融与居民创业:来自中国劳动力动态调查的证据[J]. 金融经济学研究,2020,35(01):91-103.

[14]冯俏彬. 推动我国经济高质量发展的五大途径[J]. 经济研究参考,2018,2878(30):34-35.

[15]冯兴元,孙同全,董翀,等. 中国县域数字普惠金融发展:内涵、指数构建与测度结果分析[J]. 中国农村经济,2021,442(10):84-105.

[16]傅利福,厉佳妮,方霞,等. 数字普惠金融促进包容性增长的机理及有效性检验[J]. 统计研究,2021(10):62-75.

[17]傅秋子,黄益平. 数字金融对农村金融需求的异质性影响——来自中国家庭金融调查与北京大学数字普惠金融指数的证据[J]. 金融研究,2018(11):68-84.

[18]高培勇. 理解、把握和推动经济高质量发展[J]. 经济学动态,2019,702(08):3-9.

[19]葛和平,朱卉雯. 江苏省互联网金融人才发展状况与竞争趋势[J]. 阅江学刊,2018,10(03):75-85+147.

[20]郭峰,熊云军. 中国数字普惠金融的测度及其影响研究:一个文献综述[J]. 金融评论,2021,13(06):12-23+117-118.

[21]郭华,张洋,彭艳玲,等. 数字金融发展影响农村居民消费的地区差异研究[J]. 农业技术经济,2020(12):66-80.

[22]郭沛瑶,尹志超. 小微企业自主创新驱动力——基于数字普惠金融视角的证据[J]. 经济学动态,2022(02):85-104.

[23]韩英,马立平. 中国高质量发展阶段下的产业结构变迁与经济增长研究——基于结构—效率—速度的逻辑框架[J]. 经济与管理研究,2020,41(12):28-40.

[24]郝云平,雷汉云. 数字普惠金融推动经济增长了吗?——基于空间面板的实证[J]. 当代金融研究,2018,6(03):90-101.

[25]何龙森. 数字普惠金融对经济高质量发展的影响研究[D]. 重庆工商大学,2021.

[26]何宗樾,宋旭光. 数字金融发展如何影响居民消费[J]. 财贸经济,2020

(08):65-79.

[27]何宗樾,张勋,万广华. 数字金融、数字鸿沟与多维贫困[J]. 统计研究,2020,37(10):79-89.

[28]黄倩,朱鸿志,苏慧媛. 数字普惠金融对农户创业选择影响研究[J]. 福建论坛(人文社会科学版),2021,351(08):85-102.

[29]黄益平,黄卓. 中国的数字金融发展:现在与未来[J]. 经济学(季刊),2018,17(04):1489-1502.

[30]黄卓,王萍萍. 数字普惠金融在数字农业发展中的作用[J]. 农业经济问题,2022(05):27-36.

[31]江红莉,蒋鹏程. 数字金融能提升企业全要素生产率吗?——来自中国上市公司的经验证据[J]. 上海财经大学学报,2021,23(03):3-18.

[32]姜振水. 农村数字普惠金融发展与实现路径[J]. 农村金融研究,2017,445(04):49-53.

[33]焦瑾璞. 构建普惠金融体系的重要性[J]. 中国金融,2010,688(10):12-13.

[34]焦瑾璞. 移动支付推动普惠金融发展的应用分析与政策建议[J]. 中国流通经济,2014,28(07):7-10.

[35]金碚. 关于"高质量发展"的经济学研究[J]. 中国工业经济,2018,361(04):5-18.

[36]金祥义,张文菲. 数字金融发展能够促进企业出口国内附加值提升吗[J]. 国际贸易问题,2022(03):16-34.

[37]蓝虹,穆争社. 中国新型农村合作金融发展十大问题论争[J]. 上海金融,2017,441(04):35-49.

[38]蓝乐琴,杨卓然. 数字普惠金融能提升居民消费水平吗?[J]. 财经问题研究,2021,457(12):49-57.

[39]黎翠梅,周莹. 数字普惠金融对农村消费的影响研究——基于空间计量模型[J]. 经济地理,2021(12):177-186.

[40]李炳,赵阳. 互联网金融对宏观经济的影响[J]. 财经科学,2014,317(08):21-28.

[41]李海峰,彭家生,何微. 数字金融服务对普惠金融发展的影响研究:理论

基础与经验证据[J].西南民族大学学报(人文社科版),2019,40(06):139-145.

[42]李华,董艳玲.中国经济高质量发展水平及差异探源——基于包容性绿色全要素生产率视角的考察[J].财经研究,2021,47(08):4-18.

[43]李继尊.关于互联网金融的思考[J].管理世界,2015,262(07):1-7+16.

[44]李建军,王德.搜寻成本、网络效应与普惠金融的渠道价值——互联网借贷平台与商业银行的小微融资选择比较[J].国际金融研究,2015,344(12):56-64.

[45]李明贤,叶慧敏.我国农村金融发展与农民收入增长的实证研究[J].江西财经大学学报,2014,94(04):88-97.

[46]李旭辉,朱启贵.基于"五位一体"总布局的省域经济社会发展综合评价体系研究[J].中央财经大学学报,2018,373(09):107-117+128.

[47]梁榜,张建华.中国城市数字普惠金融发展的空间集聚及收敛性研究[J].财经论丛,2020,255(01):54-64.

[48]梁榜.普惠金融如何影响收入分配——兼论贫困减缓的中介效应[J].财贸研究,2022,33(08):17-31.

[49]梁双陆,刘培培.数字普惠金融、教育约束与城乡收入收敛效应[J].产经评论,2018,9(02):128-138.

[50]梁双陆,刘培培.数字普惠金融与城乡收入差距[J].首都经济贸易大学学报,2019,21(01):33-41.

[51]林玲.数字普惠金融研究综述和展望[J].北方经贸,2021,439(06):97-99.

[52]林毅夫,付才辉,任晓猛.金融创新如何推动高质量发展:新结构经济学的视角[J].金融论坛,2019,24(11):3-13.

[53]刘澜飚,沈鑫,郭步超.互联网金融发展及其对传统金融模式的影响探讨[J].经济学动态,2013,630(08):73-83.

[54]刘涛,伍骏骞.数字金融与农户消费——基于中国家庭金融调查数据的经验分析[J].农业技术经济,2023(02):111-128.

[55]刘伟,戴冰清,刘卫镇.数字金融能驱动经济高质量发展吗?——基于2011~2017年中国省级面板数据的实证分析[J].经济社会体制比较,2021(06):63-75.

[56]刘亚雪,田成诗,程立燕.世界经济高质量发展水平的测度及比较[J].经济学家,2020,257(05):69-78.

[57]刘志彪.理解高质量发展:基本特征、支撑要素与当前重点问题[J].学术月刊,2018,50(07):39-45+59.

[58]刘志彪.强化实体经济　推动高质量发展[J].产业经济评论,2018,25(02):5-9.

[59]吕家进.发展数字普惠金融的实践与思考[J].清华金融评论,2016,37(12):22-25.

[60]马黄龙,屈小娥.数字普惠金融对经济高质量发展的影响——基于农村人力资本和数字鸿沟视角的分析[J].经济问题探索,2021(10):173-190.

[61]马茹,罗晖,王宏伟,等.中国区域经济高质量发展评价指标体系及测度研究[J].中国软科学,2019,343(07):60-67.

[62]马彧菲,杜朝运.普惠金融指数测度及减贫效应研究[J].经济与管理研究,2017,38(05):45-53.

[63]南永清,宋明月,肖浩然.数字普惠金融与城镇居民消费潜力释放[J].当代经济研究,2020,297(05):102-112.

[64]聂秀华,江萍,郑晓佳,等.数字金融与区域技术创新水平研究[J].金融研究,2021(03):132-150.

[65]牛华勇,闵德寅.互联网金融对商业银行的影响机制研究——基于新实证产业组织视角[J].河北经贸大学学报,2015,36(03):66-71.

[66]钱海章,陶云清,曹松威,等.中国数字金融发展与经济增长的理论与实证[J].数量经济技术经济研究,2020,37(06):26-46.

[67]曲立,王璐,季桓永.中国区域制造业高质量发展测度分析[J].数量经济技术经济研究,2021,38(09):45-61.

[68]任保平,李禹墨.新时代背景下高质量发展新动能的培育[J].黑龙江社会科学,2018,169(04):31-36.

[69]师博,张冰瑶.全国地级以上城市经济高质量发展测度与分析[J].社会科学研究,2019,242(03):19-27.

[70]史丹,李鹏.我国经济高质量发展测度与国际比较[J].东南学术,2019,273(05):169-180.

[71]宋晓玲．数字普惠金融缩小城乡收入差距的实证检验[J]．财经科学，2017,351(06):14-25.

[72]唐建军，龚教伟，宋清华．数字普惠金融与农业全要素生产率——基于要素流动与技术扩散的视角[J]．中国农村经济，2022(07):81-102.

[73]唐松，伍旭川，祝佳．数字金融与企业技术创新——结构特征、机制识别与金融监管下的效应差异[J]．管理世界，2020,36(05):52-66+9.

[74]唐文进，李爽，陶云清．数字普惠金融发展与产业结构升级——来自283个城市的经验证据[J]．广东财经大学学报，2019,34(06):35-49.

[75]滕磊，马德功．数字金融能够促进高质量发展吗？[J]．统计研究，2020,37(11):80-92.

[76]田晓平．形成推动高质量发展标准体系理论研究与实践探索——以河北省为例[J]．中国质量与标准导报，2018,248(06):42-46.

[77]万佳彧，周勤，肖义．数字金融、融资约束与企业创新[J]．经济评论，2020,221(01):71-83.

[78]王刚贞，陈梦洁．数字普惠金融影响经济高质量发展的渠道机理与异质特征[J]．财贸研究，2022(10):45-56.

[79]王国刚，张扬．互联网金融之辨析[J]．财贸经济，2015,398(01):5-16.

[80]王婧，胡国晖．中国普惠金融的发展评价及影响因素分析[J]．金融论坛，2013,18(06):31-36.

[81]王珺．以高质量发展推进新时代经济建设[J]．南方经济，2017,337(10):1-2.

[82]王文姬，刘柏阳，李欣哲．数字普惠金融如何影响城乡文化消费差距？[J]．农村经济，2021,468(10):90-98.

[83]王修华，赵亚雄．数字金融发展是否存在马太效应？——贫困户与非贫困户的经验比较[J]．金融研究，2020(07):114-133.

[84]王修华，赵亚雄．数字金融发展与城乡家庭金融可得性差异[J]．中国农村经济，2022,445(01):44-60.

[85]王永昌，尹江燕．论经济高质量发展的基本内涵及趋向[J]．浙江学刊，2019,234(01):91-95.

[86]魏敏，李书昊．新时代中国经济高质量发展水平的测度研究[J]．数量经

济技术经济研究,2018,35(11):3-20.

[87]吴晓求.互联网金融:成长的逻辑[J].财贸经济,2015,399(02):5-15.

[88]吴志军,梁晴.中国经济高质量发展的测度、比较与战略路径[J].当代财经,2020,425(04):17-26.

[89]向洁,胡青江,闫海龙.数字普惠金融发展的区域差异及动态演进[J].技术经济与管理研究,2021,295(02):65-70.

[90]谢平,邹传伟.互联网金融模式研究[J].金融研究,2012,390(12):11-22.

[91]谢绚丽,沈艳,张皓星,等.数字金融能促进创业吗?——来自中国的证据[J].经济学(季刊),2018,17(04):1557-1580.

[92]星焱.普惠金融:一个基本理论框架[J].国际金融研究,2016,353(09):21-37.

[93]徐现祥,李书娟,王贤彬,等.中国经济增长目标的选择:以高质量发展终结"崩溃论"[J].世界经济,2018,41(10):3-25.

[94]许家云.数字普惠金融如何影响企业进口增量提质[J].国际贸易问题,2022(10):1-18.

[95]薛秋童,封思贤.数字普惠金融、居民消费与经济高质量发展[J].现代经济探讨,2022(07):26-40.

[96]杨刚,张亨溢.数字普惠金融、区域创新与经济增长[J].统计与决策,2022,38(02):155-158.

[97]杨伟民.贯彻中央经济工作会议精神 推动高质量发展[J].宏观经济管理,2018,410(02):13-17.

[98]易行健,周利.数字普惠金融发展是否显著影响了居民消费——来自中国家庭的微观证据[J].金融研究,2018,461(11):47-67.

[99]殷贺,江红莉,张财经,等.数字普惠金融如何响应城乡收入差距?——基于空间溢出视角的实证检验[J].金融监管研究,2020,105(09):33-49.

[100]余东华.制造业高质量发展的内涵、路径与动力机制[J].产业经济评论,2020,36(01):13-32.

[101]余泳泽,杨晓章,张少辉.中国经济由高速增长向高质量发展的时空转换特征研究[J].数量经济技术经济研究,2019,36(06):3-21.

[102]张贺,白钦先.数字普惠金融减小了城乡收入差距吗?——基于中国省级数据的面板门槛回归分析[J].经济问题探索,2018,435(10):122-129.

[103]张军扩,侯永志,刘培林,等.高质量发展的目标要求和战略路径[J].管理世界,2019,35(07):1-7.

[104]张立群.开启高质量发展新阶段——党的十九大以来经济形势与政策取向分析[J].前进,2018,314(10):18-19.

[105]张林,温涛.数字普惠金融如何影响农村产业融合发展[J].中国农村经济,2022(07):59-80.

[106]张铭心,谢申祥,强皓凡,等.数字普惠金融与小微企业出口:雪中送炭还是锦上添花[J].世界经济,2022(01):30-56.

[107]张平,张自然,袁富华.高质量增长与增强经济韧性的国际比较和体制安排[J].社会科学战线,2019,290(08):77-85.

[108]张鑫,兰小红.科技资源配置对区域创新差距的影响研究[J].云南财经大学学报,2022,38(12):79-92.

[109]张勋,万广华,张佳佳,等.数字经济、普惠金融与包容性增长[J].经济研究,2019,54(08):71-86.

[110]张勋,杨桐,汪晨,等.数字金融发展与居民消费增长:理论与中国实践[J].管理世界,2020(11):48-63.

[111]张长全,陆旭东.基于省级面板数据的数字普惠金融减贫机制与区域异质性研究[J].齐齐哈尔大学学报(哲学社会科学版),2020,277(03):79-84.

[112]张珍花,杨朝晖.数字普惠金融对经济高质量增长影响研究——基于政府参与视角[J].华东经济管理,2022(04):71-78.

[113]张子豪,谭燕芝.数字普惠金融与中国城乡收入差距——基于空间计量模型的实证分析[J].金融理论与实践,2018,467(06):1-7.

[114]赵大全.实现经济高质量发展的思考与建议[J].经济研究参考,2018,2849(01):7-9+48.

[115]赵剑波,史丹,邓洲.高质量发展的内涵研究[J].经济与管理研究,2019,40(11):15-31.

[116]赵绍阳,李梦雪,佘楷文.数字金融与中小企业融资可得性——来自银行贷款的微观证据[J].经济学动态,2022(08):98-116.

[117]赵晓鸽,钟世虎,郭晓欣. 数字普惠金融发展、金融错配缓解与企业创新[J]. 科研管理,2021(04):158－169.

[118]郑万腾,赵红岩,范宏. 数字金融发展对区域创新的激励效应研究[J]. 科研管理,2021(04):138－146.

[119]周立,陈彦羽. 数字普惠金融与城乡居民收支差距:理论机制、经验证据及政策选择[J]. 世界经济研究,2022(05):117－134＋137.

[120]周利,冯大威,易行健. 数字普惠金融与城乡收入差距:"数字红利"还是"数字鸿沟"[J]. 经济学家,2020(05):99－108.

[121]周雨晴,何广文. 数字普惠金融发展对农户家庭金融资产配置的影响[J]. 当代经济科学,2020,42(03):92－105.

[122]邹新月,王旺. 数字普惠金融对居民消费的影响研究——基于空间计量模型的实证分析[J]. 金融经济学研究,2020,35(04):133－145.

[123]Allen F,Demirguc－Kunt A,Klapper L,et al. The foundations of financial inclusion:Understanding ownership and use of formal accounts[J]. Journal of Financial Intermediation,2016,27:1－30.

[124]Arora R U. Measuring financial access[J]. Griffith Business School Discussion Papers Economics,2010,1(7):1－21.

[125]B. A. KaMae. 经济增长的速度和质量[M]. 陈华山,译. 武汉:湖北人民出版社,1983.

[126]Barro R J,Tenreyro S. Closed and open economy models of business cycles with marked up and sticky prices[J]. The Economic Journal,2006,116(511):434－456.

[127]Boskov T,Drakulevski L. Addressing the role of risk management and digital finance technology on financial inclusion[J]. Quality－Access to Success,2017,18(161):113－115.

[128]Chuvashova M N,Avramchikova N T,Antamoshkin A N. Indexes system of technological condition assessment of economic branches[C]. IOP Publishing,2015,94(1):012－017.

[129]Fritz M,Koch M. Economic development and prosperity patterns around the world:Structural challenges for a global steady－state economy[J]. Global Environmen-

tal Change,2016,38:41 -48.

[130]Gomber P,Koch J A,Siering M. Digital Finance and FinTech:Current research and future research directions[J]. Journal of Business Economics,2017,87:537 -580.

[131]Gupte R,Venkataramani B,Gupta D. Computation of financial inclusion index for India[J]. Procedia - Social and Behavioral Sciences,2012,37:133 -149.

[132]Jefferson G,Albert G Z,Xiaojing G,et al. Ownership,performance,and innovation in China's large - and medium - size industrial enterprise sector[J]. China Economic Review,2003,14(1):89 -113.

[133]Kapoor A. Financial inclusion and the future of the Indian economy [J]. Futures,2014,56:35 -42.

[134]Ketterer J A,Bernal O,Herrera D,et al. Programa de gestión de riesgos financieros y fiscales(2FRM)[J]. Banco Interamericanode Desarrollo,2015,10:1 -15.

[135]Kuznets S. Economic growth of nations:Total output and production structure [M]. Harvard University Press,1971.

[136]Lee S H,Lee D W. FinTech - conversions of finance industry based on ICT [J]. Journal of the Korea Convergence Society,2015,6(3):97 -102.

[137] Manyika J, Lund S, Bughin J. Digital Globalization: The New Era Global Flows[R]. McKinsey Global Institute,2016.

[138]Ozili P K. Impact of digital finance on financial inclusion and stability[J]. Borsa Istanbul Review,2018,18(4):329 -340.

[139]Ruiping J,Shuo W. The Development and Innovation of Digital Finance[J]. The Frontiers of Society,Science and Technology,2020,2(2):77 -80.

[140]Sabatini F. Social capital and the quality of economic development[J]. Kyklos,2008,61(3):466 -499.

[141]Sabatini F. Social capital as social networks:A new framework for measurement and an empirical analysis of its determinants and consequences[J]. The Journal of Socio-Economics,2009,38(3):429 -442.

[142]Sarma M,Pais J. Financial inclusion and development[J]. Journal of international development,2011,23(5):613 -628.

[143]Sarma M. Index of financial inclusion[R]. ICRIER Working Papers, 2008, Indian Council for Research on International Economic Relations. Document No. 215.

[144]Schmied J, Ana M. Financial inclusion and poverty: The case of Peru[J]. Regional and Sectoral Economic Studies, 2016, 16(2): 29 - 40.

[145]Shahrokhi M. Efinance: Status, innovations, resources and future challenges [J]. Managerial Finance, 2008, 34(6): 365 - 398.

[146]Suprapti, Luh Putu Sri Anggrayani Sri. E - Trust Integration with Technology Acceptance Model(TAM) in Adoption of Digital Financial Services(E - Cash)[J]. European Journal of Business and Management, 2019, 11(05): 71 - 77.

[147]Tridico P. Growth, inequality and poverty in emerging and transition economies[J]. Transition Studies Review, 2010, 16: 979 - 1001.

[148]Vinod Thomas, Mansoor Dailami, Ashok Dhareshwar, et al. 增长的质量[M]. 北京:中国财政经济出版社, 2001.

[149]Zavolokina L, Dolata M, Schwabe G. The FinTech phenomenon: Antecedents of financial innovation perceived by the popular press[J]. Financial Innovation, 2016, 2(1): 1 - 16.

[150]Zeira J. Why and how education affects economic growth[J]. Review of International Economics, 2009, 17(3): 602 - 614.